全球化文明丛书

老子指真

安伦/著

社会科学文献出版社
SOCIAL SCIENCES ACADEMIC PRESS (CHINA)

作者简介

安伦，中国宗教学会理事、副秘书长、复旦大学中华文明国际研究中心研究员、学术发展主任、华东师范大学涵静书院副院长、浙江大学全球化文明研究中心理事会主任。主要研究领域为世界宗教、跨宗教学科和传统中华文化。代表作有《理性信仰之道——人类宗教共同体》《全球化时代宗教的发展与未来》等。

总　序

人类正在步入"全球化时代"。如果这一说法在 20 世纪尚显生疏，甚至遭到质疑，那么进入 21 世纪之后这已逐渐成为家喻户晓的不争事实。无论人们赞成也好，反对也好，"全球化"这个时代都会如期而至，成为人类社会不可逆转的现实。科学技术的飞速发展主导了人类的日常生活，日新月异的通信和交通手段消除了往日地理距离的隔阂，使得整个地球迅速缩小成"地球村"。

以科技发展为引擎的全球化给人类带来巨大的利益，同时也给人类的生存发展带来前所未有的致命威胁。从世俗层面看，生态危机、资源危机、道德危机、人口爆炸危机、大规模杀伤性武器危机，以及科技和经济畸形发展可能引发的各种危机不时威胁着人类脆弱的生存。从精神信仰层面看，各宗教在相遇后仍难以摆脱相互排斥和对立，如果找不到和合共生之道，就可能使这个星球深陷文明冲突甚至宗教战争。人类生活在前所未有的自我毁灭的阴霾之中。严峻的形势和后果将迫使人们跳出个体、国家、民族、文化、意识形态等差异的狭隘局限，尝试从全球意识出发，立足于全人类的共同生存发展来理性思考问题和采取行动，期待一种新的全球化文明。

迄今为止，全球化主要是从物质和世俗层面展开，也主要在这个层面受到关注。但不可回避的问题是：全球化将给主导人类精神思想的宗教信仰领域带来怎样的转变？全球化的人类如何才能形成共同的价值、伦理和秩序，以维护"地球村村民"的共同生存发展？全球化的人类怎样才能消除宗教间的对立和战争，避免被"文明冲突"毁于一旦？对于这类问题的深入探讨令人越来越明显地看到，一场在精神信仰和意识思想领域的大转变已迫在眉睫，一个在此领域伴随全球化而来的新时代正在诞生。这个时代将从两千多年前的"轴心时代"获取精神思想资源，又将以成熟的物质和教育知识条件为基础实现和发展轴心时代的精神思想；它将"轴心式"地转变人类的精神信仰实践模式，又将从精神思想领域来促进全球化的顺利完成。这个时代，以其与轴心时代内在的关联，被宗教学者卡曾斯等人称为"第二轴心时代"（The Second Axial Age）。但从全球化的背景来看，我们不妨将其称为"全球化文明时代"。

公元前8世纪至前2世纪是人类历史上一个伟大而神秘的时代。在相互隔绝、不通音信的世界不同角落，人类历史上一批最伟大的精神和思想圣者几乎不约而同地出现，其中包括印度的释迦牟尼、筏驮摩那、创作《奥义书》的诸多圣者，中国的老子、孔子、墨子、庄子等诸子百家，波斯的琐罗亚斯德，希腊的赫拉克利特、修昔底德、德谟克里特、巴门尼德、苏格拉底、柏拉图、亚里士多德和阿基米德等一大批先哲。尤其令人称奇的是，在公元前6世纪的轴心时代核心期，释迦牟尼、筏驮摩那、老子、孔子、琐罗亚斯德等世界各主要宗教的教义创始人几乎同时在世，并各有其精神创新的辉煌。

在人类历史的长河中，几十年，甚至几百年，只是短暂的一刹那。而两千多年前的这"一刹那"则使人类冲破原始文明的混沌蒙昧，开始以理性的眼光审视周围的世界，探索宇宙的本原和精神彼岸，思索人生的意义和人神关系。这"一刹那"成为人类精神和意识思维的里程碑，开创了人类哲学、科学、伦理和社会文明秩序体系的先河，对后世的精神思想和社会发展产生了难以估量的深远影响。这"一刹那"还奠定了世界现存主要宗教的教义基础，成为人类宗教信仰的地标。这"一刹那"是人类历史的分界线，从那时起，我们今天意义上的人才开始出现。首先将这个时代命名为"轴心时代"的德国哲学家雅斯贝斯说："这个时代产生了直至今天仍是我们思考范围的基本范畴，创立了

　　　　　　　　　　　　　　　　　　　　　　　　　老子指真

人类仍赖以存活的世界宗教之源端"[1]，从此以后尚未出现对这一时代全面而根本性的超越，"人类一直靠轴心时代所产生、思考和创造的一切而生存，每一次新的飞跃都回顾这一时期，并被它重燃火焰。"[2]

然而，由于直至近代人类还普遍处于农牧社会，绝大多数人没有受过教育，认知水平低下，轴心时代圣者们的精神思想，特别是他们在精神领域的成就，远远超越了当时和此后两千多年世界上大多数人的认知水平，因此不仅没有被芸芸大众所普遍理解、接受和付诸实践，反而在很大程度上遭受到曲解、埋没和被愚昧迷信替代的待遇。例如，这些圣者们曾从不同角度提出宇宙本原即终极神圣同一的共同洞见，但是，根据他们的教义而创立的宗教却并没有秉持这一思想；圣者们的精神思想普遍具有高度的理性，而根据他们的教义创立的宗教却往往被愚昧迷信所遮盖。就此而言，轴心时代的觉醒，并非全人类的觉醒，而只是少数精英超越时代的觉醒；轴心时代圣者们留下的许多闪光精神思想，尚有待后代人类的普遍接受和发扬光大。

步入 21 世纪的人类，已经逐渐具备了全面接受、弘扬和发展轴心时代圣者们精神思想的条件。科技和经济的飞速发展为此提供了坚实的物质基础，知识和教育的普及极大地提高了人们的认识和反思能力，全球化进程的加速则迫使人们回顾轴心时代，再次从圣者们那里汲取精神智慧，并有新的思索和创见，以应对全球化时代人类面临的种种危机挑战，完成源于轴心时代的全球化进程。

全球化时代人类精神思想转变的成败关系到人类的生存需要，其客观实现条件已经十分成熟，但在主观上却大大滞后。陈旧的思维和行为习惯不会自动让位给新时代，对于短期狭隘利益的执着往往让人无视长远和根本利益。即便前方是一条九死一生的高危路段，许多人还是浑浑

---

[1] 卡尔·雅斯贝斯：《历史的起源与目标》，魏楚雄、余新天译，华夏出版社，1989，第 9 页。

[2] 卡尔·雅斯贝斯：《历史的起源与目标》，魏楚雄、余新天译，华夏出版社，1989，第 14 页。

噩噩，惯性地朝前开去……

为了迎接和推动这个新时代的顺利诞生，人类需要一场自觉的精神思想运动。近年来，在宗教、哲学、社科、人文等各个领域都开始有不少全球化意识觉醒的表达，如全球公民社会的预想、全球治理的讨论、宗教多元论的热议、宗教对话的兴起、全球伦理运动的倡导，等等。然而，这些全球化意识的初步觉醒因其局限性还远不足以化解伴随全球化而来的种种危机，诸如宗教文明冲突等危险仍然威胁着人类的生存，亟待汇聚人类所有精神思想资源的有效化解办法。人类社会需要的不是被动接受一个危机重重的全球化时代，而是主动创造一个精神、思想和行动上都能持久和谐共生的全球化文明时代。

全球一体化说到底就是人类的共同体化。日益紧密的联系已经迫使人类在政治、经济、环境等各个领域形成或正在形成共同体，以应对关乎或威胁人类共同生存发展的重大问题。全球化的进程也势将促使人类在其他主要领域形成共识或相应的共同体，以最终完成人类共同体或先贤们所说的人类大同的归宿。我们认为，从东方文明中汲取精神思想资源，在宗教领域形成各宗教派别及其信众之间多元通和、和而不同、和合共生的信仰共同体，可能是化解宗教文明冲突的一种有效途径，宗教信仰由此可能转变为构建全球化人类共同价值、伦理和秩序的一种宝贵资源。

对于全球化意识的思想、理论和出版物，国内学界已经开始以关注、译介、研讨等形式做出了回应。然而，中国作为占世界人口五分之一强的负责任的文明大国，不应只是对西方思潮做出被动回应，而应充分发掘和汲取中华文化以轴心时代为源头的丰富精神思想资源，为构建"地球村"人类社会的共同精神信仰、价值伦理和新秩序做出独特贡献，成为其主动缔造者和创导者。中华文明曾经是人类文明的一种主要构成来源，为迄今为止的人类文明形成做出过重大贡献。在全球化日益将人类结为一体，一体化的人类社会亟须共同文明的时代，中华文明理应与时俱进，成为全球化文明形成的主要贡献者和倡导者。在此背景

老子指真

下，我们决定推出这套"全球化文明丛书"，目的是引起对全球化文明形成的关注、重视和研讨，呼唤以积极、理智的方式应对其带来的挑战，梳理、研讨、复兴、发展作为其重大组成部分的中华文明，为全球化文明的成功形成力尽绵薄。

全球化文明对于人类来说仍是一个开放的、有待发展形成的文明，其最终形态如何尚有待人类社会的探索和演进而定。因此，这套丛书也将尽可能开放，广泛容纳关于这个时代文明的种种思想、言论、构思和回应。就此而言，丛书既是这个文明时代的产物，又是这个时代文明的参与者和推动者。倘若丛书能"与时俱进"，则不负编者厚望。

是为序。

卓新平　李天纲　安　伦

2016 年 6 月

自　序

　　本书题名为《老子指真》，有两重含义。其一是强调老子《道德经》的主旨是论道，即通过对形而上之道的精辟论述指向由形上至形下万物的玄妙真谛。其二是意谓本书的目的在于指向老子之真，即力图在种种迷误中校勘出最贴近老子真义的《道德经》文本，追问老子学说的本真义涵，寻找最接近真实的老子，探讨老子学说在现代社会的真实意义。

　　就第一重含义而言，老子的《道德经》虽然作为人类历史上最具影响力的经典之一几乎家喻户晓，但其主旨究竟是什么，却众说纷纭，以致模糊不清。从《道德经》问世以来，历代研读者就大多偏重于其形而下的论述和道的作用，而忽视其形而上之道的本真，以致喧宾夺主，本末倒置，错失其主旨成为常态。例如，热衷军事者将其当作单纯的用兵之道，关注政治者将其当作单纯的治世之道，喜好谋略者将其当作单纯的阴谋之道，从事丹道者将其当作单纯的炼丹之道，注重养生者将其当作单纯的养生之道，如此等等，不一而足。一些近现代权威学者更将道认定为老子的虚构假设，干脆否定了形而上之道的真实性。对《道德经》真谛的种种曲解误解充斥于市，道的本真反倒"暗而不明，郁而不发"，致使明确和强调"老子指真"成为必要。

　　"老子指真"还有以下意义。其一，以老子为师祖的道家、道学、道教和各种后学都以求真作为其追求目标。故修真、悟真、求真、得真、归真、成真是老子后学的努力方向，修真得道者则称为真人。这个真，当然就是老子所指之真。老子为后学指真，正合其师祖的身份。其二，人类在达到一定精神境界后都有追问宇宙人生终极奥秘、终极问题答案和终极真理的禀赋和要求。这种追求也可以称为"求真"。老子学说作为一套优秀的揭示宇宙本原、本体、运行法则以及人何来何往、如何为人、如何安身立命等终极真理的哲理洞见，可以作为世人"求真"的指引，当得起"指真"的殊荣。

就第二重意义而言，自有文献记载以来，老子的身世就模糊不清，《道德经》的文本则千差万别，莫衷一是。注释论述老子《道德经》的书籍在元代就号称有"注者三千余家"。①其后，特别是写作出版呈爆炸性发展的近现代，又有多少家问世，实乃不可胜数。然而，巨量的书籍不仅没有使世人所知的老子及其文本、理论和现实意义更加接近其本真，反而导致更多的误解和歧义。正所谓"注愈多，理愈昧；书益广，人益惑"。特别是民国以来，对老子和《道德经》的研讨、注解和阐释主要以近代西方理论教条为标准，以怀疑否定老子及其相关传统文化为取向，以将主观成见强加于老子为风尚，结果造成对老子及其学说更多的歪曲误解。在此背景下，老子学说在现代社会的真正作用和意义要么被忽视，要么遭到严重歪曲。老子在《道德经》成书时所言"知我者希"，不幸在二千数百年后反而得到更强的彰显。为此，将老子研读重新指向老子和《道德经》的本真，既是端正学术风范的正当要求，也是理解和阐扬老子学说的必要前提。本书将指向老子之真当作追求方向，正是出于对这一背景的反思。

明确老子所指之真究竟是什么，关系《道德经》的主旨能否得到真正认识和阐扬。《道德经》的通篇主旨是论道，其中的道并非通常意义的形而下之道，而是作为天地万物之母的形而上超越之道。《道德经》所有其他论述都是围绕形而上之道展开的，或谈道的属性或特性，或议道在天地万物间的作用和法则，或论人效法道的品行。因此，老子

---

① 元代正一道天师张与材在杜道坚《道德经原旨》序中称："《道德经》八十一章，注者三千余家。"见《道藏》第 12 册，文物出版社、上海书店、天津古籍出版社联合出版，1988，第 725 页。

所指之真就是形而上之道及其属性、特征、作用和运行法则。这本来显而易见，但事实上仍有很多人将老子之道当作形而下的道路、道理、方法、规范、规律等理解，而无视甚至否定其形而上本体，致使《道德经》的主旨被完全歪曲误解。《道德经》的通篇主旨是论道，因此，忽视或误解道，就不能真正理解老子和《道德经》；否定道，就从根本上否定了老子和《道德经》。为此，本书专辟第二章深入探讨老子所论之道，分析对道的各种误解及其成因。

《道德经》文本千差万别，多不胜数，故重新校定一个更加接近老子本真意境的文本是工作量极大，但费力不讨好的工程。然而，《道德经》现有文本虽多，却存在许多差错或失真，无一堪作范本者。现有各种注本和译文往往让人读后不知所云，误以为老子就是这样语无伦次，自相矛盾。这种状况妨碍对老子真义的理解和阐扬，故本书第一章意在迎难而上，在反复阅读体会老子本意的基础上，订立校勘原则，参照比较各主要文本及历代注家的意见，勘正纠偏，力求校定出一个更接近老子本真意境风格的文本。鉴于方言土语的差异和文字的演变等因素，校定本追求的是在意境风格上尽量复原老子本真，而非在不影响语意的文字上的锱铢必较。

《道德经》各种文本因抄写误差、竹简错置、注文羼入、衍文脱句、历代避讳、文字异体、通假字、借假字、方言差异、语言演变、断章断句失误、传抄注释者根据自己的理解擅加改动等原因，形成大量明显的错误。即便经过名家校勘的文本依然错误百出，一个主要原因是因袭前承文本或名家注解的差错。校勘者往往将某文本迷信为权威文本，某名家注解当作定论，致力于肯定和维护该文本或注解的正确合法性，而不能从整体上把握老子前后一贯的精神意境、思想脉络和行文风格，据以修正理顺文本中明显的各种差错、上下文矛盾、不通、错乱等问题。本书第一章在文本校勘中着意避免此等流弊，在有理有据的前提下对多处此类问题做出修正。

《道德经》的训诂、校勘、注释文本汗牛充栋，如果再逐字逐句对比各种文本，考证、训诂、校勘、注释，多数情况只是重复前人所见，徒增篇幅。本书第一章的目的是在各种文本及前人校勘注释的基础上校定出更符合老子意境的文本。为简明起见，本书只做校勘性注释，而不做释义性注释。为帮助读者阅读理解，在《道德经》每章校定文本之后均附白话译文，对文字的释义性注释可以从译文看出。为此，所有译文均经过反复推敲，力求做到信达雅，通顺易懂，避免各种近现代译本生硬、费解、冗赘、不通、任意做主观解释性添加、改动或发挥等通病。该章末尾还专辟一节讨论近代有关《道德经》的各种争论和批判意见，以便读者澄清对《道德经》的种种非难和不实之词。

老子虽然是家喻户晓的圣人，但其身世却模糊不清、扑朔迷离。史料典籍中关于老子的记载多支离破碎，甚至相互矛盾，致使世人对老子身世的几乎所有情节都有争论。根据现存有限的史料文献，关于老子身世的许多问题不可能得出确证性结论，也不可能通过研讨辩论解决。有鉴于此，本书第三章虽然涉及老子身世的各个方面，但对不可能确证的问题未深入展开。本书专辟一章讨论老子，主要原因是民国以来，一些主流学者乘否定传统中华文化之风，或者无端否定老子是《道德经》的作者，或者公然否定老子的存在，或者将老子枉断为无神论者，或者忽视曲解老子的品行、修为和宗教性，如此等等，通过种种奇谈怪论歪曲或否定了真实的老子和《道德经》。为此，本书第三章的目的除了确认老子真有其人、老子是《道德经》的作者、老子是孔子之师等有据可证的基本事实，列举一些被忽视的关于老子身世的重要事实依据之外，更重要的是据实论证老子的人格品行、学识修养、神学思想、理性与超理性、道行修为和宗教性。与其身世中其他情节相比，这些方面本来应该作为精神思想家的老子身世中更具有重大意义的维度，但也是以往最受忽视的维度。

老子学说的重要性，并非只体现在历史意义上。作为一部精辟论述超越时空的永恒之道的经典著作，其意义和价值也是永恒普世的，不会因时间的流逝或地域的改变而降低。《道德经》的论述涵盖人类的精神信仰、政治治理、社会和谐、宇宙观、人生观、价值观、品行修养和精神修炼等多重维度，因此在精神信仰迷茫缺失、道德伦理普遍衰落、品格修养广遭忽视、生存环境严重破坏、各种政治治理方法弊病丛生的现代社会，其指导借鉴意义就更加凸显。现代人对《道德经》的推崇宣扬主要集中在权谋、军事、养生、丹道、管理、经商等方面，显然将这些当作其主要现代意义之所在。但仔细对照《道德经》，就会发现这些并非老子思想的主旨，其中有些与老子本意几不相干，甚至完全相反。事实上，《道德经》除论述形而上之道外，其余论述主要集中在以道为核心的精神信仰、人生修养、政治治理与社会和谐四大方面，因此这些才是最能体现其真实现代意义之所在。为此，本书第四章专门讨论老子学说在现代社会的真实意义，理路基本按以上四方面展开。

精神信仰是人类有别于普通动物的重要维度，也是人类能脱离野蛮，构建和维系文明社会的重要因素。研究表明，凡是人都有精神信仰的需要。特别是在传统精神信仰体系崩溃、信仰严重缺失的现代社会，找到精神信仰真谛、重建精神信仰体系就成为民众和社会最根本的需要。《道德经》被一些近现代学者描绘成世俗著作，但从真正内行的宗教学角度来看，却是一部最高层次的宗教信仰经典，不仅体现了对超越者的崇高信仰，而且将尊道、法道、守道作为信仰实践和为人处世的基本准则，还提供了冥修实践、修道悟道的指引。因此，《道德经》作为中华民族首部跨越形上形下，广受崇敬的精神信仰经典，不仅可以作为民众重建精神信仰的指真，而且可以作为重建中华民族精神信仰体系的奠基经典。而道作为诸子百家、三教九流、各种宗教教派、各种思想流派乃至全民族都普遍接受并崇敬的至上者，可以作为统合凝聚中华民族的至上信仰主体。

《道德经》关于人生修养的论述主要涉及宇宙观、人生观、价值观、精神信仰、品行原则和个人修为。老子对这些方面都设置了高于世俗的要求，显然是以修道圣人的准则作为标准。尽管如此，上述论述对现代人仍然有重大的学习借鉴意义。从《道德经》可以看出，老子所谓圣人，就是具备了上述观念、信仰、品行和修为的执政者，其实为其政治理念的实现打下伏笔。

老子的政治理念备受误解和忽视。有一种社会影响很大的观点认为，《道德经》是主张消极遁世的著作。这其实与老子的本意正好相反。老子不仅有强烈的社会和政治关怀，而且提出一整套法道自然的政治治理理念，只不过不同于世人习以为常的政治理念。老子政治理念的显著特色是无为而治、圣人治国、利民惠民、反战维和。这显然是一套最大限度抑君惠民，以民为本，符合天道自然的政治理念。其中无为而治的最高境界是管到人民没有感到被管，所以被浮浅者误认为不务政治，消极遁世。世人因《史记》所称"世之学老子者则绌儒学，儒学则绌老子"等原因，误认为儒学与老学是对立的，殊不知儒家的尊奉天道、修齐治平、内圣外王等主要理念都源于老子，还忘记了儒家祖师孔子学于老子，儒老有师承关系。老子的圣人治国，不仅是儒家内圣外王的源头，还与柏拉图的哲学王治国理念暗合，其实是令各种现代政体治愈痼疾，走出困境的良药效方。这些在本书第四章专辟一节讨论。

《道德经》的现代社会意义主要体现在以其贵和理念促成社会和谐，以其精神信仰资源提升社会文明水平，以其俭、啬、寡欲原则节约保持自然资源，以其道法自然原理维护生态自然。对于在上述领域面临严峻挑战的现代社会，老子这些理念和原则显然有重大的启示借鉴意义。

《道德经》区区五千言，但言简意赅，深奥隽永，魅力无穷。笔者从十四岁开始读老，络绎不断至今已有数十载，前后不下数千次，但仍感觉意犹未尽，不时有所启发。结合个人体会和前人经验，要真正读懂老子，至少需要做到以下几点。其一，长期反复仔细阅读《道德经》，于字里行间体会其深意。融会贯通《道德经》全文，从上下文关系中整体把握老子前后一贯的精神思想，避免断章取义。其二，以老解老，认真参考但不迷信名家注解，独立思考判断，从《道德经》上下文中寻求和确认答案。其三，将自己置身于老子的位置和处境，长期坚持冥修，做到清心寡欲，致虚守静，通过进入老子的精神境界，体悟老子所悟。多欲浮躁则不得其要。其四，老子超凡脱俗，眼界高远，其理念洞见从世俗的低、浅、近角度看往往有悖常理。故除非将自己的眼界提升到老子的高度、深度和远度，就不能真正理解老子。其五，具备和加强人文、社科、宗教、古文、传统文化、人生历练等多领域的修养和积淀，参照人类文明中与老子精神思想境界等高的其他智者大师的精神思想，但避免生搬硬套，尤其要防止将他人观点或近代西方思想当作结论教条来绑架老子。

本书集笔者多年读老习老的体悟心得与近年来深入研究的结果于一体，不避缺漏，与读者分享。如能引起天下有识之士的共鸣和行动，勠力破除历史尘蒙于老子和《道德经》的迷惑、误解和歪曲，让老子精神思想的真谛得到普遍认识和弘扬，在现代社会中真正发挥其多方面的巨大作用，则老子学说幸甚，天下幸甚。

2016 年 5 月 20 日

于申城夏园书斋

目　录

第一章 《道德经》文本质真

老子这部举世闻名的著作本无名称，《老子》是后人据当时惯例以作者之名命名的结果，而《道德经》这一名称则始于更晚的汉代。老子这部经典的通篇主旨是道与德，所以《道德经》这一名称较之《老子》更符合其主题内容。为确保书名指称前后一致，本书通篇采用《道德经》这一名称，而无论其用于汉代之前或之后。

《道德经》虽然是中国历史上影响最大，并被训诂、校勘、注释、译介最多的经典，却像许多古代经典一样，没有原著标准文本存世。现存于世的各种文本数以百计，但都是手抄本或经其传承而来的文本。因抄写误差、竹简错置、注文羼入、衍文脱句、历代避讳、文字异体、通假字、借假字、方言差异、语言演变、断章断句错误、传抄者根据自己的理解擅加改动等原因，造成各种文本千差万别、错误百出，莫衷一是。即便是被认为最权威的现存文本，也存在许多明显的错误、矛盾、不通顺、不可解、文序错乱等现象。因此，一个更符合老子本真意境、更少以上各种问题的文本，既是正确理解和把握《道德经》的需要，也符合广大读者的期望。本章的主要目标就是设立校勘原则，参照比较各种文本和注释，争取校定出更接近于老子本真意境风格的文本，并辅以信达通雅的白话译文。当然必须承认，无论如何努力，都不可能完全复原老子原本，也不可能完全避免差错。

应当指出，人类语言本身就有局限，不能指望其完全达意，对于圣人也不例外。因此，无论《道德经》文本是否与老子原文有出入，都不可能完全传达老子的思想感悟。况且道不可道，即便老子也无法通过语言文字将其体悟到的形而上之道完全准确表达出来。好在文字不是理解老子的唯一途径，不排除通过体证悟道等方式感悟老子所感，与老子灵犀相通。要真正读懂老子，不仅需要选择最符合其原意的文本悉心阅读，深入理解，而且需要能超越文字，领悟其精神；不仅需要从阅读中理解，而且需要将自己置身于老子的境况，通过冥修内观等途径对其本意心领神会。庄子在论及言与意的关系时说："可以言论者物之粗也，可以意致者物之精也。""言者所以在意，得意而忘言。吾安得夫忘言之人而与之言哉！"① 这其实与老子"多言数穷，不如守中"有异曲同工之效。只不过在那些执迷于文字，不能理解其精神的人看来，庄子和老子的上述论述本身就自相矛盾，故而有"得意何必忘言"、"言者不知知者默，此言吾闻于老君。若道老君是知者，缘何自著五千文"② 等不得要领的指责。贯通天地造化，超越文字形式的圣人，岂是专执于文字，缺乏超越境界的俗人所能真正理解。因此，校勘《道德经》文本，不仅要努力考证其文字，更要注重体悟掌握老子前后一贯的精神境界、思想脉络和语言风格，避免偏执于文字而不顾其违反老子前后一贯意境，以致以文害意。

第一节 《道德经》文本及校勘原则

尽管文不能完全达意，意还可以通过其他方式传达，但一个更加接近于老子本真的《道德经》文本毕竟可以让读者更准确地理解老子的本意，更少受到误导。因此，本节将从考察比较《道德经》各种主要存世文本开始，通过确立文本校勘的基本原则，为校定出更接近于老子

---

① 陈鼓应：《庄子今注今译》，中华书局，1983，《外物》，第725页。
② 白居易：《读老子》，朱金城：《白居易集笺校》，上海古籍出版社，1988，第2172页。

本真意境的《道德经》文本打下基础。

一 《道德经》存世文本

《道德经》文本与注家，古往今来不可胜数。元代正一道天师张与材在杜道坚《道德经原旨》序中已称："《道德经》81 章，注者三千余家。"① 其后，特别是写作出版呈爆炸性发展的近现代又有多少家问世，实乃不可胜数。《道德经》文本常随注家主观意见取舍而异，所以各种大同小异的文本究竟有多少，也是未知数。目前尚有书名和作者姓名可考的注家文本至少有四百多种。也有学者认为有上千种，但没有提供相应的书目和依据。

一般认为，存世文本中流传最广、影响最大的是王弼本和河上公本。朱谦之在《老子校释》序文中概括说："今案老子《道德经》旧本，流传最广者，有河上公、王弼二种。河上本近民间系统，文句简古，其流派为景龙碑本、遂州碑本与敦煌本，多古字，亦加俚俗。王本属文人系统，文笔晓畅，其流派为苏辙、陆希声、吴澄诸本，多善属文，而参错己见，与古《老子》相远。……此为《老子》旧本之两大系统。"② 此说被广泛认同。唐玄宗御注本开启了在王本、河本之间勘合，择善而取的"善本"先河，此后许多注家承袭了善本的理路。世传文本虽多而杂，但基本沿袭一定的体系而大同小异，更有近代注家对各种文本做过较为全面的对比评注。故在校勘《道德经》文本时可以在以往注家工作的基础上专注于其中重要文本，避免逐字逐句详细列举对比每一个文本的浩繁。《道德经》虽文本繁多，但各种文本的重要性和地位不能等量齐观。

现存文本中最早注解阐释《道德经》的是韩非子的《喻老》、《解

---

① 《道藏》第 12 册，文物出版社、上海书店、天津古籍出版社联合出版，1988，第 725 页。

② 朱谦之：《老子校释》，中华书局，1984，《序文》第 1 页。

老》二篇。韩非子以此创立充实了法家一脉的理论基础，加之法家的慎到、申不害等都是老子的后学，故法家在一定意义上也是老子的分支后学，虽然其与老子的基本主张差异很大。

若以时间早晚为序，则产生于西汉的严遵本是世传文本中排在韩非子之后的最早文本。严遵著有《老子指归论》和《老子注》二书，载于明刻《道藏》。其章节和注释现均已残缺不全，其文本似源自不同于其他世传本的古本。

接下来就是汉代河上公的《老子章句》。河上公本虽然被认为是民间文本，不如王弼本之文雅，但据信对王弼本的产生有重大的影响。多数注家认为，王弼本的分章、顺序、总体框架，甚至错误，都基本沿袭了河上公本的格局。但也有少数学者认为河本晚于王本。由于受到道教和民间的追捧，河本成为与王本并列的流传最广的文本。甚至还有注家认为河本是最具权威性的文本。

一般认为，产生于魏晋时代的王弼《道德真经注》（或称《老子注》）是文人文本，文字通畅，多被文人士大夫阶层采用和推崇。近现代学者的注本多以王弼本为底本。考察对比现存不同文本，可知王弼本对其所见文本做过整理润色等改进，存老子之神而不囿于所见文本之形，有相当的合理性，但其中也有许多错失之处，尤其是未求甚解而矫枉过正之处。有近现代学者将王弼奉为绝对权威，将王本当作标准范本，实乃过犹不及。王弼虽然才华出众，但毕竟年少学浅，以其阅历和功力均不足以真正理解老子。仔细考察其文字和注释，不难发现其理解往往失于浅薄，文字则错误百出（当然，许多错误可能出于后人的传抄改动），且其中相当数量为明显的低级错误。因此，在尊重其《道德经》文本和注释的历史地位的同时，不应对其盲目迷信，更不应将王本当作标准范本。

唐朝初年傅奕根据北齐时代从项羽妾冢出土的古本和寇谦之的安丘望本等古本所做《老子古本篇》，与王本等世传本的来源和系统均不相同，具有重要的参考价值。宋代范应元所著《老子道德经古本集注》

对各种古本作深入考订，也是注家历来看重的文本。

1973 年长沙马王堆帛书《老子》甲、乙本的出土和 1993 年荆州郭店楚墓竹简本《老子》的出土，打破了传统以来《道德经》世传本的格局，提供了不同体系的《道德经》文本，可以作为重新校勘《道德经》文本的重要资源和依据。竹简本经考古断代为战国中期，约为公元前 400 年至前 300 年之间，是迄今为止所见最早的文本。因出土竹简本的楚墓年代久远、曾经被盗、竹简残缺、选择性抄录等原因，竹简本只有两千多字，且文字和用法很多为古代异体，所剩文本仅有重要参考价值，而不足以作为全面校勘《道德经》文本的依据。有学者因竹简本字少甚至认为竹简本是有别于世传本《道德经》的另一部书籍，显然是无稽之谈。竹简本的文字排列顺序与世传本完全不同，分为甲、乙、丙三组，似为不同目的而选择性摘录排列，且三组之间有重复章节，显然不能作为校定《道德经》文章顺序的依据。竹简本是《道德经》早期文本的重要参考，特别是当其语句与帛书本等古本相同时，比世传本更可能符合《道德经》原本，往往可以作为纠正世传本之谬的依据。

长沙汉墓出土的帛书本分甲、乙两种文本，分别以小篆和隶书写就，考证者根据避讳情况判断其分别抄于汉高祖称帝之前和汉文帝即位之后，是除竹简本之外现存文本中年代最早的文本之一。帛书本不仅年代早，而且是独立于王弼本和河上公本两大体系之外的完整文本，故有极高的参考价值。《道德经》世传本在历代传抄过程中，由于传抄谬误和注家擅改等原因，造成各种世传文本千差万别，莫衷一是，而帛书本的出现则使其中大量争执不休的疑难问题迎刃而解。对比甲乙两种文本可以看出，二文本虽然看来各有其来源，但在相当程度上有相互抄袭现象，造成二文本不仅许多语句表达、异体字用法，甚至错误都一样，而未必如一些学者认为的那样，二者是相互完全独立的文本。有学者根据近古必真的原则，认为帛书本应被认定为老子原本。但细加考察，帛书两种文本抄写错误颇多而严重，文字处理马虎随意，不通之处随时可见，似由教育和文字水平不高的人抄写，显然不可能是老子原本。况且甲、乙本相互差异很大，即便以帛书本作为老子原本，以其中哪一本为准也是无法回答的问题。帛书本产生年代距《道德经》原本问世已有数百年之久，其间已屡经传抄，不可避免地产生为数众多的传抄谬误，这已为帛书甲、乙本的大量谬误所证实。根据各方面因素综合判断，帛书二本均不可能是老子原本，也不应被当作标准范本，只能作为一种极有价值的参考。

此外，下列石刻本和纸质本文献也被认为相对重要，在考证校勘中可资参考：唐景龙河北易州龙兴观道德经碑、唐开元河北易州龙兴观道德经幢、唐景福河北易州龙兴观道德经碑、唐开元河北邢州龙兴观道德经幢、宋景祐甘肃庆阳县天真观道德经幢、元至元陕西盩厔县楼观台道德经碑、元大德陕西宝鸡磻溪宫道德经幢、元延祐赵孟頫书道德经石刻、遂州龙兴观道德经碑（《道藏》中无名氏《道德真经次解》）、汉刘安《淮南子》（原道篇和道应篇）、南朝顾欢《道德真经注疏》、唐成玄英《老子义疏》、唐陆德明《老子音义》、唐李荣《老子注》、唐玄宗御注《道德真经》、唐玄宗御制《道德真经疏》、敦煌唐人写本《老子道德经》甲本至癸本共十种文本（皆为残卷）、唐陆希声《道德真经传》、唐杜光庭《道德真经广圣义疏》、唐李约《道德真经新注》、宋陈景元《道德真经藏室纂微篇》、宋吕惠卿《道德真经传》、宋王安石《老子注》、宋司马光《道德真经论》、宋苏辙《道德经评注》《老子解》、宋李嘉谋《道德真经义解》、宋林希逸《老子口义》、宋麻沙本《老子道德经》、宋彭耜《道德真经集注》、宋徽宗御解《道德真经》、元赵孟頫《老子道德经》、元吴澄《道德真经注》、元杜道坚《玄经原指发挥》、元李道纯《道德会元》、明太祖《御注道德真经》、明薛蕙《老子集解》、明释德清《老子道德经解》、明李贽《老子解》、明焦竑《老子翼》、清王船山《老子衍》、清王念孙《老子杂志》、清严可均《老子唐本考异》、清毕沅《老子道德经考异》、清姚鼐《老子章义》、清汪中《老子考异》、清俞樾《老子平议》、清魏源《老子本义》、清孙诒让《老子札记》、易顺鼎《读老札记》、刘师培《老子斠补》、马叙伦《老子校诂》、陈柱《老子集训》、奚侗《老子集解》、高亨《老子正诂》、蒋锡昌《老子校诂》、朱谦之《老子校释》、严灵峰《老子达解》、《无求备斋老子集成》及其续集、张松如《老子校读》、马王堆帛书整理组《马王堆汉墓帛书老子》、许抗生《帛书老子注释与研究》、高明《帛书老子校注》、荆州市博物馆《郭店楚墓竹简》、李零《郭店楚简校读记》、丁原植《郭店竹简老子译析与研究》、陈鼓应《老子注译及评介》、熊铁基等主编的《老子集成》等。当然，上列老学书籍及其文本只是研究《道德经》较重要的参考文献，并不完备排他。

严谨考察，可证各种现存文本都有这样那样的错误、缺陷和问题，都不可能是老子原本，所以不应将其中任何文本当作权威范本加以迷信。然而，人们在以往的《道德经》文本校勘中却倾向于将某文本或某名家的注释作为决定性根据，忽视老子原本可能的精神意境和风格，致使许多明显的错误、缺陷和矛盾被熟视无睹，得以长期存在。为此，要想获得更接近于老子本意、更少错误矛盾的文本，除了确立合理的校勘原则，据以对各种存世文本比较、鉴别、判断、取舍之外，更重要的是能体悟、把握和回归老子的精神意境、思想脉络、文章造诣和语言风格。

二 《道德经》文本校勘和注释原则

《道德经》的训诂、校勘、注释文本汗牛充栋。如果再对《道德经》逐字逐句对比各种文本，考证、训诂、校勘、注释，多数情况只是重复前人所见，徒增篇幅。本章的目的是在各种文本及前人校勘注释的基础上校定出更接近老子本真意境的《道德经》文本。为简洁起见，本章将只对有重要歧义的文本内容和词句做校勘性注释，而不做训诂或释义性注释，避免无谓重复前人的论述。这样做可能导致非专业人士和初学者在阅读时困于古文字阅读的障碍。为此，本书将在《道德经》

每章校定文本之后附白话译文，以助对原文的理解。释义性注释可以从译文中看出。

此外，对于历代注家对《道德经》所做各种注释，本书也很少引证和评论，原因是本章的目的在于寻求对老子本意的理解，而非对后代注家个人意见的理解。因此，只有当某注家的注释理解有助于厘清老子本意时才被引用或论及。

在千差万别的《道德经》文本中校定出更符合老子本真意境和风格的文本绝非易事，故而需要在下手之前先建立明确的校勘原则，在校勘中有规可循并一以贯之。以下是本文遵循的基本校勘原则及其理由。

1. 本次校勘不仅对照参考各种主要现存文本，而且将老子志意深远、言简意赅、造诣高雅、修辞考究、逻辑通顺、工于韵法的意境和风格作为校定的根据。文字冗赘、用词不当、语句不通顺、逻辑混乱、前言不搭后语、言不达意、不合韵律等低水平表现，显然不符合老子风格，应该予以修正。如果相信老子是智慧的、造诣高深，就应该追循老子的精神境界和行文风格，以通顺达雅韵、符合老子意境为标准加以取舍，而不应囿于所谓权威文本的文字或名家注释，以致破坏老子的意境和文风。如前所述，现存任何文本均非老子原本。因此，根据现存文本追求从形式上逐字逐句还原老子原文，其实是一种徒劳的努力。老子时代邦国间语不同文，即便找到老子原文，也可能因其语言表达习惯不同，充满生僻古字方言而难以阅读，仍需按后代文风和用语加以适当调整。王弼对此深有感悟，因此其文本是在对当时各种文本润色改进的基础上完成，较其所见古本通顺达雅，存老子之神而不囿于所见文本之形，有相当的合理性，可以作为老子文本校勘的合理原则。但校勘中面临的挑战是如何能既以此为原则，同时最大限度还原保留老子的原文、原意、原神、原风，避免类似王弼本对老子本真的偏离。为此，本次校勘将吸取王弼本的校勘原则，保留王弼本中相对优良合理的语句，同时遵循以下的文本取舍原则。

2. 本次校勘中的文本原则是，不以任何一种文本作为标准范本，而是博参众本，相互参酌印证，精细剖析推敲，择优而定。其中优先注重采信古本，其次注重其他世传本和善本，并根据《道德经》前后一贯的精神、思想、风格、修辞、逻辑、韵律、整体意向和上下文关系等因素分析比较各种文本的分歧语句，择其最合理者取之。对于具体文字章句的处理，如古本较世传本合理或二者合理性相当，则优先采用古本，特别是当竹简本和帛书本一致时。如世传本语意与帛书本、竹简本一致，只是用语修辞不同，则取最信达雅简者；如不分伯仲且古本有分歧，则保留世人熟悉的世传本文字。如五十七章帛书乙本中"是以圣人之言曰"，王弼本作"故圣人云"，意思完全一样，王弼本简洁得体，况为世人熟悉，故采纳王弼本。对于各种文本的错误，在判断和处理上一视同仁。无论采纳何种文本，判别原则都是保持上下文顺合贯通，修辞用语得体合理，简洁而没有矛盾瑕疵。对于《道德经》这类古经典文本，许多学者的取舍标准是近古必真。这在一定意义上有道理。隋唐之前尚无印刷术，文本复制都用手抄，极易出错。况且中国古人对待经典文本没有现代学术的严谨标准，在抄写中常根据自己的理解或意见修边加角，所以文本复制的次数越多，改动和错误就累积越多。在这种意义上，认为早期文本优于晚期文本，有一定道理。但也不能将此原则绝对化，否则会过犹不及。有注家过分强调"近古必真"，将竹简本或帛书本直接当作老子原本，在各种文本有分歧时一律采信其中之一，而忽视其错误比比皆是和几种古本并不一致的实际状况，结果是矛盾百出，难以自圆其说。竹简本、帛书本虽然近古而有更重要的参考采用价值，但并不等于原本。古本近古少错但并不"必真"，仍有大量的各种错误，故仍应对其加以有原则的严谨判断和取舍。

3. 本次校勘不仅充分研究比较《道德经》各主要文本，而且认真参照清代以来主要注家对《道德经》文本的校勘意见。但参照不是盲目采纳，而是综合比较各种校勘意见，从而判断采纳最合理、最接近老子意境的意见。本次校勘主要立足于对《道德经》原文的理解，而不以后人的观点作为理解老子的主要依据，尤其是不将那些缺乏超越维度，意境低下，生吞活剥老子的所谓专家的观点作为解老的依据。古往今来解老述老者多如牛毛，但多数是将己之偏见强加于老子，真正理解老子者则寥若晨星。老子在《道德经》成书时就预言"知我者希"，绝非虚言。特别是近现代对老子《道德经》的认识和解释，大多是生搬硬套近代西方思想观念的产物。强迫中国古代圣人老子削足适履，符合近现代的西方意识形态教条，岂能得到老子的真知灼见，又岂能真正理解《道德经》。

问题是如果立意以老解老，怎样才能确知老子的本意，怎样才能确定所知不是对老子的误解。有五种方法的有机组合可能会行之有效。其一，在一生中反复仔细阅读《道德经》，不断加深理解和感悟，从字里行间体会其深意。在彻底熟读甚至熟背《道德经》的基础上融会贯通《道德经》全文，整体把握老子前后一贯的精神、思想和风格，据以理解确定具体字句的真意，避免断章取义。其二，以老解老，独立思考判断，参照《道德经》其他章节，从老子上下文中寻求和确认答案。理解和认定《道德经》真义，应以老子本人的论述为终极标准，认真参考但不迷信各名家的注解和观点。《道德经》章节之间虽然看似没有紧密逻辑关联，但全书内容要义却息息相关。对于其中某一章节字句的困惑，多数可在其他章节中找到答案。其三，根据《道德经》的提示效仿进入老子的处境、状态和超越体验，长期坚持冥修悟道，做到清心寡欲，致虚守静，通过内观实践，体悟老子所悟，与老子灵犀相通。其四，老子超凡脱俗，眼界高远，其理念洞见从世俗的低、浅、近角度看往往有悖常理。故除非将自己的眼界提升到老子的高度、深度和远度，就不能真正理解老子。获得对有关章节字句的理解后不自以为是，还应主动从各种不同角度反复自我诘难和反思，直至能确认无懈可击。其五，具备和加强人文、社科、宗教、古文、传统文化、人生历练等多领域的修养与积淀，参照人类文明中与老子精神思想境界等高的其他智者大师的思想，但避免生搬硬套。

4. 对于《道德经》的文章顺序，本校定本保持已被世人沿用成规的世传本 81 章分章格局和顺序，但对明显的分章错误、段落错置、文序不合理等现象则根据上下文语意、内容、逻辑和句型查证后予以纠正调整。据考证，《道德经》在秦汉以前原本没有分章，后人曾有多种分章法。例如，严遵将其分为 72 章，吴澄将其分为 68 章。81 章格局始于河上公本，此后大多数世传本都沿袭了 81 章的分章格局。分章有一定的合理性，可以起到意群间歇、分段领会思考的作用。但如此分章也造成一些问题。首先，分为 81 章，是为了凑足传统文化中特定的数目，但这未必符合老子的本意。勉强将《道德经》拆成预定数目的章节，可能有违老子原来的意群。其次，分章者精神境界和文化修养都显然低于老子，因而未必能尽按老子原本意群分章，可能造成不适当的意群分割。例如，世传本 20 章开头的"绝学无忧"与该章其他内容毫无关系，显然系断章时误将上一意群的语句错断入下章所致。再次，纸张发明之前，《道德经》多数文本都以竹简保存。竹简本极易因摆放错位、散乱等原因而造成文序错乱。《道德经》世传文本中有许多语句甚至整段文字因竹简错置而造成错位或赘文，业经专家考证证实，说明竹简错置绝非孤立现象，不排除还有类似错误未得到纠正。竹简错置多发生在祖本或初期文本，致使后来的抄本全部承袭相应的错误。因此，郭店竹简本和马王堆帛书本也未能幸免类似的文序错乱。世传本在分章之初对此并未加以辨别，而将竹简错置造成的文序错乱包含在分章之中，造成有些章节的内容前言不搭后语。

此外，有学者根据帛书本和韩非子《解老》均为德篇在前、道篇在后认为，此乃《道德经》原文的顺序，应据此调整。此论充其量只能算作个别意见。仅凭两种文本就推翻两千多年来《道德经》的一贯顺序，依据显然不够充分。还有学者认为，先秦的著作一般是将总纲和序言置于书之后部，所以《道德经》也应该德篇在前，道篇在后。这种论断也欠妥当，理由有四。其一，道篇与德篇的篇幅几乎相同，显然不是总纲，不适用于古代总纲在后的说法。其二，所谓道篇和德篇，是后人所分，并非老子本意。所谓道篇中也有大量论及德的内容，所谓德篇中也有大量论及道的内容，因此以"道篇"、"德篇"分篇命名本身就欠妥，应予放弃。其三，《道德经》为语录体，各章排序本来没有严格的逻辑先后关系。除少数章节的顺序会影响到理解之外，多数章节排前排后都不造成多大区别，故纠结于此并无实质意义。其四，《道德经》以世传本的现有顺序传世已两千多年，是世人熟悉的顺序，况且就内容来看，比所谓德篇在前更为合理。无论其是否老子原来排序，轻易改动除令读者不适之外，不会带来任何积极效果。

根据以上情况，本校定本的文序按以下方法处理或调整。其一，将《道德经》分为81章，虽非老子本意，也未必完全合理，但已被世人沿用成习。贸然改变会造成研读者不习惯等问题，故勉强予以保留。其二，《道德经》为语录体，各章排序多没有逻辑先后关系。为不引起对世人熟悉文本不必要的冲击，一般情况下尽量保持世传本现有排序，仅在有理、有据、有必要时做出调整。以道篇、德篇分篇非老子原意，也缺乏合理性，故不再保持。其三，对现存文本中明显的分章和文字顺序错误，设法予以合理调整纠正。例如，同一章的内容如果完全没有语意关联，或者逻辑混乱，则很可能是竹简错置或误分等原因造成。调整的方法是在《道德经》全文中寻找与问题段落密切相关的原本上下文，在能够确认后将其移归原处。因《道德经》篇幅不长，很容易通过逐章比对文义和逻辑关系在全书中找出其原本所在位置。纠正错简等原因所致文序错乱大多不可能有文本依据，故只能根据语意、逻辑、关联度等合理调整，而不受制于文本依据的有无。

5.《道德经》各种文本字句差别繁多。因篇幅所限，本章对各种文本的差别不一一列举比较分析，仅就主要文本中分歧较大、对《道德经》的理解可能造成重大误差或因其他原因较为重要的章节字句做校勘性评注。本章的目的是校定出最符合老子本意与风格的《道德经》文本，而不是对各种文本的差异做详细评述，故无特殊必要时直接给出认为正确的文本，而不列举和评述各种不同文本的差异，也不全面重复众注家对其的评述和争论。

6. 各种文本最多的差异是语气助词、虚词和同义词的差别。此类差异的形成原因，一是秦统一华夏之前语不同文，表达习惯也不尽相同；二是不同时代人们表达习惯和用语的变化；三是传抄者往往根据自己的行文风格和语感加以调整。这类文本差异一般没有充足的文本依据断定孰是孰非，造成注家争论不休，莫衷一是。对于此类差异，本文的处理原则是：1）对于同义异体的语气助词或虚词，依从古文的规范、语感和表达习惯，同时优先采用为世人熟悉的世传本用法。一般来说，语气助词和虚词无论用或不用、用彼用此，只要不造成语意等实质性差别、不以词害意、不违反古文规范，本章一般不作深究。只在有可能造成实质性差别时才加注辨别选择。例如，语气助词已、矣同义，但今人多不知"已"在《道德经》文中同"矣"，易造成误解，故用"矣"不用"已"并且加注。2）对于同义字、通假字和近义字的使用，不造成实质差别者一般不做深究，造成差别者对照择优，可能造成误解误读者则采用能予以防止的用字。例如，专、抟二字通假同义，但今人多将"专"误读为 zhuan，故用"抟"不用"专"。3）对于明显谬误的讹脱衍倒，一般予以纠正而不做注释。对于异体字、俗写字等，则直接统一为通行体而不做注释。

7. 对于各文本中排比句的语句顺序差异、语言表达形式稍有不同等细微文字差别，只要不造成语意或实质差别，一般采用世传本中世人熟悉的文本而不做考证辨别。本次校勘注重在精神、内容、文意、风格上忠实于老子原文原意，而非忠实于无实质意义的细枝末节，故避免在无关紧要的细节上小题大做。

8. 世传本中因史上避讳而改的文字，如恒改常、民改人等，有明显语义差别且影响今人阅读理解者，尽量改回避讳前文字，以恢复《道德经》原文原义。

9. 一些近现代文本或注本的《道德经》分段过多过滥，甚至达到一句一段、每遇一个标点符号一段，致使经文支离破碎，损害了整体意思的表达和理解。《道德经》是伟大的经典，但并不因此就需要将每句话分为一段或数段，仍需符合基本行文规范。本校定本谨据行文规范按意群关系分段，而不敢效仿今人造次。

10. 古汉语本无标点符号，《道德经》的断句和标点符号多为对于古汉语理解力较低的近现代人所为，所以多有舛错。标点符号看似小事，却可能严重影响对原文的理解，故在校勘中慎重对待，对于有疑问者反复考证分辨，有错必纠。

最后是本章白话译文所遵循的基本原则，主要有以下四点。

1. 本章译文采用现代白话，力求通俗易懂，使读者通过阅读译文能理解原文及其中的具体词句和表述。有许多现代译文比原文还要古僻费解，或者基本重复《道德经》原文，违背了译文的本义，本章译文力求予以避免。

2. 白话译文应与外语翻译一样遵循信达雅的基本原则，故本章译文力求忠实于老子原本文义，传达老子原文的精神意境，符合老子的简洁优雅风格，做到不歪曲、不遗漏、不添加、不冗赘、不俚俗、通顺明白、易于阅读理解，追求神似重于形似。严复在确立信达雅翻译三原则时指出："译事三难：信、达、雅。求其信已大难矣，顾信矣不达，虽译犹不译也，则达尚焉。"① 将《道德经》译成白话文，本身要求放弃其古雅风格，所以要保持其雅，从而做到信达雅，更加不易。更难做到的是保持原文的韵律。据朱谦之等学者考证，《道德经》句句合韵，系"古之哲学诗也"②。但受制于白话文的通俗格局、笔者诗韵修养不足及韵律与信达雅难以同时兼顾等原因，本章译文只好放弃保持韵律的追求。

3. 《道德经》原文本来就简约费解之处，本章译文将忠实于原文，不在译文中做主观解释性添加、改动或发挥，以使读者在读懂文字后有

---

① 赫胥黎：《天演论》，严复译，中国画报出版社，2010，引自其中严复的《译例言》。
② 朱谦之：《老子校释》，中华书局，2011，第313页。

老子指真

机会通过深入思考，得出自己的理解和判断。许多近现代译文都加添了译者自己的解释性观点，充满偏见和误导，其实已经不是《道德经》的译文，而是译者自己观点或偏见的任意发挥。译文不是译者自由发挥的场合，故本章译文力求避免各种近现代译本任意做主观解释性添加、改动或发挥等通病。

4. 许多《道德经》的白话译文没有考虑同章中上下文的关联，将每句话当成与其他语句没有关联的独立语句翻译，致使译文前言不搭后语，令读者雾里看花，不知所云，并造成老子就是语无伦次的错觉。如果分章恰当，确实将老子的每个相关意群归为一章，则每章中上下文应当相互关联。故本章不仅按意群重新审视每章内容是否关联，对明显的问题适当纠正调整，对每章内容反复推敲后做连贯性翻译，力求再现老子思路清晰、论述连贯的风格。

下节是遵循以上原则完成的《道德经》校定文本、校勘注释及白话译文。

第二节　《道德经》校定文本及译文

一　章

道可道，非恒道；名可名，非恒名①。无，名天地之始；有，名万物之母②。故恒无，欲以观其妙；恒有，欲以观其徼③。此两者同出而异名，同谓之玄。玄之又玄，众妙之门。

【注释】

①世传本此处均作"非常道"、"非常名"。根据帛书本等考证，《道德经》原文中的"恒"皆因汉代避孝文帝刘恒之讳被改为"常"。"恒"与"常"的意思有明显差异，不改回《道德经》原文，难免造成对老子原理理解的偏差。为尽量恢复《道德经》原文原意，今据竹简本、帛书本将所有避讳的"常"都改回为"恒"。下文中类似的"常"改"恒"不再标注。

②许多现存文本是从无名、有名处断句。考其正误，从有、无处断句合乎老子原意，合理正确，理由有三。其一，有、无是一对重要的哲学范畴，也是老子高度重视的主要概念。老子在本章及此后章节中反复论及有、无概念就是其佐证。此句从形而上到形而下论述天地万物的产生，故有、无是最为深刻和贴切的论述范畴。而有名、无名只是人类行为的结果，与天地万物的产生无关。其二，四十一章中"天下万物生于有，有生于无"，与"无，名天地之始；有，名万物之母"珠联璧合，相互印证，有力证明了从有、无断句的正确。如果从有名、无名处断句正确，则四十一章的那句就应该改成"天下万物生于有名，有名生于无名"。其三，王弼本虽然从有名、无名处断句，但王弼却在此句的注释中称"凡有皆生于无，故未形无名之时，则为万物之始；及其有形有名之时，则……为其母也。"可见他也认为有名、无名的根基在于有、无。但他将形、名混为一谈，造成二者是同时产生的错觉，致使后人盲目接受此错觉，从而认同从有名、无名处断句。事实上，天地万物"有形"与"有名"完全是两回事，"有形"从人类出现以前很久已然，而"有名"则只是人类行为的结果。此外，王弼这段话还引出了有、无"两者"，连同有名、无名和他此后断出的有欲、无欲，共为六者，显然与下文"此两者同出而异名"中的"两者"冲突，难圆其说。只有将此句从有、无断句，将下一句从常有、常无处断句，才能与下文中的"此两者"相符。

两种断法的争议，古已有之。主张从有名、无名处断句的理由可以归纳为四：一是此句是上句"名可名，非恒名"论名的延续；二是如此断句能解释得通；三是《道德经》四十一章还有"道隐无名"等表述予以印证；四是有学者提出冯友兰、陈鼓应等主张从有、无处断句者把有、无都解释为道是错误的，故认为从有、无处断句也是不对的。究其原委，第一条，"名可名，非恒名"指的是道的名，而此句如果断为有名、无名却是指天地万物的有名、无名，主体显然不同。称此句是上句论名的延续其实基于偷换主体概念。如果勉强将此句也说成是指道的有名或无名，则会造成更大的荒谬。因为道"有名"始于老子，按此论推断则万物在老子给道起名字之前是不存在的，天地万物始于老子为道命名。由此可见，持此论者不仅没有读懂此句，可能连"名可名，非恒名"那句也没读懂。第二条，从无名、有名处断句虽然乍看似乎也能解释得通，但经不起推敲。给天地万物起名字是人类的特有行为，但天地万物在能起名字的人类出现之前漫长的时间就存在了，绝不可能因人类起了名字才产生。有名、无名只不过是人类起名行为的结果，既不能影响天地万物的生成，也不是老子哲学思想的重要范畴。故可以说，从有、无处断句是深刻的，符合老子原意；从有名、无名处断句是浅薄的，违背老子原意。第三条理由中列举的"道隐无名"明确是讲道无名或有名，而不是持此论者所说的天地万物有名或无名，此论实乃张冠李戴。如果勉强将第一章此句也说成是指道的有名或无名，则会掉入以上第一条评论中指出的陷阱，得出天地万物在老子给道起名字之前不存在的结论。第四条，冯友兰、陈鼓应等人将有、无解释为道确实是错误的。老子说"此两者同出而异名"，明确是说有、无均出自道。将此处的"出于"等同于"等于"，无论从逻辑上还是从哲理上都是错误的。有、无只是天地万物是否被人的感官感觉到的状况，将其等同于作为造物主的道显然理路不清。但冯、陈的错误与从有、无处断句并无必然联系，彼之错误丝毫不影响从有、无处断句的正确。

帛书本等文本中此句作"无，名万物之始也；有，名万物之母也"。"天地"与"万物"在此所指其实相同，意思一致，但"无，名天地之始"与"有，名万物之母"对仗，在修辞造句上比"万物"二度重复高明。《道德经》行文修辞极为考究，故采用"无，名天地之始"可能更符合老子行文风格。

③从恒无、恒有处断句始见于庄子，其后还有如王安石、司马光、苏辙等学养深厚的名流。《庄子·天运》中"建之以常无有（原文应为"恒无有"，可能《庄子》在汉代也因避孝文帝讳而被改"恒"为"常"），主之以太一"，是此种断法的开端。其中"常无有"即常无、常有。如此断句的理由可参见上句中从有、无处断句的注释。此处的恒无指形而上，恒有指形而下。此句断在恒无、恒有处才能构成与上句理路衔接、文意通顺的延续。此外，下文"此两者同出而异名"中的"两者"也限定了此句和上句中只能保留一对概念，而有、无则是仅有的合理选择。

一些文本将此句断为"故常无欲，以观其妙；常有欲，以观其徼"。此种断法很难自圆其说，故持此论者对此句的解释五花八门，莫衷一是。显然荒谬的释义不提，按其中看似最合理的解释，这样断句的意思是无欲的人才能看到事物的奥妙，有欲的人则只能看到事物的表面现象。这样解释虽能在本句内勉强讲得通，但却违背了第一章的主旨取向和此句下文的论述。该章的主旨是从宏观上论述道、天地万物的生成及有无概念，而批判有欲显然不是该章的取向。此外，这样断句也使得持此论者不得不为下文中的"此两者"究竟指什么莫衷一是，大伤脑筋，以至于史上形成在道与名、有名与无名、有欲与无欲、有与无、始与母、妙与徼十二者中各取所需的混乱局面。若将离"此两者"较近的有欲、无欲定为"此两者"，则"有欲"是老子强烈反对的非道行为，老子绝不可能将其抬高到"同谓之玄"的地位。此论的生成原因是断章取义，不能从上下文关系和文章整体取向体悟理解老子原意。

【译文】

道，如果可以说清，就不是永恒的道；名，如果可以命名，就不是永恒的道名。

无，可以说是天地开始形成前的状况；有，可以说是产生万物的母亲。所以，要从恒无（形而上）中体悟道的奥妙，要从恒有（形而下）中观察道的端倪。无与有两者都出自道而名称不同，可以共同称为玄奥。玄奥而又玄奥，是所有奥妙的门户。

二　章

天下皆知美之为美，斯恶矣；皆知善之为善，斯不善矣①。故有无相生，难易相成，长短相形，高下相盈②，音声相和，前后相随。③

故贵以贱为本，高以下为基。是以侯王自称孤、寡、不谷，此非以贱为本邪？非乎？故致誉无誉。④不欲琭琭如玉，珞珞如石。⑤人之所恶，唯孤寡、不谷，而王公以为称。故物或损之而益，或益之而损。

人之所教，我亦教之。强梁者不得其死。吾将以为教父。⑥是以圣人处无为之事，行不言之教；万物作焉而不始⑦，为而不恃⑧，功成而弗居。夫唯弗居，是以不去。⑨

【注释】

①世传本这两句末的"矣"多作"已"。古代矣、已通用，但"已"易令今人困惑。为避免现代人难解或误解，本文采用今人较为熟悉的"矣"。

②世传本此句作"高下相倾"，其中"倾"字据帛书本考证系因避汉惠帝刘盈讳而改。现据竹简本、帛书本改回为"盈"。

③"有无相生，难易相成，长短相形，高下相盈，音声相和，前后相随"六句中虽然相生、相成、相形、相盈、相和、相随用词各不相同，但都是因修辞需要而不同，并不造成实质意义的不同。六句的用意都在于说明诸如有无、难易、长短、高下、音声、前后这样的概念是相辅相成的因相对概念而成立，所以尾字只要修辞贴切雅韵，采用什么词并不造成实质意义区别。

④王弼本、帛书本等此处作"致数舆无舆"，河上公本、顾欢本等更误作"致数车无车"。据高延第等注家考证，王弼所见原本也是"至誉无誉"，被谬作"致数舆无舆"，意实不通。《庄子·至乐篇》中说："故曰至誉无誉"，显系援引老子。此外，范应元本、傅奕本、次解本、吕惠卿本、吴澄本等此处皆作"至誉无誉"，较为合理，故据以校定。

⑤"故贵以贱为本，高以下为基。是以侯王自称孤寡、不谷，此非以贱为本邪？非乎？故至

誉无誉。不欲琭琭如玉，珞珞如石。"该段原在第三十九章之末，但语意及内容与三十九章其他部分毫无关联，可能在《道德经》流传早期就因竹简散乱，整理者看到本段和三十九章都有"侯王"二字而将其错置于三十九章。此上下文不衔接现象古来就有学者注意到，但始终无人予以纠正。本次调整理路如下：此段在三十九章原来位置与上下文毫无关联，可证其明显错置。逐字逐句反复比对《道德经》全文，此段只与第二章此处的上下文文义和逻辑衔接，可证其原在此处。在查对排除所有其他可能之后，可知做此调整合理无误。将此段调整到此处，不仅是对上文中二元相对关系的进一步阐释发挥，而且使本段的意思明了了，理路顺畅，符合老子的论述思路。古代因竹简摆放错位而常造成文章章节错乱，《道德经》中经考证已证实的此类错乱已有多例。因此，对明显的文序错乱不必一定有古本依据才能纠正，完全可能根据老子原文的内容、语意、逻辑和句型查证后予以调整。

⑥ "人之所恶，唯孤寡、不谷，而王公以为称。故物或损之而益，或益之而损。人之所教，我亦教之。强梁者不得其死。吾将以为教父。"该段原在第四十二章"道生一，一生二，二生三，三生万物。万物负阴而抱阳，冲气以为和"之后，与上文没有任何语意和内容关联，显然是因错简而导致的文序错乱。经与全文比对后将其调整到第二章这个位置则顺理成章，不仅与上下文内容紧密相关，语意上也有良好呼应。作此调整之前，多有注家认为世传本第二章中"故有无相生，难易相成，长短相形，高下相倾，音声相和，前后相随"与下文"是以圣人处无为之事，行不言之教……"两段语意毫无关联，疑下文在此系因错简所致。将三十九章和四十二章这两段调整至此，则使上下文内容关联，前后呼应，不复有文序逻辑错乱之感。此亦可说明老子原文中该两段原在此处。其余调整理由同本章上一注释。

⑦ 王弼本等此句为"万物作焉而不辞"，据易顺鼎等注家考证，"辞"系古文之"始"的异读，王弼所见原文此处也是"始"。"万物作焉而不始"的意思是顺应万物的自然运作而不强为之先，与六十七章"不敢为天下先"寓意相同。故据帛书本、竹简本、敦煌本等将其校定为"始"。

⑧ 王弼本等世传本中此句之前还有"生而不有"一句。据注家考证系误据五十一章道、德之能而衍。生成万物非圣人之所能。帛书本、竹简本和敦煌本等均无此句，故据以校定。

⑨ 帛书本等此处为"万物作焉而弗始，为而弗恃，功成而弗居。夫唯弗居，是以弗去"。此处不、弗的采用各文本俱不相同。各文本类似的差异比比皆是，难以断定孰为原本。但不、弗同义，任取其一不会造成意思偏差，故采用世传本中世人较为熟悉的用法。

【译文】

天下人都知道什么是美，是因为有恶与之相对；都知道什么是善，是因为有不善与之相对。所以说有与无、难与易、长与短、高与下、音与声、前与后（的概念）都是因二者相对而形成的。

所以贵以贱作为其根本，高以下作为其基础。因此，侯王们自称孤家、寡人、不谷，这不就是以贱作为其根本吗？难道不是吗？所以追求荣誉反而得不到荣誉。因此不应该像玉、石那样将华丽、坚硬表现在外。人们所厌恶的就是孤、寡、不谷，而侯王们却用来作为自己的称呼。所以，事物会因减损而得到增益，或会因增益而受到减损。

他人的教训，我也作为教材。强硬出头的人不得好死，我将此作为教化的开始。所以圣人以无为的方式处理世事，以不说话的方式行使教化，顺应万物运作而不强为其先，施予成全而不自恃有恩，功成事遂而不自居有功。正因为他不居功，所以他的功绩不会泯灭。

三　章

不尚贤，使民不争；不贵难得之货，使民不为盗；不见可欲，使民心不乱。[①]**是以圣人之治，虚其心，实其腹，弱其志，强其骨；恒使民无智无欲，使夫智者不敢为也。为无为，则无不治。**

【注释】

①遂州本等文本这三句中都以"人"代"民"字，还有文本干脆无"民"字，或"民"字缺笔画。据刘师培等注家考证，这些均系因唐代避太宗李世民讳而被更改或删除。帛书本等此处均为"民"，故据以校定。

【译文】

不标榜贤能，使民众不争名夺誉；不珍贵难得的财货，使民众不作盗贼；不展现引起欲求的事物，使民众的心不惑乱。所以圣人的治理，让人清心寡欲，肚腹饱满，志求虚弱，筋骨强健；总是使民众没有智巧和贪欲，使聪明取巧的人不敢滋事妄为。以无为的方式治理世事，就没有什么得不到治理。

　　　　　　　　　　　　　　　　　　　　老子指真

四 章

道冲，而用之或不盈。渊兮，似万物之宗；湛兮，似或存。①**吾不知谁之子，象帝之先。**

【注释】

①王弼本、帛书本等在此句之前还有"挫其锐，解其纷，和其光，同其尘"四句。此四句从语意到句式都与上下文互不相干，况且还在其他章节出现过，显系误赘。若无此四句夹在当中，则"渊兮，似万物之宗；湛兮，似或存"从语意到句式都连贯一体。据马叙伦、谭献、高亨等众多注家考证，该四句是五十六章错简重出，故不采用。

【译文】

道空虚无形，然而它的作用却无穷尽。深邃啊，它好像是万物的宗主；幽隐啊，它若存若现。我不知道它是怎样产生的，它好像在上帝之前。

五 章

天地不仁，以万物为刍狗。圣人不仁，以百姓为刍狗。

天地之间，其犹橐籥乎？虚而不屈，动而愈出。多言数穷，不如守中。

【译文】

天地没有偏爱，把万物都当作草扎的祭狗。圣人没有偏爱，把百姓都当作草扎的祭狗。

天地之间岂不像风箱？中间空虚而不会弯曲，越动就越生风。多说话会让人速入穷途，不如持守中道清虚。

六 章

谷神不死，是谓玄牝。玄牝之门，是谓天地根。绵绵若存，用之

不勤。

【译文】

　　生养之神（道）永恒常在，可以称为玄奥的母性。玄奥母性的产门，可以称为天地的根源。它于冥冥之中若隐若现，发挥着无穷无尽的作用。

七　章

　　天长地久。天地所以能长且久者，以其不自生，故能长生。是以圣人后其身而身先，外其身而身存。以其无私^①，故能成其私。

【译文】

　　天地长久存在。天地之所以能长久存在，就因为它们不为自己而生，所以能够长生。因此圣人退让居后，反而能够占先；置身度外，反而能保全自身。因为他们没有私心，反而能成全他们自己。

八　章

　　上善若水。水善利万物而不争，处众人之所恶，故几于道。居善地，心善渊，与善仁，言善信，政善治，事善能，动善时。夫唯不争，故无尤。

【译文】

　　上善的人就像水。水善于使万物获益而不与之相争，总是处于大家厌恶的地方，所以最近似于道。上善的人居住善于选择地方，心胸善于保持深沉，待人善于体现仁爱，说话善于持守诚信，为政善于有效治理，做事善于发挥能力，行动善于掌握时机。正是因为与世无争，所以没有过失怨咎。

九　章

持而盈之，不如其已。揣而锐之，不可长保。金玉满堂，莫之能守。富贵而骄，自遗其咎。功遂身退，天之道也。

【译文】

执持以求盈满，不如适可而止。锻至锋芒毕露，难以长久保全。金玉堆满厅堂，无人能够保守。富贵而致骄横，自己招惹灾祸。功成事遂全身而退，符合天道自然。

十　章

载营魄抱一，能无离乎？抟①气致柔，能婴儿乎？涤除玄鉴②，能无疵乎？天门开阖，能为雌乎③？明白四达，能无知乎④？爱民治国，能无为乎？⑤,⑥

【注释】

①"专"在此处同"抟"，读作"tuan"，意为揉捏、集聚。"专"、"抟"古代通假。帛书本等此处为"抟"。今人误读为专（zhuan）者甚众，为防止误读，今据帛书本等校定为"抟"。

②王弼本等此句作"涤除玄览"。据高亨等人考证，"览"当读为"鉴"，两字古代通用。为防止错读错解，将其直接校定为"涤除玄鉴"。

③王弼本此句作"能无雌乎"，但他却注曰："言天门开阖能为雌乎？则物自宾而处自安矣。"显然王弼所见原本也是"为雌"。"无雌"不仅文意不通，而且不符合老子贵阴守柔的本意。"为雌"即柔弱守静，与二十八章"知其雄，守其雌"相呼应，符合老子本意。

帛书本、景龙碑本和傅奕本等均作"能为雌乎"，显然正确，故据以校定。

④河上公本、帛书本及景龙碑本等多种文本此句皆作"明白四达，能无知乎"，而王弼本则作"能无为乎"。此章是打坐冥修的诀窍，王弼不懂打坐冥修，显然又错。"明白四达，能无知乎"系指冥修进入到出神入化的入静状态，物我两忘，对于周边环境和自我已经没有知觉，但却在冥冥之中能跨越时空，洞悟宇宙万物奥妙。故"能无知乎"义胜，应是老子本意。

⑤多数世传本中"爱民治国，能无为乎"句接在"涤除玄鉴，能无疵乎"之后。据陈鼓应考证后认为，本章的世传本"排序或有错乱"，根据老子"修之于身"到"修之于天下"的顺序以及"无知"与"无为"辞例相同等依据，应将"爱民治国，能无为乎？"调至本章末尾（见陈鼓应《老子注译及评介》，中华书局，2009，第99页）。此论甚为合理。此外，本章前十句都是冥修的诀窍，"爱民治国……"这句夹在当中，不伦不类，但放在本章之末作为前十句冥修悟出的重要理念，则合情合理。这样不仅文辞工整，语意有序，而且解释了"无为而治"的思想源自冥悟，更符合逻辑顺序。

王弼本此句作"爱民治国，能无知乎？"以"无知"去爱民和治国，于理欠妥。此外，如此句为"能无知乎"，则与一句之隔的"明白四达"之后的"能无知乎？"二度重复。以老子文章造诣之优雅，绝不可能遣词造句水平低劣至此。两句"无知"必有一错，显然错在"爱民治国，能无知乎？"《道德经》的主要理论之一是"无为而治"，所以此处作"能无为乎"符合老子本意。

⑥王弼本、帛书本等在此句之后还有"生之畜之，生而不有，（为而不恃，）长而不宰，是谓玄德"。这几句不仅与上文没有任何内容文意关联，而且重复了五十一章的字句。据马叙伦等许多注家考证，此系错简重出造成的衍文，故不予采纳。

【译文】

灵魂拥抱天道，能不分离吗？凝神调息以达致柔和，能像婴儿吗？涤清玄奥的心镜，能不留杂念吗？通天的门户开合，能为雌守柔吗？明悟力遍及四方，能旁若无知吗？爱护人民治理国家，能自然无为吗？

十一章

三十辐共一毂，当其无，有车之用。埏埴以为器，当其无，有器之用。凿户牖以为室，当其无，有室之用。故有之以为利，无之以为用。

【译文】

三十根辐条共一个车毂，因为有中间的空无，才有车的作用。揉和陶土以做成陶器，因为有中间的空无，才有器皿的作用。开凿门窗以建造房室，因为有中间的空无，才有房室的作用。所以，有可以作为利益，无可以作为作用。

十二章

五色令人目盲，五音令人耳聋，五味令人口爽，驰骋畋猎令人心狂①，难得之货令人行妨。是以圣人为腹不为目。（故去彼取此。）②

【注释】

①各种文本此句皆作"心发狂"。高亨认为"发"为衍字，"'心狂'二字，其义已足，增一发字，则反赘矣"。况且无"发"字则本章五句排列句"令人"之后皆为二字，句法一致，符合老子修辞水平和简练风格。高氏言之有理，故据以调整。

②"故去彼取此"一句出现在本章、三十八章和 72 章末尾，前文都有"是以"起头的句子，已完全说明意思。"故去彼取此"不仅完全重复上句的意思，而且"故"与"是以"意思相同，床上叠床，语意和修辞皆冗赘，不符合老子简练风格。高亨认为是后人的注语羼入（见高亨《老子正诂》，清华大学出版社，2011，第 22 页），甚为可信。但所有现存文本都有此句，为避标新立异之嫌，勉强予以保留，实乃可去。还有论者认为，"此"系指下章的内容。仔细考核，当属牵强之谈。

【译文】

五彩缤纷使人眼花目盲，五音声响使人耳背失聪，五味美食使人味觉受伤，纵马狩猎使人心驰神狂，难得的财货使人行为不良。因此圣人只图肚腹温饱，不事声色犬马。（因此摒弃后者而采取前者。）

十三章

宠辱若惊，贵大患若身。何谓宠辱若惊①？宠为下，得之若惊，失之若惊，是谓宠辱若惊。何谓贵大患若身？吾所以有大患者，为吾有身；及吾无身，吾有何患？故贵以身为天下，若可寄天下；爱以身为天下，若可托天下。

【注释】

①河上公本、景龙碑本、御注本等此句无"若惊"二字。若为"何谓宠辱"，则下句"宠为下"只解释了宠，而没有解释辱，语意显然欠缺。若为"何谓宠辱若惊？"，则与下文"何谓贵大患若身？"正好对应，两句都为了着重解释本章开头的两句关键语，符合老子的行文风格和言论逻辑。故此句据帛书本等校定。

【译文】

得宠和受辱都像受到惊吓，看重祸患就像看重身体。什么是"宠辱若惊"？得宠意味着地位卑下。得宠像受到惊吓，失宠也像受到惊吓，这就叫"宠辱若惊"。什么是"贵大患若身"？我之所以有大祸患，是因为我有身体。到我没有身体时，我还有什么祸患？所以，崇尚为天下人献身的人，就可以把天下寄托给他；乐于为天下人献身的人，就可以把天下托付给他。

十四章

视之不见，名曰夷；听之不闻，名曰希；搏之不得，名曰微。此三者不可致诘，故混而为一。①其上不皦，其下不昧，绳绳不可名，复归于无物。是谓无状之状，无物之象，是谓惚恍。迎之不见其首，随之不见其后。

执古之道，以御今之有。能知古始，是谓道纪。

【注释】

①帛书本和傅奕本此处还有"一者"二字。有无此二字意思一样，但有此二字则显得冗赘，有违老子的简练风格，故不采纳。

【译文】

看它看不见，叫作"夷"；听它听不到，叫作"希"；摸它摸不着，叫作"微"。这三者无法彻底究清，因此混合而成为一。它上面不明亮，下面不暗昧，幽冥延绵不可名状，返回到没有物象的状况。它可以说是没有形状的形状，没有物体的具象，可以称为"恍惚"。迎着它，看不见它的前头；跟着它，看不见它的后面。

执循古来的大道，以驾驭现在的有形事物。能够知晓宇宙的本始，就可以说掌握了道的要领。

十五章

古之善为道者，微妙玄通，深不可识。夫唯不可识，故强为之容：豫兮若冬涉川，犹兮若畏四邻，俨兮其若客①，涣兮其若释②，敦兮其若朴，旷兮其若谷，混兮其若浊，澹兮其若海③，飂兮若无止。③

孰能浊以静之徐清；孰能安以动之徐生。保此道者不欲盈。夫唯不盈，故能敝而新成④。

【注释】

① 王弼本此句作"俨兮其若容"，文意不通，且失韵。有注家考证系因"容"与"客"貌似而误。帛书本、竹简本、河上公本和景龙碑本等均为"俨兮其若客"，显然合理，故从之。

② 此句帛书本作"涣兮其若凌释"，王弼本作"涣兮若冰之将释"，竹简本则为"涣兮其若释"。三种文本意思基本一样，但王弼本和帛书本冗赘且与此段中其他排比句的句式和字数皆不相符。有注家考证后认为，王弼本系将注释"释"的注文"若冰之将释"误混入正文所致。王本若取消赘入注文，则与竹简本一致，故据竹简本校定。

③ 世传本和帛书本中"澹兮其若海，飂兮若无止"两句原在第20章，但与20章上下文毫无内容、语意和句式行文关系，却与本章此段不仅句式完全相同，而且语意衔接。严灵峰等学者经考证认为世传本等系将此段的竹简错置于20章所致，甚为有理。遍查《道德经》全文，该两句从内容、语意和句式行文皆唯与本章此处斗榫合缝，故将其移回此处。

④ 此句文本分歧和争议极大。景龙碑本、遂州本等作"（是以）能蔽复成"，帛书本、傅奕本等作"是以能蔽而不成"，王弼本、赵孟𫖯本、范应元本等作"故能蔽不新成"。对上述各

种文本的辩护争议皆多牵强，释义也难以自圆其说。易顺鼎、高亨、马叙伦等认为，作"故能蔽而新成"与二十三章"蔽则新"意思指向完全一致，否则相反，应是老子本意；文本中的"不"系"而"之谬，可能因二者篆书字形相似而误抄。此论言之有理，故据以校定。

【译文】

古代得道的人，知微入妙，玄奥通达，深沉而难以认识。正是因为难以认识，所以要勉强对他们做出形容：小心谨慎啊，像冬天涉冰过河；警惕戒备啊，像害怕四周邻居；恭敬庄重啊，像做客嘉宾；暖意融涣啊，像寒冰消释；敦厚朴实啊，像未加工的原木；粗旷豁达啊，像空阔的山谷；浑厚浓重啊，像浑浊的流水；浩瀚深沉啊，像湛阔的大海；随风飘荡啊，像永不会休止。

谁能在浑浊中静下来徐徐澄清，谁能在安静中动起来慢慢萌生。保有大道的人不求盈满。正是因为不盈满，所以才能陈旧了再得到更新。

十六章

致虚极，守静笃。万物并作，吾以观复。夫物芸芸，各复归其根。归根曰静，静曰复命，复命曰常，知常曰明。不知常，妄作，凶。知常容，容乃公，公乃王，王乃天①，天乃道，道乃久，没身不殆。

【注释】

①劳健认为此两句应为"公乃全，全乃天"，帛书甲乙本、王弼本等世传本此两句中皆为"王"。劳氏所议虽有一定道理，但似不足以推翻众版本。

【译文】

（冥修中）致虚要进入极度的境界，守静要达到笃定的深度。万物都在运作，我从中悟察其往复。万物纷纷芸芸，但都会回归其本原。回归本原叫作虚静，虚静叫作复归天命，复归天命叫作恒常法则，知道恒常法则叫作明智。不知道恒常法则，轻举妄动，就有凶险。知道恒常法则就会宽容大度，宽容大度就能公正无私，公正无私就能为王治国，为王治国就能符合天命，符合天命就能合于大道，合于大道就能长生久视，终生没有危险。

十七章

太上，下知有之；其次，亲而誉之；其次，畏之；其次，侮之。信不足焉，有不信焉。犹①兮其贵言。功成事遂，百姓皆谓我自然。

【注释】

①王弼本等此处作"悠"，其义在本章上下文中不通。帛书本、竹简本、河上公本、傅奕本等此处作"犹"。"犹"有谨慎的意思，与十五章中"犹兮若畏四邻"的"犹"的用法相同。故据以校定。

【译文】

最高明的执政者，百姓只知道有他存在；次一等的执政者，百姓亲近并赞誉他；再次一等的执政者，百姓畏惧他；更次一等的执政者，百姓轻侮他。执政者诚信不足，百姓才对他不信任。慎重啊，不要轻易发言。大功告成，事情顺遂，百姓都说我们自然就是这样的。

十八章

大道废，安有仁义；①六亲不和，安有孝慈；国家昏乱②，安有正臣③。④

【注释】

①多数文本此处都有"智慧出，（安）有大伪"两句，竹简本则无此两句。本章其他三个排列句中的"仁义"、"孝慈"、"贞（忠）臣"都是老子崇尚的价值伦理观念（例如，老子对孝慈的态度可见于下章中"民复孝慈"；老子对仁义的态度可见于第八章中"与善仁"），在无"安"字的文本中，如与"大伪"并列，则都成为老子强烈反对的价值观念，

使得本章观点与《道德经》其他章节的观点对立，故不可能是老子原文。陈鼓应等人认为此两句系庄子后学中激烈派所加，目的是借老子之口否定儒家的仁义孝慈。考虑到儒道关系在历史上的演变、老子文章中价值观念的前后一贯性和本章的文句逻辑关联，陈等的观点基本可信，故据竹简本校定。

②世传本此处作"国家"，竹简本、帛书甲本此处则为"邦家"。据注家考证，汉代为避高祖刘邦之讳而改"邦"为"国"，是此后世传本中多数"国"的成因。竹简本、帛书甲本抄于汉代以前，故不避讳。但春秋时期常用的"邦"，后世多改用"国"来表述，二者概念基本相同。历经两千多年，后人早已习于"国"而疏于"邦"。为方便读者阅读理解，本校定本中凡涉及该问题的仍按世传本保留为现代人熟悉的"国"字。

③多数世传本此处作"忠臣"，帛书本和傅奕本此处作"贞臣"，而竹简本此处作"正臣"。"正"与"贞"古代通用，故帛书本、竹简本和傅奕本用词一致，明显更符合老子原文，故从之。"正臣"与"忠臣"意思虽然接近，但毕竟有差别。

④本章各文本出入很大。世传本多作"大道废，有仁义；智慧出，有大伪；六亲不和，有孝慈；国家昏乱，有忠臣"，而帛书本作"故大道废，安有仁义；智慧出，安有大伪；六亲不和，安有孝慈；国（邦）家昏乱，安有贞臣"，竹简本则作"故大道废，安有仁义；六亲不和，安有孝慈；邦家昏乱，安有正臣"。根据语意和道理判断，帛书本和竹简本显然合理，其中尤以竹简本为胜，故从之。按竹简本和帛书本意释，大道废除了，哪还有仁义；六亲不和，哪还有孝慈；邦国昏乱，哪还有正直的大臣。其实合情合理。而仔细分辨世传本的含义，大道废除了才有仁义（如果有大道就没有仁义）；六亲不和才有孝慈（如果六亲和睦就没有孝慈）；邦国昏乱时才有正臣（如果邦国政治清明就没有正臣），其实完全不符合事实和道理，不可能是老子的本意。竹简本产生时，儒道二家还没有形成相互排斥对立，也没有人为篡改的企图，故竹简本更符合老子原本，更为可信。根据竹简本、帛书本与世传本的本章差别等情况判断，本章可能在汉代遭人将每句前的"安"字除去。词语变动虽然看似不大，却致使意思发生重大改变。后人则因老子常"正言若反"，所以不深入分辨理解老子本意就将所有看似"正言若反"的表述都信以为真，可能是造成该错本长期普遍流行的重要原因。有注家虽然接受竹简本和帛书本的此段文本，但却故意无视"安"的正常含义，将其勉强解释为"乃"、"于是"，其实是受了世传本的定势思维影响，努力让帛书本和竹简本符合世传本的错误认识。竹简本和帛书本本章的正确，从竹简本的下一章表述可以看得更清楚。故据竹简本和帛书本校定本章。本文据竹简本和帛书本修正后，完全颠覆了老子反对儒家仁义孝慈的世传谬见。

【译文】

　　大道废除了，哪还有仁爱正义？六亲间纠纷不和，哪还有孝敬慈爱？邦国昏乱无道，哪还有正直的大臣？

十九章

绝智弃辩[①]，民利百倍。绝伪弃诈[②]，民复孝慈。绝巧弃利，盗贼无有。此三言[③]以为文不足，故令有所属：见素抱朴，少私寡欲，绝学无忧。[④]

【注释】

①世传本和帛书本此句为"绝圣弃智"。《道德经》通篇的主旨之一是圣人治国，其中有三十余处以极为赞赏的口气谈论圣人，可见老子绝不可能提倡"绝圣"。世传本等此处的谬误显而易见。"绝圣弃智"始见于《庄子》，陈鼓应等考证后认为是庄子后学中的激烈派为与儒家对抗而篡改所致。竹简本的"绝智弃辩"则不仅合理，而且符合老子"以智治国，国之贼"（六十五章）和"善者不辩，辩者不善"（81章）的论述。故据竹简本校定。

②世传本和帛书本此句为"绝仁弃义"。《道德经》第八章提倡"与善仁"，可见老子不仅不反对"仁"，而且将"仁"作为一种价值标准予以提倡。故老子不可能主张"绝仁弃义"。陈鼓应等考证后认为此乃庄子后学中的激烈派为与儒家对抗而篡改所致，有理可信。竹简本此句作"绝伪弃诈"，甚为合理，当是此句被篡改之前的原文，据此以校定。

③世传本此处作"此三者"，竹简本、帛书本则为"此三言"。此处"三者"容易引起误解，"三言"比"三者"贴切，且竹简本和帛书甲乙本一致，故采用"三言"。

④世传本中"绝学无忧"一句置于以下20章之首，语意上却与20章没有任何关系，实为错置。"绝学无忧"不仅与"见素抱朴，少私寡欲"语意衔接，句式一致，而且原来就紧接此二句之后，显然是老子原文被后人错断以致分属两章。《道德经》原本不分章，章节是后人所分，故错分也是后人所致。将其调回本章之末后，此句与本章前面的"绝智弃辩"相互呼应，既可指所要"绝学"的就是"智"与"辩"，也可看作是达到"绝智弃辩"的手段。张君相、姚鼐、蒋锡昌、高亨等许多注家也认为将"绝学无忧"置于20章之首是后人在分章时未辨清语意而误断所致，但却鲜有人据以调整，致使该错置至今仍被绝大多数文本沿用。本文将其调回十九章。

【译文】

弃绝智巧和诡辩，民众可以得到百倍的好处。弃绝虚伪和奸诈，民众就能恢复孝敬慈爱。弃绝取巧和谋利，盗贼就会销声匿迹。这三句话单单写下来还不够，所以要让人的行为也有所归属：返朴归真守道，减少私心欲望，弃绝智辩之学以免除忧患。

二十章

①唯之与呵②，相去几何？美③之与恶，相去何若④？人之所畏，不可不畏。

荒兮，其未央哉！众人熙熙，如享太牢，如春登台。我独泊兮，其未兆。沌沌兮⑤，如婴儿之未孩；儽儽兮，若无所归。众人皆有余，而我独若遗，我愚人之心也哉！俗人昭昭，我独昏昏；俗人察察，我独闷闷。⑥众人皆有以，而我独顽且鄙。我独异于人，而贵食母。

【注释】

①世传本在本章开头还有"绝学无忧"一句，与本章实无任何语意和内容联系，系断章错误所致。现已根据语意、内容和句式将其调回到第十九章末尾，理由详见上一章相应注释。

②王弼本等世传本此句作"唯之与阿"，竹简本和帛书本此句作"唯之与呵（诃）"。呵与诃古通用，意思是大声呵斥。"唯之与呵，相去几何"的意思是唯唯诺诺与大声呵斥，差别有多大？此句与后面的"美之与恶，相去若何"中的美与恶的反向对比相对应。而"阿"的意思却是迎奉屈就，与"唯"的意思几乎一样，但与呵的意思正好相反。王弼本等一字之差，颠倒了老子的原意。有注家称"阿"与"呵"古代通用，其实理解有误。"阿"与"呵"作为语助词通用，但作为动名词则不通用。至少，此处用"阿"会让大多数读者按迎奉唯诺理解。故据竹简本和帛书本校正。

③王弼本等此字作"善"。第二章有"天下皆知美之为美，斯恶矣。"可见老子以美、恶为对，按老子原意此处应为"美"。王弼注曰："唯阿美恶，相去何若"，可见王弼所见原本也作"美"。竹简本、帛书本和傅奕本等此句均作"美之与恶"，故据以校定。

④世传本此句多作"美之与恶，相去若何"，末尾的"何"与前句"相去几何"的"何"二度重复，修辞和音韵都显然不高明，不符老子水平。据易顺鼎、高亨等注家考证，王弼本原来也作"相去何若"，且"恶"、"若"为韵，符合老子"哲学诗"的风格水平。其言有理，故据帛书甲乙本、傅奕本等校定为"相去何若"。

⑤世传本中"沌沌兮"一句在"我愚人之心也哉"句后,不伦不类。马叙伦提出应调至此
　　处,多有注家认同。此调整虽无文本依据,但文义通顺,且与下文"傫傫兮"对文,远比
　　世传本合理,更符合老子风格,故予采纳。

⑥世传本此处还有"澹兮其若海,飂兮若无止"两句。此两句与本处上下文不仅语意毫无关
　　系,而且句式完全不同,据严灵峰等考证,系误将第十五章的文句错置于此,应属十五
　　章,但却鲜有人据此调整。现据语意和句式将其移回十五章,理由详见十五章相应注释。
　　将此两句移除后,本章意群连贯,行文流畅,更像是老子原文。

【译文】

　　唯诺与呵斥,差别有多大?美好与丑恶,相差有多远?人们所惧怕
的,不可以不惧怕。

　　荒寥啊,无边无际!众人熙攘谈笑,好像飨宴太牢大餐,好像春日
登高观景。我却淡泊独处,面无表情,混沌如还不会笑的婴儿,失落如
无家可归。众人都心满意得,唯独我若有所失。我岂不是长有愚人之心
吗。世人都聪明可现,唯独我浑噩黯淡;世人都精明苛察,唯独我愚钝
迟闷。众人都有才可用,唯独我愚顽粗鄙。我独与众人不同,只尊崇生
养万物的造物主。

二十一章

**孔德之容,惟道是从。道之为物,惟恍惟惚。惚兮恍兮,其中有
象;恍兮惚兮,其中有物;窈兮冥兮,其中有精;其精甚真,其中有
信。自今及古**①**,其名不去,以阅众甫。吾何以知众甫之然**②**哉?以此。**

【注释】

①帛书本、傅奕本和范应元本等此句为"自今及古",王弼本等此处作"自古及今",乍看
　　似通顺。道的名字是老子起的,以此溯称古来已有的存在,从追根溯源,"以阅众甫"的
　　角度看,则"自今及古"更为合理。马叙伦在《老子校诂》中说:"各本作'自古及今',
　　非是。'古'、'去'、'甫'韵。"照此看来,老子用"自今及古",还有押韵优美的考虑。
　　马论可信。故据帛书本、傅奕本和范应元本等将此句校定为"自今及古"。

②王弼本等此处作"众甫之状"，但帛书本、河上公本、傅奕本、御注本等多数文本此处为
　　"众甫之然"。"状"只是指表面现象，而"然"则包括原委和本真，义胜于"状"。故据
　　帛书本等校定。

【译文】

　　大德的表现，完全依从于道。道的物象，总是恍惚不清。惚惚恍恍啊，其中有形象显现。恍恍惚惚啊，其中有物体显现。幽幽冥冥啊，其中有精微玄质。这精微玄质非常真实，其中有信息传出。从现在上溯到古代，它的名相始终可用，由此可以认识万物的本真。我是怎样知道万物之所以然的？就是由此而知。

二十二章①

　　企者不立，跨者不行，自见者不明，自是者不彰，自伐者无功，自矜者不长。其在道也，曰余食赘行②。物或恶之，故有道者不处。

【注释】

①在世传本中本章作为二十四章，而帛书甲乙本均将本章排在相当于世传本二十二章之前。本章中"自见者不明，自是者不彰，自伐者无功，自矜者不长"与世传本二十二章的"不自见，故明；不自是，故彰；不自伐，故有功；不自矜，故长"句句对应，明显有内容和逻辑的紧密关系。老子不可能逻辑混乱，前言不搭后语，因此世传本章次明显错乱，而帛书本排序则显然符合老子原文。故据帛书本将本章调整为二十二章，世传本二十二章则变为二十三章。这样不仅论述顺序更加顺畅，而且便于读者理解和记忆。古代因竹简摆放错乱造成章节秩序混乱是常有之事，故不必迷信世传本顺序，对于明显的错误应根据内容、语意、古本或其他信实依据予以纠正调整。

②多数注本认为"赘行"中的"行"同"形"，将"赘行"解释为赘瘤，其实是将该词孤立出来偏解，而忽视了其与上文整体论述的关系。本章上文所论述的都是多余的行为，而不是物体，所以应将"赘行"按老子原意理解为冗赘的行为。

【译文】

　　踮脚站立的人站不久，跨越行走的人走不远，自我炫耀的人不显

明，自以为是的人不彰显，自夸功绩的人没有功劳，妄自尊大的人不被敬重。从道的角度来讲，这些可以说是多余的食物或冗赘的行为。人们厌恶这些行为，所以有道行的人不这样做。

二十三章①

曲则全，枉则直，洼则盈，敝则新，少则多②，多则惑。是以圣人抱一为天下式，不自见，故明；不自是，故彰；不自伐，故有功；不自矜，故长。夫唯不争，故天下莫能与之争。古之所谓"曲则全"者，岂虚言哉！诚全而归之。

【注释】

①本章是世传本的二十二章。将世传本的二十四章调整到本章前面后，本章成为二十三章。调整理由参见现二十二章相应注释。

②王弼本等此句作"少则得"，帛书甲乙本等此句作"少则多"。此句之前"曲则全，枉则直，洼则盈，敝则新"每句用词都是正反相对，依此例则"少则多"较为合理。此外，"少则多"正合六十三章"大小多少"之义。王弼在此句下注曰："转多转远其根，转少转多其本。"可见他所见文本也是以多与少为对。故据帛书本等将其校定为"少则多"。

【译文】

委曲则能保全，弯曲则能伸直，低洼则能充盈，陈旧则能更新，量少则能增多，过多则会迷惑。所以圣人持守大道为天下做出榜样：不自我炫耀，故而显明；不自以为是，故而彰显；不自夸功绩，故有功劳；不妄自尊大，故受敬重。正因为与世无争，所以天下无人能与他相争。古人所说的"委曲则能保全"，绝不是空话。委曲者确实得到保全。

二十四章①

希言自然。故飘风不终朝，骤雨不终日。孰为此者？天地。天地尚不能久，而况于人乎？

故从事于道者，同于道；德者，同于德；失者，同于失。同于道者，道亦得之；同于德者，德亦得之；同于失者，失亦得之。[②]

【注释】

①本章是世传本的二十三章。将世传本的二十四章调整为二十二章后，本章成为二十四章。调整理由参见现二十二章相应注释。

②河上公本此处作"同于道者，道亦乐得之；同于德者，德亦乐得之；同于失者，失亦乐得之。"各句都多一"乐"字，其义逊。故据帛书甲乙本、王弼本、范应元本、傅奕本等多数文本校定。

王弼本等此处之后还有"信不足焉，有不信焉。"帛书本等此处无此二句。此句已见于十七章，且与上文无意义关联，显系错简重出造成的赘文。已有众多注家考证其谬，故据帛书本等校定。

【译文】

少说话符合自然。所以狂风刮不了一上午，暴雨下不了一整天。是谁行使刮风下雨呢？是天地。天地的行为都不能持久，何况是人的行为呢？

所以从事修道的人，行为与道相同；从事修德的人，行为与德相同；失道失德的人，行为与丧失道德相同。行为与道相同的人，道与他同在；行为与德相同的人，德与他同在；行为丧失道德的人，失败与他同在。

二十五章

有物混成，先天地生。寂兮寥兮，独立而不改，周行而不殆，可以为天地母[①]。吾不知其名，强字之曰道[②]，强为之名曰大。大曰逝，逝曰远，远曰反。

故道大、天大、地大、人亦大[③]。域中有四大，而人[④]居其一焉。人法地，地法天，天法道，道法自然。

【注释】

①帛书本、范应元本和司马光本等此句为"天地母",而王弼本等此句为"天下母"。本章上文是"有物混成,先天地生",此处作"天地母"则与上文呼应。马叙伦、蒋锡昌等注家考证后认为,古本应为"天地母"。王弼在此处注曰:"故可以为天地母也",可见王所见原本也是"天地母"。故据帛书本等校定。

②王弼本、帛书本等此句句首无"强"字,傅奕本、范应元本等则有"强"字。韩非子《解老篇》中说:"圣人观其玄虚,用其周行,强字之曰道。"可见韩非子所见文本此处也有"强"字。老子说道"绳绳不可名","名可名,非常名",故此句前有"强"字更符合老子的本意。有注家考证,王弼所见古本也有"强"字,系在抄写中遗漏。故据傅奕本等校定。

③王弼本、河上公本、帛书本等此句作"王亦大",而傅奕本、范应元本等则为"人亦大"。究其道理,天、地、人为三才,老子将道、天、地、人并列为人类视野中的四大实在,人在其中已属最小,而"王"只是人中的一种,远不足以与道、天、地相提并论。老子已达到极高的超越境界,不可能将王提升到如此不相称的高度。故此处的"王"当属谬误。此外,下文中接着是"人法地,地法天,天法道",而非"王法地"。此句系上文的延伸,有明显呼应关系,更说明老子的原文中此处是"人"而不是"王"。据奚侗、吴承志、严灵峰等许多注家考证推断,一些文本此句被篡改为"王",可能由于古代尊君者妄改,或是因为古文中"人"同"三",故被误写为"王"所致。故据傅奕本、范应元本等校定。

④此处的"人"在王弼本、帛书本、河上公本中也作"王",现予修正,理同上一注释。

【译文】

有浑然之物,在天地之前已经存在。它无声无形,独立自有而永恒不变,循环周行而永不停歇,可以说是天地之母。我不知道它的名字,勉强给它表字为道,又勉强给它起名为"大"。道大无边则往而不显,往而不显则遍行致远,遍行致远则周而复返。

所以说,道大,天大,地大,人也大。宇宙间有四大项,人是其中之一。人效法地,地效法天,天效法道,道的运行法则是自然而然。

二十六章

重为轻根,静为躁君。是以圣人①**终日行不离辎重。虽有荣观,燕**

处超然。奈何万乘之主，而以身轻天下。轻则失根，躁则失君。

【注释】

①王弼本、河上公本等此处作"圣人"，而多数文本此处作"君子"。主张取"君子"的注家认为下文中提到"万乘之主"，所以上文就应当是"君子"，用以指卿大夫，以对应"万乘之主"；或认为圣人应深居简出，不宜出行，故不应作"圣人"。究其根本，下文中提到"万乘之主"，上文未必一定要与之对应；何况君子未必等于卿大夫。圣人只能深居简出，不宜出行，则更牵强无据。《道德经》全文中三十多处提到圣人，始终以圣人作为效法的榜样，而从未提到过以卿大夫作为榜样。何况卿大夫居然全都能达到对"荣观""燕处超然"的境界，也显然不合情理。故此处作"圣人"较"君子"合理。

【译文】

重是轻的根本，静是动的主宰。所以圣人出行时整日不离粮草辎重，虽有美景佳观，而超然处之不为其所动。作为万乘之国的君主，怎么能轻举躁动对待天下呢？轻率就会失去根本，躁动就会失去主宰。

二十七章

善行无辙迹。善言无瑕谪，善数不用筹策，善闭无关楗而不可开，善结无绳约而不可解。

是以圣人恒善救人，故无弃人；恒善救物，故无弃物。是谓袭明。故善人，不善人之师；不善人①，善人之资。不贵其师，不爱其资，虽智大迷，是谓要妙。

【注释】

①王弼本等此处作"故善人者，不善人之师；不善人者，善人之资。"帛书本、景龙碑本等许多文本则无二"者"字。"者"与"人"重叠，此处无"者"较为合理，更符合老子简练风格，故据帛书本等校定。

【译文】

善于行走的，不留痕迹。善于言谈的，无可挑剔。善于计数的，不用筹码。善于闭门的，没用门闩却打不开。善于捆绑的，没打绳扣却解不了。

所以圣人总是善于挽救人，故而没有被遗弃的人；总是善于拯救物，故而没有被废弃的物。这就叫做因循道明。所以说，善良人是不善良人的老师，不善良人是善良人的借鉴。不尊重他的老师，不珍惜他的借鉴，则虽然有小聪明，其实却是大愚迷。这就是精要奥妙所在。

二十八章

知其雄，守其雌，为天下溪。为天下溪，恒德不离，复归于婴儿。知其白，守其黑，为天下式。为天下式，恒德不忒，复归于无极。知其荣，①守其辱，为天下谷。为天下谷，恒德乃足，复归于朴。朴散则为器，圣人用之，则为官长。故大制不割。

【注释】

①"守其黑，为天下式。为天下式，恒德不忒，复归于无极。知其荣"二十三字据马叙伦、高亨、易顺鼎等人考证认为是后人窜入之语。所论有一定道理。但几乎所有存世文本包括帛书甲乙本中都有此一段，尚无充足证据和理由予以完全推翻，故予保留。

【译文】

知道什么是雄强，却安守雌柔，作天下的沟溪。作天下的沟溪，永恒之德就不会离去，回归于婴儿的纯真。知道什么是白亮，却安守暗黑，作天下的榜样。作天下的榜样，永恒之德就不会偏差，回归到无极的状态。知道什么是荣耀，却安守耻辱，作天下的川谷。作天下的川谷，永恒之德就能充足，回归到道的真朴。道朴分散化作万物，圣人善加运用，就能为官治世。所以，合道的大治不宰割天下。

二十九章

将欲取天下而为之，吾见其不得矣①。天下神器，不可为也，不可

执也。为者败之，执者失之。^②是以圣人无为，故无败；无执，故无失。

夫^③物或行或随，或歔或吹，或强或羸，或载或隳。是以圣人去甚、去奢、去泰。

【注释】

①世传本此字均作"已"。古代"已"通"矣"，但此处用"已"极易让现代人将此句误读为"不得已"。为避免误解，此处采用"矣"。

②"为者败之，执者失之。是以圣人无为，故无败；无执，故无失。"世传本中以上这段在六十四章中部，但与该章上下文均没有任何语意和逻辑关联，显然是因错简而被重复误置于六十四章。该段前面"为者败之，执者失之"，与本章此处原文相同，是该段原属于此处的证明之一。曾有注家指出以上问题及其与本章关系，但没有调整。今据文意联接关系将该段调整移回此处。该两句与移回段重复部分，合并为一。考察核对《道德经》全文，该段唯与本章本段有紧密文意和逻辑关系，而且没有在他处再次重复的必要。

③王弼本等此字作"故"，帛书甲本此处无字，乙本缺字。细加分辨，此句之上与此句之下并无因果关系，所以"故"字在此实为错白。景龙碑本、邃州本等此字为"夫"，还有文本作"凡"。从上下文语意判断，此处用"夫"较为妥当。

【译文】

想要取得天下而强行作为，我看是不会成功的。天下是神圣的器物，不能以有为取得，也不能靠人力执持。作为者必然失败，执持者必然丧失。因此圣人不作为，所以不会失败；不执持，所以不会丧失。

世人有的行前，有的随后；有的嘘暖，有的吹凉；有的强壮，有的羸弱；有的承载，有的堕毁。所以圣人戒除极端、奢侈和过分。

三十章

以道佐人主者，不以兵强天下。其事好还。师之所处，荆棘生焉。大军之后，必有凶年。^①

善者果而已，不以取强^②。果而勿矜，果而勿伐，果而勿骄，果而不得已，是谓^③果而勿强。^④

①帛书本、景龙碑本、遂州本无"大军之后，必有凶年"句，而其他文本皆有之。劳健、马
　叙伦认为此句是注文衍入，证据尚不够充足。况且有无此句，对经文意思不造成多大差
　别，故仍据世传本保留。

②王弼本等一些文本此句作"不敢以取强"。俞樾等注家经考证认为"敢"为衍文。据上下
　文语意判断，其言有理，故据帛书本、竹简本、景龙碑本等校定为"不以取强"。

③以王弼本为代表的一些文本此处无"是谓"二字，但帛书本、竹简本、傅奕本、顾欢本、
　范应元本、景龙碑本等许多主要文本此处都有"是谓"或"是"。据俞樾、蒋锡昌等注家
　考证，老子原文此处应有"是谓"，使末句作为对前四句的总结，并与前面"善有果而已，
　不以取强"相呼应，此二字不幸被后人误认为衍文而删除。其言甚是有理，故据帛书本、
　竹简本等校定。

④世传本、帛书本等此处还有"物壮则老，是谓不道，不道早已"三句。此三句与本章其他
　部分没有任何语意联系，且在五十五章也有。据姚鼐等人考证，此乃错简重出造成的衍
　文，言之有理，故据竹简本不取。

【译文】

　　以道法辅佐君主的人，不以武力逞强于天下。以武力逞强总会有报
应。军队驻扎的地方，会荆棘丛生。大战之后，必定会有灾荒之年。

　　善于道法的人只求达到效果而已，不是为了逞强。达到效果而不自
大，不夸耀，不骄傲，出于不得已，这就叫达到效果而不逞强。

三十一章

　　夫兵者①，**不祥之器。物或恶之，故有道者不处。君子居则贵左，
用兵则贵右。兵者**②**非君子之器，不得已而用之，恬淡为上。胜而勿
美。若美之**③**，是乐杀人也。夫乐杀人者，则不可得志于天下矣。**

　　**吉事尚左，凶事尚右。偏将军居左，上将军居右，言以丧礼处之。
杀人之众，以哀悲莅**④**之；战胜，以丧礼处之。**

【注释】

①王弼本、河上公本等此句为"夫佳兵者"，不仅语意不通，而且与老子一贯的反战思想相

悖。多有注家考证其误，故据帛书本等校定为"夫兵者"。

②世传本和帛书本此处还有"不祥之器"四字。"不祥之器"与本章第一句重复，且有之无之并不对整段语意造成任何区别，冗赘啰唆，不符合老子的简练风格。据纪昀、刘师培、马叙伦等人考证，"不祥之器，非君子之器也"十字均为后人的注文混入正文。此论证有一定道理，但尚缺充足证据。为稳妥起见，只删除最明显冗赘的"不祥之器"四字，其余予以保留。

③王弼本等世传本此句作"而美之者"，而竹简本作"美之"，帛书本、景龙碑本、顾欢本、司马光本等作"若美之"。各本大意一致，仅有细微差别，以后者为佳，更接近老子简练风格，故据帛书本等校定。

④莅的异体字有涖、蒞等。王弼本等此处作"泣"。张运贤、朱谦之等人认为，此处的泣是涖、蒞等字的错白。帛书本此处为"立"，竹简本为"位"，均读作 li，皆为莅的异体或通假字，可见竹简本与帛书本也作"莅"。莅是临、对待的意思，与下句"战胜，以丧礼处之"中的"处"对应。而"泣"则不仅与下句中的"处"不对应，而且按上下文意判断，此时只要以哀悲的态度对待即可，未必一定要哭出来才行。况且，用悲哀来哭泣之，话也不通。故取"莅"。

【译文】

兵戎是不吉祥的东西。人们厌恶它，所以有道行的人不使用它。君子的起居是以左面为贵，而用兵则是以右面为贵。兵戎不是君子所用的东西，只有在万不得已时才使用它，最好是淡然处之。胜利了也不要得意。如果得意，就是喜欢杀人。喜欢杀人的人，是不可能在天下实现自己志向的。

吉庆的事情以左面为尊，凶丧的事情以右面为尊。军队中则是偏将军在左面，上将军在右面，这就是说按照丧礼来对待军务。杀人多了，要以悲哀的心情对待；打了胜仗，要以丧礼的仪式处置。

<h1 style="text-align:center">三十二章</h1>

道恒无名朴，虽小，天下莫能臣①。侯王若能守之，万物将自宾。

天地相合，以降甘露，民莫之令而自均。始制有名，名亦既有，夫

亦将知之，知之可以不殆②。譬道之在天下，犹川谷之于江海。

【注释】

①此句世传本一般断作"道恒无名，朴虽小，天下莫能臣。"如果这样断，则"道恒无名"与老子为"道"起名，致使其有名的事实相矛盾；且"朴虽小"与上下句都不连贯，义不可通。高亨《老子正诂》等注本将此段断为"道恒无名朴，虽小，天下莫能。侯王若能守之，万物将自宾。"如此，则与三十七章"道恒无为而无不为，侯王若能守之，万物将自化。化而欲作，吾将镇之以无名之朴"寓意相似，用语一致，且理路通顺。故据高论校定。

②王弼本、帛书乙本等此句作"始制有名，名亦既有，夫亦将知止，知止可以不殆"。许多注家据此将这几句注释为世间万物开始取名并建立制度规范，因此应该知道适可而止，与上文谈论的道朴是否有名没有任何关系，使得此段与上下文均没有任何关系，杂乱而不知所云。而且有名字就会知止，道理也不通。若按河上公本、景福本等将后两句作"夫亦将知之，知之可以不殆"，则"始制有名"是指道开始有名，"知之"是指知晓道，与本章开头语"道恒无名朴"和下文"譬道之在天下"前后呼应，理路贯通，全章通篇论道，应是老子原意。故据河上公本等校定。

【译文】

道总是以无名之朴的形式显现，虽然显得细微，但天下没有人能让它臣服。侯王如果能守道朴，万物将会自然归顺。

天地之气交合，就会降下雨水甘霖，人民没有分配的命令也会得到自然均匀的分配。道开始有名称，既然有了名称，人们就会借此知晓道，知晓道就可以避免危险。道在于天下万物，就像川谷之水遍及江海一样。

三十三章

知人者智，自知者明。胜人者有力，自胜者强。知足者富。强行者有志。不失其所者久。死而不亡者寿。

【译文】

　　知晓别人算是有智慧，知晓自己才算高明。胜过别人算是有力，胜过自己才算强大。知道满足才算富有。身体力行才算有志气。不迷失根本才能长久。身死而灵魂不亡才算长寿。

三十四章

　　大道泛兮，其可左右。万物恃之以生而不辞，功成而不有。衣养万物而不为主，①可名于小。万物归焉而不为主，可名为大。②以其终不自为大，故能成其大。

　　③天下皆谓我，道大，似不肖。夫唯大，故似不肖。若肖，久矣其细也夫。

【注释】

①王弼本、帛书本等此处还有"常无欲"一句，顾欢本、敦煌本等则无。奚侗、蒋锡昌、严灵峰等注家认为，此句乃衍文，可能是后人将"不为主"的注释混入正文所致。从行文修辞角度看，"衣养万物而不为主，可名于小。万物归焉而不为主，可名为大"两句恰成对文，且意思完整。如果插入此赘句，则不仅破坏了老子原文优雅的行文结构，而且画蛇添足，有损于意思的表达。况且有欲、无欲只适用于人，不适用于道。故据顾欢本等校定。

②帛书本、吴澄本等此处还有"是以圣人之能成大也"一句，王弼本、河上公本等无此句。从上下文考察，本章全篇都是谈论道大的问题。紧随其后的"以其终不自为大，故能成其大"是对上一句道"可名为大"的进一步解说，上下文意思衔接紧密。所以该句应该是论道，牵扯出圣人则文不对题。况且"是以圣人终不为大，故能成其大"已见于六十三章，置于此处是二度重复。故据王弼本、河上公本等校定。

③诸文本本章都是到"故能成其大"结束。"天下皆谓我道大，似不肖。夫唯大，故似不肖。若肖，久矣其细也夫"一段原在六十七章开头，但与该章其他部分没有任何语意或逻辑关系，显然系因错简而误置于彼处。陈鼓应等人亦曾提出此段应是因错简而误置于六十七章，但没有做出调整。经查对，《道德经》全文中只有此段和本章是专论道之大小的，而且此段只与本章有语意和逻辑关系，故将其调整至此。经此调整后，本章与六十七章都较前合理通顺。

【译文】

大道泛漫于天下，左右无所不在。万物都依靠它生长发展，而它从不诉诸言辞，功成事遂也从不居功。养育覆盖万物而不做主宰，可能被当作小。万物归附它而仍不做主宰，可以称为大。正因为它始终不自以为大，所以才能成就它的大。

天下人都对我说，道大，好像与什么都不像。正是因为它太大，所以什么都不像。如果它像什么，那它早就变得细小了。

三十五章

执大象，天下往。往而不害，安平太。

乐与饵，过客止。道之出口，淡乎其无味。视之不足见，听之不足闻，用之不可①既。

【注释】

①王弼本等此句作"用之不足既"，而竹简本、帛书本、河上公本、傅奕本等此句作"用之不可既"。"可"在此处义胜于"足"。马叙伦等考证后认为王弼所见原本亦为"足"，故据竹简本、帛书本等校定。

【译文】

执守大道，天下人都会向往归附。人们因归附大道而不再相互残害，天下就会安宁、和平、康泰。

音乐和美食，能吸引过客停下脚步。道说出口来却平淡无味。看它看不见，听它听不到，但用它却用不尽。

三十六章

将欲歙之，必固张之。将欲弱之，必固强之。将欲废之，必固兴之。将欲取之，必固予之。是谓微明。

柔弱胜刚强。鱼不可脱于渊，国之利器不可以示人。

【译文】

想要收缩它，必须先扩张它。想要削弱它，必须先加强它。想要废黜它，必须先振兴它。想要夺取它，必须先给予它。这叫做幽微之明。

柔弱胜过刚强。鱼不可以脱离水渊，邦国的利器不可以展示于人。

三十七章

道恒无为而无不为，^①侯王若能守之，万物将自化。化而欲作，吾将镇之以无名之朴。^②夫亦将无欲。无欲以静，天下将自定。

【注释】

①此句世传本作"道恒无为而无不为"，竹简本作"道恒无为也"，帛书本则作"道恒无名"。将三种文本放在上下文中比较，还是世传本语意更能与下文贯通呼应。下文"侯王若能守之，万物将自化"，意谓侯王若能效法道之无为，就可达到万物自化的目的，是道无为而无不为的作用展现。相比之下，"道恒无为也"与下文呼应关系不强，"道恒无名"则不仅与下文无关，而且与老子为道起名相矛盾。故据世传本校定。

②许多文本此处还有"镇之以无名之朴"或"无名之朴"一句。此句与前面一句重复，且有之无之并不对整段语意造成任何区别。冗赘啰唆，不符合老子简练风格，故据竹简本不取此句。

【译文】

道总是无为的，但却无所不能为。侯王如果能持守之，万物将会自然归化。在归化中如果有欲望发作，我会以无名的道朴去镇定它。这样就不再有欲望了。没有欲望以致清静，天下就会自然安定。

三十八章

上德不德，是以有德；下德不失德，是以无德。上德无为而无以为，^①上仁为之而无以为，上义为之而有以为，上礼为之而莫之应，则攘臂而扔之。故失道而后德，失德而后仁，失仁而后义，失义而后礼。夫礼者，忠信之薄而乱之首。

前识者，道之华而愚之始。是以大丈夫处其厚，不居其薄；处其实，不居其华。（故去彼取此。）^②

【注释】

①世传本此处还有"下德无为而有以为"一句，帛书甲乙本则无此句。高明、刘殿爵等人考证后认为，此句乃后人妄加的衍文。理由大体可以归结为三条。其一，本章中老子谈论的主体是德、仁、义、礼四者。四者的层面依次下降，其衡量标准是"无为"。以"无为而无以为"为最上，是上德；以"为之而无以为"为其次，是上仁；以"为之而有以为"为再次，是上义；以"为之而莫之应"为最次，是上礼。这样四者差别清晰整齐，逻辑和行文也有序工整。若其中加出"下德无为而有以为"一句，则不仅在"上德"、"上仁"、"上义"、"上礼"四者之外多出一个不伦不类的"下德"，而且"下德"重复了"上仁"的"为之而无以为"，破坏了本章的行文和论理结构，并造成混乱。"下德"一句对本章论述没有任何积极意义，显然多余。其二，下文中"故失道而后德，失德而后仁，失仁而后义，失义而后礼"与以上关于"上德"、"上仁"、"上义"、"上礼"的论述一一对应，而唯独没有与"下德"对应的语句和概念，也足以证明该句是衍文。其三，《韩非子·解老》中也只提到"上德"、"上仁"、"上义"、"上礼"，而无"下德"，印证了老子原本如此。高、刘所论甚为有理，且无此句符合老子的简练有序的风格，故据帛书本等不取此句。

②"故去彼取此"应属注文羼入造成的赘句。详见十二章末相同语句注释。

【译文】

持上德的人不追求形式上的德，所以真正有德。持下德的人不愿失去形式上的德，所以其实无德。持上德的人自然无为，也无意作为。持上仁的人虽有所作为，但无意作为。持上义的人有所作为，也有意作为。持上礼的人强行作为而得不到响应，就将袖伸臂强拉人相从。所以说，失去道就剩德为重，失去德就剩仁为重，失去仁就剩义为重，失去义就剩礼为重。只剩礼为重时，忠实和诚信变得浅薄，混乱开始发生。

认识水平只达到礼的人，只识道的表面浮华，是愚昧的开始。因此大丈夫立身于敦厚，不置身浅薄；立身于朴实，不置身浮华。（因此摒弃后者而采取前者。）

三十九章

昔之得一者，天得一以清，地得一以宁，神得一以灵，谷得一以盈，万物得一以生，侯王得一以为天下正[1]。其致之也，天无以清将恐裂，地无以宁将恐废[2]，神无以灵将恐歇，谷无以盈将恐竭，万物无以生将恐灭，侯王无以正[3]将恐蹶。[4]

【注释】

①王弼本此处作"天下贞"。古代"正"、"贞"通假，意为君长。"正"比"贞"通用，故据帛书本、景龙碑本、河上公本等多种文本校定为"正"。

②王弼本等此处作"恐发"。古代"发"通"废"，但容易被现代人误解，故取"废"而去"发"。

③王弼本、帛书本等此处作"侯王无以贵高"，范应元本、赵志坚本作"贞"。据易顺鼎、严灵峰等人考证，"贵"乃"贞"之谬，"后人见下文'贵以贱为本，高以下为基'二句，以为承上文而言，妄为'贵'下又加'高'字，遂致踵讹袭谬，而义理不可通矣。"易、严言之有理，且"贵高"与上文的"贞"不合，并与本段其他排比句中的"裂"、"废"、"歇"、"竭"、"灭"在字数、上下文对应关系和韵律上均不协调，显然错误。故据范应元本等取"贞"。又，古代"贞"通"正"，为使上下文用词一致，一律取"正"。

④各文本中此句之后还有"故贵以贱为本，高以下为基。是以侯王自称孤、寡、不谷，此非以贱为本邪？非乎？故至誉无誉。不欲琭琭如玉，珞珞如石"一段。本章现有部分谈的是道与天地万物的关系，而以上这段谈的却是贵贱、高下等相对关系问题，上下文之间没有"故"所提示的因果关系，也没有任何文意和逻辑联系。可能是在《道德经》流传早期因竹简错乱，整理人只看到本章和该段都有"侯王"二字，就将其误拼在一起。经全文反复比对后，现根据语意衔接和逻辑关系将此段和第四十二章与之紧密关联的"人之所恶，唯孤寡、不谷，而王公以为称。故物或损之而益，或益之而损。人之所教，我亦教之。强梁者不得其死。吾将以为教父"一段合并移往第二章"前后相随"之后。详见第二章相应注释。

　　　　　　　　　　　　　　　　　　　　　老子指真

【译文】

　　古来得道的情况：天得道而清明，地得道而宁静，神得道而灵验，川谷得道而充盈，万物得道而滋生，侯王得道而成为天下的执政。究其根本，天不能据以清明怕会破裂，地不能据以宁静怕会荒废，神不能据以灵验怕会罢歇，川谷不能据以充盈怕会衰竭，万物不能据以滋生怕会灭绝，侯王不能据以为政怕会覆灭。

四十章①

　　上士闻道，勤而行之；中士闻道，若存若亡；下士闻道，大笑之。不笑不足以为道。

　　故建言有之：明道若昧，进道若退，夷道若纇；上德若谷，广德若不足，建德若偷，质德若渝②；大白若辱③，大方无隅，大器免成④，大音希声，大象无形，道隐无名。⑤夫唯道，善贷且成。

【注释】

①世传本的四十章在帛书本中排在世传本的四十一章之后，两章顺序正好相反。细加考察，帛书本的顺序甚为合理，应是老子原来的排序。世传本的四十章和四十二章都是谈论天地万物生成的，有明显的内容和逻辑关联，而世传本的四十一章却与此无任何关联，夹在以上两章中间，打断了论述的连续性。故据帛书本将世传本四十章调为四十一章。调整后世传本四十一章现为四十章。

②各种文本此句作"质真若渝"。刘师培认为，与此句并列的上文是"广德若不足，建德若偷"，故此句的"真"应为"德"之误。"德"的古字是"悳"，显然因为字形与"真"相似而被古人误抄为"真"。此论甚为有理，故据以修正。

③各种文本中，此句都夹在"上德若谷"和"广德若不足"之间。从内容、结构、修辞、体例几方面判断，此句显然是后人误将下文中的语句错置于此所造成的语序错乱。故将其调整到本节论"德"的句组，即"质德若渝"之后。详见本章最后的注释。

④世传本此句皆作"大器晚成"，帛书本此句则作"大器免成"。对比本组其他排比句的句式与语义，"大方无隅"、"大象无形"、"大音希声"都是以"大"对"无"等语义相反的字，"大器晚成"则以"大"对时间上的"晚"，显然与其他几句不匹配。"大器免成"

可释义为大的器物不须具象成形，与"大方无隅"、"大象无形"等在句式和语义上都完全匹配，更可能是老子的原意。楼宇烈、陈柱、高明等持此观点，言之有理。故据帛书本校定。

⑤纵观从"建言有之"至此的这段论述，可以看出老子原文依序分为三组，一组论道，二组论德，三组论道"大"的显现。第一组对道的论述是"明道若昧，进道若退，夷道若纇。"没有错乱。第二组对德的论述则看来有两处后人造成的错乱。其一是将"大白若辱"夹在"上德若谷"和"广德若不足"之间，打乱了第二组对"德"的论述，损及第二组句式的一致，也破坏了第三组论述的完整；其二是将"质德若渝"的"德"误为"真"，不仅使得该句不知所指所云，而且破坏了此组对"德"的整体论述。对这两项做出调整后，第二组就成为"上德若谷，广德若不足，建德若偷，质德若渝。"这样不仅"德"的主题鲜明，而且体例、内容、句型都一致。而经此调整后的所有以"大"字开头的语句都集中在第三组，使得第三组也是内容、体例、文风浑然一体。显而易见，此两项调整只为本章增色，而没有造成任何负面影响。若不作此调整，则本章显得语句凌乱，寓意不明，有损老子顺畅的论述结构和优雅的文风。

还应该指出，未作调整前的文本使人易于迷失对本章内容的理解和把握。例如，多数注释将第三组诸句理解为对形而下事物的论述，忽视了其与道的关联。其实，从整体来看，本章完全是论道的："建言有之"下的第一组直接论道，第二组论述作为道之体现和作用的德，而第三组论述的则是道"大"的显现。老子说，"吾不知其名，强字之曰道，强为之名曰大。"故"大"是道的另一个名字，而不仅是指形而下事物的大。故第三组中的大白若辱，大方无隅，大器免成，大音希声，大象无形都是指道在世间的显现。离开道，形而下世界中找不到如此的事物。《道德经》中还可找到更多的证据。例如，在"执大象，天下往"中，与"大象无形"中相同的"大象"显然就是指道。第三组末尾总结性的"道隐无名"一句则更进一步证明以"大"开头的几句都与道息息相关。顺便指出，"道隐无名"在帛书乙本作"道褒无名"，"褒"意思是盛、大，所以帛书本此句意谓"道大无名"，更说明此段的"大"是指道。

【译文】

上等人士闻道之后，勤学苦练。中等人士闻道之后，将信将疑。下等人士闻道之后，大声嘲笑。不被嘲笑，就不足以为大道。

所以立言的人说过这样的话：光明的道好像暗昧，前进的道好像后退，平坦的道好像崎岖；崇高的德好像低谷，广丰的德好像不足，刚健的德好像松弛，纯净的德好像污秽。极大的白亮好像暗黑，极大的方形没有棱角，极大的器物不须成形，极大的声音听之不闻，极大的具象视之无形，大道幽隐而没有相名。只有道，善于生养并且育成。

四十一章①

反者道之动，弱者道之用。天下万物生于有，有生于无。

【注释】

①世传本中本章原为四十章，现调整为四十一章。帛书甲乙本中本章排在世传本的四十一章之后，从意义衔接上看来更为合理。本章和四十二章都是谈论万物生成的，有显著的意群和论述接续关系。

【译文】

反向转化是道的运动方式，柔弱是道的作用方式。天下万物都产生于有，而有产生于无。

四十二章①

道生一，一生二，二生三，三生万物。万物负阴而抱阳，冲气以为和。②

【注释】

①世传本中原四十章据帛书本调整顺序后成为四十一章，位于本章之前。两章都是谈论道生万物的，内容和论述的接续关系明显，且篇幅都很短，也许并作一章更为合理。但若合为一章，则此后章号皆须改动。为避免造成混乱，保留世传本章号而不作合并。

②世传本在本段以下尚有"人之所恶，唯孤寡、不谷，而王公以为称。故物或损之而益，或益之而损。人之所教，我亦教之。强梁者不得其死。吾将以为教父"一段。此段与本章没有任何语意和逻辑关系。故移往与其有明显接续关系的第二章。详见第二章相关注释。

【译文】

道生化为一，一产生二，二产生三，三产生万物。万物都背负阴而怀抱阳，阴阳二气交冲而达致和谐。

四十三章

天下之至柔，驰骋天下之至坚，无有入无间。吾是以知无为之有益。不言之教，无为之益，天下希及之。

【译文】

天下最柔软的东西，能够自由穿行于最坚硬的东西，无形的东西可以进入没有间隙的东西。我由此知道无为的益处。无言的教化，无为的益处，天下很少有人领会运用。

四十四章

名与身孰亲？身与货孰多？得与亡孰病？① 甚爱必大费，多藏必厚亡。故② 知足不辱，知止不殆，可以长久。

【注释】

①王弼本等此处有"是故"二字。此句与上文之间并无因果关系，故据竹简本、帛书本和河上公本等不予采纳。

②王弼本等此句之前无"故"字，而帛书本、景龙碑本等此处有"故"。此句与上文之间可有因果关系，故据帛书本、景龙碑本等校定。

【译文】

名誉和身体哪个更亲近？生命和财货哪个更重要？获得和失去哪个更为患？过分的贪爱必定造成巨大的耗费，过多的聚藏必定带来重大的损失。所以知道自我满足就不会受到屈辱，知道适可而止就不会陷入危险，这样才可以保持长久。

四十五章

大成若缺，其用不弊。大盈若冲，其用不穷。大直若屈，大巧若拙，大辩若讷。

躁胜寒，静胜热。清静为天下正。

【译文】

最完满的好像缺损，其作用却不会衰竭。最充盈的好像空虚，其作用却不会穷尽。最正直的好像弯曲，最灵巧的好像拙笨，最雄辩的好像口拙。

躁动可以战胜寒冷，守静可以战胜炎热。清静是天下的主正。

四十六章

天下有道，却走马以粪。天下无道，戎马生于郊。

罪莫大于多欲，咎莫大于欲得，祸莫大于不知足。[①] 故知足之足，恒足矣。

【注释】

①此处各文本差异较大。王弼本作"祸莫大于不知足，咎莫大于欲得"，帛书本作"罪莫大于可欲，祸莫大于不知足，咎莫憯于欲得"，竹简本作"罪莫厚乎甚欲，咎莫佥乎欲得，祸莫大乎不知足"。竹简本和帛书本均作三句，而竹简本的"不知足"在最后，与下文"故知足之足，恒足矣"正好衔接，句序较优。故据帛书本、竹简本的句数，竹简本的语序和世传本较通顺的文字校定，这样意思相同但更合理。

【译文】

天下有道清明，就会退还战马用于施肥。天下无道昏暗，战马就会在郊野生育。

最大的罪行莫过于欲望太多，最大的过失莫过于贪得无厌，最大的灾祸莫过于不知满足。所以说，知道满足的满足，是恒久的满足。

四十七章

不出户，知天下；不窥牖，见天道。其出弥远，其知弥少。是以圣人不行而知，不见而明，不为而成。

【译文】

足不出户门，可以知晓天下事理。眼不望窗外，可以看到天道。出门越远，知道的越少。所以圣人不出行就能知晓，不亲见就能明了，不作为就能成功。

四十八章

为学日益，为道日损。损之又损，以至于无为。无为而无不为。取天下恒以无事，及其有事，不足以取天下。

【译文】

学习知识日日会有增益，修炼道法却天天会有减损。减损而又减损，就达到无为的境界。达到无为境界就能无所不为。取治天下总是应当不滋事妄为。如果滋事妄为，就不能取治天下。

四十九章

圣人恒无心①，以百姓心为心。善者，吾善之；不善者，吾亦善之；德善。信者，吾信之，不信者，吾亦信之；德信。圣人在天下，歙歙焉②，为天下浑其心。百姓皆注其耳目③，圣人皆孩之。

【注释】

①此句各文本不同。王弼本、河上公本、傅奕本、范应元本及唐宋以来诸本均作"圣人无常

心"，景龙碑本和顾欢本作"圣人无心"，帛书乙本作"圣人恒无心"。张松如、张纯一、严灵峰等注家经多方考证，认为此处应为"圣人常（恒）无心"，其释义为圣人总是没有私心成见。其言有理，故据帛书本校定。

②王弼本等世传本此处无"焉"字，语感突兀，故据帛书本、傅奕本、司马光本等校定。

③王弼本无此句，致使意思与句型皆不完整，显系误脱。故据帛书本、河上公本、傅奕本等校定。

【译文】

圣人总是没有私心，而是以百姓的心为自己的心。善良的人，我善待他；不善良的人，我也善待他；使得其善良。诚信的人，我信任他；不诚信的人，我也信任他；使得其诚信。圣人在位于天下，善于收敛心志欲望，让天下人心都归于浑朴。百姓都竞相用其耳目聪明，圣人则使他们回归孩童的纯真。

五十章

出生入死，生之徒，十有三；死之徒，十有三；人之生生，动之死地，亦十有三。夫何故？以其生生之厚。

盖闻善摄生者，陆行不遇兕虎，入军不被甲兵。兕无所投其角，虎无所措其爪，兵无所容其刃。夫何故？以其无死地。

【译文】

人从出生到死亡，长寿的有十分之三，短命的有十分之三，过于追求长生反而造成早夭的也有十分之三。这是为什么呢？因为他们为求长生而过度厚养。

据说善于维护生命的人在陆地上行走不会遭遇犀牛、老虎，进入军中不会被兵戎所伤。对于这种人，犀牛不能顶入它的角，老虎不能伸入它的爪，兵士不能刺入他的兵刃。这是为什么呢？因为他们没有进入可以致死的地方。

五十一章

道生之，德畜之，物形之，器成之①。是以万物莫不尊道而贵德。道之尊，德之贵，夫莫之爵而恒自然②。道生之，德畜之，长之育之、成之熟之③、养之覆之；生而不有，为而不恃，长而不宰，是谓玄德。

【注释】

①世传本此句作"势成之"。因"势"究竟指什么很难认定，所以史上众说纷纭，莫衷一是，甚为混乱。帛书甲乙本此句均作"器成之"，破解了本句的难题。本段是谈论道生万物的。"道生之，德畜之，物形之，器成之"的简要释义是，万物经过道生和德蓄，始而成形，继而成器。《易经·系辞》曰"形而上者谓之道，形而下者谓之器"，故"器"就是指成形的天下万物。《易经·系辞》还说"形乃谓之器"，进一步说明成形后的物就是"器"，"形"与"器"是相关联用的。"物形之"和"器成之"不仅语意相通连贯，而且句式用法也一致，当是老子原文。相比之卜，"势成之"则不仅含义不清，与"物形之"没有语意和用法的关联，而且句式用法也不一致。老子说"大器免成"，证明"器"与"成"连用是他的惯用法。故据帛书本校定。

②帛书甲乙本、严遵本、傅奕本、顾欢本、楼古本、遂州本、敦煌己本等此句均为"夫莫之爵而常自然"，王弼本等此句则作"夫莫之命而常自然"。据纪昀、成玄英等考证，王弼本在宋版《道藏》中原来"命"也为"爵"。从上下文判断，此处"爵"比"命"意思贴切，义胜于"命"。故据前者校定。

③王弼本和帛书本此句皆为"亭之毒之"，河上公本则为"成之熟之"。据高亨《老子正诂》，"亭当读为成，毒当读为熟"，"亭之毒之"意思就是"成之熟之"。为便于今人阅读理解，本文直接采用"成之熟之"。

【译文】

道产生万物，德畜养万物，万物由此得以成形，形下器物由此得以形成。所以万物没有不尊奉道而崇尚德的。道与德的尊贵，无须封爵加冕而自然恒在。道产生万物，德畜养万物，使万物生长发育，让万物成长完熟，给万物养育呵护；产生万物而不据为己有，施予万物而不自恃有恩，成长万物而不对其宰决，这就叫玄奥之德。

五十二章

天下有始，以为天下母。既得其母，以知其子。既知其子，复守其母，没身不殆。

塞其兑，闭其门，终身不勤。开其兑，济其事，终身不救。

见小曰明，守柔曰强。用其光，复归其明，无遗身殃，是为袭常。

【译文】

天下万物有其本始，这个本始（即道）可以称为天下万物的母亲。既然得识了万物之母，就能由此认识万物。既然认识了万物，再回过来持守万物之母，这样终生都不会有危险。

堵塞感官的孔窍，关闭欲望的门户，终生没有烦扰。开启感官的孔窍，追求欲望的满足，终生不可救药。

察见精微叫做明，持守柔弱叫做强。运用道的光照，复归于道的澄明，不给自己留下灾殃，就是因循道法之常。

五十三章

使我介然有知，行于大道，唯迤是畏。大道甚夷，而人①好径。朝甚除，田甚芜，仓甚虚；服文彩，带利剑，厌饮食，财货有余，是谓盗夸。非道也哉。

【注释】

①多数文本此处作"民"，唯景龙碑本、李约本、次解本此处作"人"。古代"民"、"人"通用。唯此处"人"亦指统治者，故不宜作"民"。

【译文】

即使我稍有知识，在大道上行走，我也会唯恐误入歧途。大道十分平坦，而人们却喜欢走邪径。宫殿修饰得豪华整洁，而农田却一片荒芜，粮仓也甚为空虚；穿着华丽的衣服，佩带锋利的宝剑，餍足精美的饮食，积攒多余的财货，这好比强盗自夸奢华。违反道法啊！

五十四章

善建者不拔，善抱者不脱，子孙以祭祀不辍。

修之于身，其德乃真；修之于家，其德乃余；修之于乡，其德乃长；修之于国，其德乃丰；修之于天下，其德乃普。故以身观身，以家观家，以乡观乡，以国观国，以天下观天下。吾何以知天下然哉？以此。

【译文】

善于建树的人，他的建树不可拔除。善于抱持的人，他的抱持不会脱落。这样，子孙后代对他的祭祀就会连绵不绝。

以道修身，他的德就会纯真。以道修家，他的德就会富余。以道修乡，他的德就会长久。以道修国，他的德就会丰满。以道修天下，他的德就会普世。所以，要以修道之身观照人身，以修道之家观照家庭，以修道之乡观照乡情，以修道之国观照邦国，以修道之天下观照天下。我是怎样知晓天下原委的？就是用以上的方法。

五十五章

含德之厚者[①]，比于赤子。蜂虿虺蛇不螫，攫鸟猛兽不博。骨弱筋柔而握固，未知牝牡之合而朘作，精之至也；终日号而不嗄，和之至也。

和曰常[②]，知常曰明。益生曰祥，心使气曰强。物壮则老，是谓不道，不道早已。

【注释】

①世传本此处多无"者"字，竹简本、帛书本、傅奕本则有此字。此句之后是"比于赤子"，

被比对象应为名词，竹简本、帛书本等此句显然更合理，故据以校定。

②世传本此句句首多有"知"字，而竹简本、帛书本均无。从语意上研判，"和曰常"意思是"和谐"是恒常法则，甚为合理；而"知和曰常"的意思则是"知道和"是恒常法则，其实不仅文意不通，也不合情理。故据竹简本、帛书本校定。

【译文】

德涵深厚的人，如同初生的婴儿。（对于初生婴儿）蜂、蝎、毒蛇不蛰咬他，凶禽、猛兽不扑抓他。他筋骨柔弱，双手却能握得很紧；不知道男女交合，小生殖器却能勃起，是因为他的精至为充沛；整日号哭却不会嘎哑，是因为他的气至为和谐。

和谐可以说是恒常法则，知道恒常法则叫做明。贪生厚养会有病殃，意气用事叫做逞强。事物强壮了就会衰老，这叫做不合道法，不合道法就会早亡。

五十六章

知者不言，言者不知。塞其兑，闭其门，挫其锐，解其纷，和其光，同其尘，是谓玄同。故不可得而亲，不可得而疏；不可得而利，不可得而害；不可得而贵，不可得而贱。故为天下贵。

【译文】

知道的人不多说，多说的人不知道。壅塞感官的孔窍，关闭欲望的门户，挫钝锋芒的锐利，化解烦扰的纠纷，和合大道的光辉，求同道朴的精微，就达到玄奥的齐同。对于达到玄奥齐同境界的人，不能使他亲近，也不能使他疏远；不能使他得利，也不能使他受害；不能使他高贵，也不能使他低贱。所以他是天下最高贵的人。

五十七章

以正治国，以奇用兵，以无事取天下。吾何以知其然哉？以此：天

下多忌讳，而民弥贫；民多利器，国家滋昏；人多伎巧，奇物滋起；法令滋彰①，盗贼多有。

故圣人云："我无为而民自化，我好静而民自正，我无事而民自富，我无欲而民自朴。"②其政闷闷，其民淳淳。其政察察，其民缺缺。

【注释】

①河上公本、帛书本等此句作"法物滋彰"。"法物"被注解为好物，甚为牵强。从上下文来看，"法令滋彰，盗贼多有"与上文的"天下多忌讳，而民弥贫"句式文义皆对应，与下文的"无为、好静、无事"和"其政察察"均相呼应；而"法物"不仅与上下文缺少呼应，而且本身词义欠通，并且修辞上与"滋彰"也不搭配。故据王弼本等校定为"法令滋彰"。

②所有现存文本本章至此结束，此后的"其政闷闷，其民淳淳；其政察察，其民缺缺"四句原在五十八章之首。据语意和逻辑关系判断，该四句与本章内容紧密关联，而与五十八章其余内容则完全没有关联，显然系古人在分章时误将原属本章意群的字句错断到下一章所致。故将其调回至本章。

【译文】

治国要以正道，用兵要以奇谋，取治天下要以清静无为。我根据什么知道这个道理？根据如下：天下禁忌越多，人民就越贫困；民间的利器越多，邦国就越混乱；人们的智巧越多，邪恶的事情就越滋生；苛法峻令越彰显，盗贼就越多。

所以圣人说："我没有作为，人民就会自然教化。我喜好清静，人民就会自然纯正。我不生事端，人民就会自然富裕。我戒除嗜欲，人民就会自然淳朴。"政治无为迟闷，民风淳朴敦厚。政治有为苛察，民风虚伪狡诈。

五十八章

①祸兮福之所倚，福兮祸之所伏。孰知其极？其无正也。正复为奇，善复为妖。人之迷，其日固久。是以圣人方而不割，廉而不刿，直

而不肆，光而不耀。

【注释】

①所有现存文本本章开头还有"其政闷闷，其民淳淳。其政察察，其民缺缺"四句。该四句被调整到上一章尾部，理由见上章注释。

【译文】

灾祸啊，幸福就依傍在其侧；幸福啊，灾祸就潜伏在其内。谁知道其中究竟？这实在没有定准。正常变为奇异，善良变为妖邪，人们对此的迷惑由来已久。因此圣人方正而不割人，廉洁而不伤人，正直而不放肆，光明而不耀眼。

五十九章

治人事天，莫若啬。夫唯啬，是谓早服。早服是谓重积德，重积德则无不克，无不克则莫知其极，莫知其极可以有国，有国之母可以长久。是谓深根固柢，长生久视之道。

【译文】

治理人民，侍奉上天，最重要的是珍惜资源。只有珍惜资源，才能及早归道。及早归道叫做厚于积德，厚于积德就能无往而不胜，无往而不胜就没人知道他的能耐极限，没人知道他的能耐极限就可以治理国家，有了治国的根本就可以长治久安。这就是深度扎根，牢固筑基，长久生存的道行。

六十章

治大国，若烹小鲜。以道莅天下，其鬼不神。非其鬼不神，其神不伤人。非其神不伤人，圣人亦不伤人。夫两不相伤，故德交归焉。

【译文】

治理大国，如同烹饪小鱼。以道法治理天下，天下的鬼不显灵。不是鬼不显灵，是显灵而不伤人。非但鬼神不伤人，圣人也不伤人。鬼神和圣人都不伤人，所以德就会交相归诸于人。

六十一章

大国者下流，天下之交，天下之牝。牝恒以静胜牡，以静为下。故大国以下小国，则取小国；小国以下大国，则取于大国①。故或下以取，或下而取。大国不过欲兼畜人，小国不过欲入事人。夫两者各得其所欲，大者宜为下。

【注释】

①世传本此处均作"则取大国"，在上下文中义不可通。帛书甲本作"则取于大邦"，乙本作"则取于大国"，显然较为合理。世传本的错误可能系因其所据早期义本在抄写中脱"于"字所致。故据帛书甲乙本校定。

【译文】

大国如同处于江河的下流，即天下交汇之处，像是天下的雌牝。雌牝总是能以静柔胜过雄牡，因为静柔处于低下的位置。所以，大国如果以谦下的态度对待小国，就可以使小国依附；小国以谦下的态度对待大国，就可以使大国接纳。因此，或是以谦下而使人依附，或是以谦下而使人接纳。大国不过是想兼纳畜养小国，小国不过是想投靠依附大国。这样一来二者都实现了各自的愿望，其中大国尤其应该做到谦下。

六十二章

道者万物之奥，善人之宝，不善人之所保。美言可以市尊，美行可以加人①。人之不善，何弃之有。故立天子，置三公，虽有拱璧以先驷马，不如坐进此道。古之所以贵此道者何？不曰求以得，有罪以免邪？

故为天下贵。

【注释】

①世传本和帛书本此句被断作"美言可以市，尊行可以加人"，不仅句型和语韵有缺陷，语意也说不通，很难合理解释。俞樾、奚侗、张松如等注家考证后认为，此句应断在"尊"后，而且各文本在"行可以加人"前脱一"美"字。此外，劳健还指出："二句以尊、人为韵，必当如《淮南》无疑。"这两句按以上注家意见调整后，不仅上下文语意合理通顺，句型并列一致，而且合于韵律，符合老子修辞水平和语言风格。故据《淮南子·道应训》及以上注家考证意见校定。

【译文】

　　道是天下万物的奥妙，是善良人的法宝，不善良的人也应保有。连美好的言辞都可以换得尊敬，美善的行为都可以增加人望。人再怎么不善良，怎么可以抛弃道呢？所以说，拥立天子，设置三公，虽然有玉璧在先，驷马在后的尊贵，还不如打坐修道。古人为什么要尊崇道呢？不就是因为有求可以得到，有罪可以赦免吗？所以道是天下最尊贵的。

六十三章

　　为无为，事无事，味无味。大小多少，报怨以德。

　　图难于其易，为大于其细。天下难事，必作于易；天下大事，必作于细。是以圣人终不为大，故能成其大。夫轻诺必寡信，多易必多难。是以圣人犹难之，故终无难矣。

【译文】

　　将无为当作作为，将无事当作做事，将无味当作品味。大其小，多其少，以德行回报怨恨。

　　处理困难要从容易处下手，完成大事要从细小处入手。天下困难的事，必须从容易处去做。天下重大的事，必须从细小处去做。所以圣人始终不好大喜功，因此能成就大事。轻易做出承诺，必然很少守信。看问题太过容易，必然遭遇更多困难。所以圣人尚且重视困难，因此他始终没有难事。

六十四章

　　其安易持，其未兆易谋，其脆易泮，其微易散。为之于未有，治之于未乱。合抱之木，生于毫末。九层之台，起于累土。千里之行，始于足下。①

　　民之从事，恒于几成而败之。慎终如始，则无败事。是以圣人欲不欲，不贵难得之货。学不学，复众人之所过，以辅万物之自然，而不敢为。

【注释】

①诸文本在此以下还有一段"为者败之，执者失之。是以圣人无为，故无败；无执，故无失。"此段与上下文均无任何文意关联，而且"为者败之，执者失之"已经在二十九章中出现过，可能是早期文本竹简错乱后整理者看到下文中也有几个"败"字而误置于此。此段在竹简本中作为另一章而不与本章连接，也提示其原不在此处。许多注家都曾指出该问题，但没有做出调整。今据上下文意群连接关系将该段移至二十九章，与其重复出现部分合并，详见二十九章相应注释。

【译文】

　　局势安定时容易维持，情势未露征兆时容易谋划，问题脆弱时容易化解，事态微小时容易消散。要在事情没有产生前就预作筹谋，要在祸乱没有发生前就先加治理。合抱的大树，从细小嫩芽开始生长。九层的高台，从平地累土开始建造。千里的行程，从移动脚步开始完成。

　　民众做事情，常在快要成功时失败。如果在最后阶段仍像开始时那样谨慎，就不会失败。所以圣人以无欲为欲，不珍爱稀有难得的财货；学习众人所不学习的，补救众人的过错，以辅助万物的自然发展，而不敢强行作为。

六十五章

古之善为道者，非以明民，将以愚之。民之难治，以其智多。故以智治国，国之贼；不以智治国，国之福。知此两者亦稽式。恒知稽式，是谓玄德。玄德深矣，远矣，与物反矣。乃至大顺[1]。

【注释】

[1] 王弼本等此句句首有"然后"二字。王引之《经传释词》说："乃，犹然后也。"由此可见，"然后乃"床上叠床，不符合老子的精练风格，故本文据帛书本、河上公本、敦煌本、景龙碑本等不取"然后"二字。

【译文】

古代善于道法的人，不是使人民聪明，而是使他们愚朴。人民难以治理，是因为他们有太多的智巧心机。因此以智巧治理邦国，是邦国的灾祸；不以智巧治理邦国，是邦国的福祉。知道这两条，也就知道了治理邦国的法则。总是能知守这个法则，就叫做玄奥之德。玄奥之德深沉而久远，与人们的常识正好相反。知守它就会国事大顺。

六十六章

江海之所以能为百谷王者，以其善下之，故能为百谷王。是以圣人欲上民[1]，必以言下之；欲先民，必以身后之；故处上而民不重，处前而民不害。是以天下乐推而不厌。以其不争，故天下莫能与之争。

【注释】

[1] 王弼本等此句无"圣人"二字，而其后句"处上而民不重"前则有"圣人"二字，竹简本和帛书甲乙本都是"圣人"在前，与王弼本等相异。从意思表达来看，三古本优于王弼本等。故按三古本校定。

　　江海之所以能汇聚百川谷，是因为它们善于处在更低下的位置，因此能够成为百谷之王。所以圣人要处于民众之上，必须以言辞向民众表示谦下；要处于民众之前，必须将自身利益置于民众之后。因此圣人能处于民众之上而民众不感到沉重，处于民众之前而民众不感觉妨害。所以天下人都乐于推戴他而不感到厌烦。因为他与世无争，所以天下没有人能与他相争。

六十七章

　　①我有三宝，持而保之。一曰慈，二曰俭，三曰不敢为天下先。慈故能勇，俭故能广，不敢为天下先，故能成器长。今舍慈且勇，舍俭且广，舍后且先，死矣！

　　夫慈，以战则胜，以守则固。天将救之，以慈卫之。

【注释】

①诸文本此处还有"天下皆谓我道大，似不肖。夫唯大，故似不肖。若肖，久矣其细也夫"一段。但该段与此后的"我有三宝，持而保之……"等正文没有任何语意和逻辑关联，显然是因错简误置于此。陈鼓应等曾指出此问题，但没有设法调整。现据语意和逻辑关系将此段调整到三十四章末，理由参见三十四章相应注释。

【译文】

　　我持有和保守三件法宝，第一件叫做仁慈，第二件叫做节俭，第三件叫做不敢争作天下之先。仁慈，所以能勇敢；节俭，所以能裕广；不敢争作天下之先，所以能成为万物之长。现在有人舍弃仁慈而只求勇敢，舍弃节俭而只求裕广，舍弃退后而只求争先，必死无疑！

　　仁慈，用以做战就能取胜，用以守卫就能牢固。上天要救助谁，就用仁慈来保卫他。

六十八章

善为士者，不武；善战者，不怒；善胜敌者，不与；善用人者，为之下。是谓不争之德，是谓用人之力，是谓配天古之极①。

【注释】

①王弼本和帛书本等此句被断为"是谓配天，古之极（也）。"俞樾认为，本章句句有韵，而最后三句应以德、力、极为韵。如果从天字断开，则该句与前两句既不押韵，句式也与前两句不一致，故应去疑似衍字"古"而作"是谓配天之极"。此论得到奚侗、马叙伦、高亨、朱谦之等许多近代注家的赞同，认为改动后从语意、修辞到韵律都更合理。其实，"古"未必是衍字，有之也可以读通，且帛书甲乙本等均有"古"字。只要不将此句点断，"是谓配天古之极"与俞樾建议句式一致，但义胜一筹，还与各家文本的文字一致。

【译文】

善于用兵的人，不逞勇武。善于打仗的人，不发怒。善于胜敌的人，不与敌人交战。善于用人的人，对人谦下。这就叫做不与人争的德行，叫做善于运用他人的能力，叫做符合天自古就有的最高法则。

六十九章

用兵有言："吾不敢为主，而为客；不敢进寸，而退尺。"是谓行无行，攘无臂，执无兵，扔无敌①。

祸莫大于轻敌，轻敌几丧吾宝。故抗兵相若②，哀者胜矣。

【注释】

①王弼本等此处作"扔无敌，执无兵"。但王弼注曰："用战犹行无行，攘无臂，执无兵，扔无敌也。"可见王弼本"执无兵"原来也在"扔无敌"之前。武内义雄还认为，"执无兵，扔无敌"与上二句隔句押韵。故据帛书本、严遵本、傅奕本等将此段校定为"执无兵，扔无敌"。

②王弼本等世传本此句为"抗兵相加"，帛书本、傅奕本和敦煌辛本等此句则作"抗兵相

若"。王弼注曰："抗，举也。若，当也。"可见王弼所见原本也是"若"，"加"乃"若"字之误。此句"若"义显胜于"加"，故据帛书本等校定。

【译文】

用兵的人说过这样的话："我不敢主动进攻，而为客防守；不敢前进一寸，而退让一尺。"这叫做行军布阵却不见阵形，攘臂挥舞却无臂可见，手执兵器却似无兵器，大敌当前却如临无人之境。

最大的祸患莫过于轻视敌人，轻视敌人几乎断送我的法宝。所以说两军旗鼓相当，哀柔退避的一方将会获胜。

七十章

吾言甚易知、甚易行，天下莫能知、莫能行。言有宗，事有君。夫唯无知，是以不我知。知我者希，则我者贵。是以圣人被褐怀玉。

【译文】

我的话很容易理解，很容易实行。天下却没有人能理解，没有人能实行。言论要有宗旨，做事要有根据。人们正是因为无知，所以不理解我。理解我的人稀少，效法我的人可贵。所以圣人外穿粗布衣服却怀揣宝玉。

七十一章

知不知，上矣；不知知，病矣。①圣人不病，以其病病，是以不病。

【注释】

①王弼本等此后一段作"夫唯病病，是以不病。圣人不病，以其病病，是以不病"。其语句来回颠倒，"是以不病"二度重复，显然冗赘不顺，不符合老子的简练优雅风格。帛书甲乙本无"夫唯病病，是以不病"二句。若按帛书本"圣人不病，以其病病，是以不病"，其实已足以表达王弼本的全部含义。"夫唯病病，是以不病"二句疑是后人注释羼入。故

据帛书本校定。

【译文】

知道自己不知道，是高明。不知道却自以为知道，是毛病。圣人没有这种毛病，是因为他把这种毛病当作毛病，所以不会有这种毛病。

七十二章

民不畏威，则大威至。无狎其所居，无厌其所生。夫唯不厌，是以不厌。是以圣人自知不自见，自爱不自贵。（故去彼取此。）[①]

【注释】

①"故去彼取此"应属注文羼入造成的赘句。详见十二章末相同语句注释。

【译文】

民众不畏惧权威，大祸乱就要降临了。不要挤压民众的居住空间，不要压榨民众的生活资源。只有不压榨民众，民众才不厌恶执政者。因此，圣人有自知之明而不自我表现，有自爱之心而不自居高贵。（因此摒弃后者而采取前者。）

七十三章

勇于敢则杀，勇于不敢则活。此两者或利或害。天之所恶，孰知其故？[①]**天之道，不争而善胜，不言而善应，不召而自来，繟然而善谋。天网恢恢，疏而不失。**

【注释】

①王弼本等此处还有"是以圣人犹难之"一句。据高亨等考证，此句系六十三章错简重出，与本章义不相属。帛书本、景龙碑本、严遵本、敦煌辛本等均无此句，故据以校定。

勇于敢争就会被杀，勇于不敢争就能存活。这两种勇一种有利，一种有害。上天有所厌恶，谁能知道是什么缘故？天之道，不争斗而善于取胜，不说话而善于回应，不经召唤而自会到来，舒缓坦然而善于筹谋。天网广大无边，虽然稀疏但不会有漏失。

七十四章

民不畏死，奈何以死惧之。若使民恒畏死，而为奇者，吾得执而杀之，孰敢。

恒有司杀者杀。夫代司杀者杀，是代大匠斲[①]**。夫代大匠斲者，希有不伤其手矣。**

【注释】

①王弼本等此句作"是谓代大匠斲"，帛书本、傅奕本等则无"谓"字。"谓"在此处显然多余且害义，故据帛书本、傅奕本等校定。

【译文】

民众不畏惧死亡，怎么还能用死亡来镇吓他们？如果能使民众总是畏惧死亡，对于为非作歹的人，我们就把他们抓来杀掉，谁还敢为非作歹？

杀人的事总是有专管刑杀的人操办。如果代替专管刑杀的人杀人，就像是代替木匠师傅砍斫木头。代替木匠师傅砍斫的人，很少有不伤到自己手的。

七十五章

民之饥，以其上食税之多，是以饥。民之难治，以其上之有为，是以难治。民之轻死，以其上求生之厚，是以轻死。夫唯无以生为者，是

贤于贵生。

【译文】

人民饥饿，是因为统治者的粮食税赋太多，所以才饥饿。人民难以治理，是因为统治者多事有为，所以才难以治理。人民轻生冒死，是因为统治者追求厚生贵养，所以才轻生冒死。只有不以养生为务的人，才比贵生厚养的人贤明。

七十六章

人之生也柔弱，其死也坚强。草木之生也柔脆，其死也枯槁。故坚强者死之徒，柔弱者生之徒。是以兵强则灭，木强则折①**。坚强**②**处下，柔弱处上。**

【注释】

①王弼本等此句作"兵强则不胜，木强则兵"，其他文本还有"木强则共"、"木强则兵"、"木强则恒"等不同说法，莫衷一是。黄茂材、俞樾等据《列子》、《文子》和《淮南子》等将此句校定为"兵强则灭，木强则折"，深得易顺鼎、刘师培、奚侗、马叙伦、蒋锡昌、高亨、朱谦之等学者认同。此论从上下文语意和句型等各方面考察都较其他文本合理，故据以校定。

②王弼本等此处作"强大"，老子在本章与其他章反复用"坚强"与"柔弱"相对，此处用"强大"显失老子之范。故据傅奕本、景龙碑本等校定为"坚强"。

【译文】

人在活着的时候身体柔软，死后就会僵硬。花草树木在活着的时候枝叶柔嫩，死后就会枯槁。所以说，强硬的属于死亡一类，柔弱的属于生存一类。因此用兵逞强就会被消灭，树木强硬就会被折断。强硬为下，柔弱为上。

七十七章

天之道，其犹张弓欤？高者抑之，下者举之；有余者损之，不足者

补之。天之道，损有余而补不足。人之道则不然，损不足以奉有余。

孰能有余以奉天下？唯有道者。是以圣人为而不恃，功成而不处。其不欲见贤。

【译文】

天之道，不就像开弓射箭一样吗？弦位高了就压低，弦位低了就举高；力度有余就减小，力度不足就补足。天之道，是减损有余而添补不足。人的法则却不是这样，而是减损不足的用来供奉有余的。

谁能将有余的奉献给天下？只有有道的人。所以圣人施予成全而不自恃有恩，功成事遂而不自居有功。他不想表现自己的贤德。

七十八章

天下莫柔弱于水，而攻坚强者莫之能胜，其无以易之。弱之胜强，柔之胜刚，天下莫不知，莫能行。是以圣人云："受国之垢，是谓社稷主。受国不祥，是谓天下王。"正言若反。

【译文】

天下没有比水更柔弱的，但攻克强硬的东西却没有什么能胜过水，也没有什么能替代它。弱胜于强，柔胜于刚，这个道理天下没有人不知道，却没有人能付诸实行。所以圣人说："承受邦国的屈辱，才称得上邦国的君主。承受邦国的灾殃，才称得上天下的君王。"正面的话就像反话。

七十九章

和大怨，必有余怨。安可以为善。是以圣人执左契①而不责于人。有德司契，无德司彻。

天道无亲，恒与善人。

①各种文本此句皆作"左契",唯帛书甲本作"右契"。高明举证认为古代以右为尊、左为卑,所以应按帛书甲本将"左契"改为"右契"。但所有版本的《道德经》三十一章(包括帛书本)皆曰"君子居则贵左,用兵则贵右"、"吉事尚左,凶事尚右",明确以左为贵。由此判断,古代左右孰贵可能因时因地不同,不可一概而论,老子其时其地当是以左为贵。故据多数版本保持"左契"之说。

【译文】

调和深仇大怨,必然还有余怨未消。这样怎么可以算作完善?所以圣人执持债权契约的左半边而不向债务人讨债责罚。有德行的人持债权契约而不追债,没有德行的人则会催逼清债。

天道没有亲疏偏爱,总是辅助行善的人。

八十章

小国寡民,使有什伯之器而不用,使民重死而远徙①**。虽有舟舆,无所乘之;虽有甲兵,无所陈之。使民复结绳而用之,甘其食,美其服,安其居,乐其俗。邻国相望,鸡犬之声相闻,民至老死不相往来。**

【注释】

①世传本此句皆作"使民重死而不远徙",唯帛书甲乙本作"使民重死而远徙"。乍一看来二者意思相背,后者义不可通。结合下文分析,老子主张"安其居,乐其俗。邻国相望,鸡犬之声相闻,民至老死不相往来",亦即主张完全"不徙",而非仅反对往远处迁徙。《广雅释诂》曰:"远,疏离也。"所以老子本句的意思是让民众看重生死而远离迁徙。后人不解老子之意,故而在"远徙"前加"不",其实画蛇添足,反而改变了老子原意。况且"远徙"与上句"不用"皆两字而对应,从修辞上也较工整。故据帛书本校定。

【译文】

邦国小,人民少,即使有复杂器具而不使用,使人民看重生死而远离迁徙。虽然有船只车辆,却没有必要乘坐。虽然有铠甲兵器,却没有必要展用。使人民回归结绳记事,对自己的食物感到香甜,对自己的衣服感到美好，对自己的住所感到安逸，对自己的风俗感到快乐。邻国之间相互看得见，鸡鸣狗吠相互听得到，但人民直到老死都不相互往来。

八十一章

信言不美，美言不信。善者不辩，辩者不善。知者不博，博者不知。

圣人不积，既以为人，己愈有；既以与人，己愈多。天之道，利而不害。圣人之道，为而不争。

【译文】

诚信的言论不华美，华美的言论不诚信。善良的人不诡辩，诡辩的人不善良。知深的人不博泛，博泛的人不知深。

圣人不事积蓄，尽量为人花费，自己却更加富有；尽量施予别人，自己却拥有更多。天之道，施予便利而不加妨害。圣人之道，为人施助而不与人相争。

第三节 关于《道德经》的争论

老子的身世和《道德经》的成书，除了《史记》和其他一些古代典籍中残缺不全的零星记载和传说之外，没有完整的信史，致使近现代学界对老子和《道德经》的几乎每一个方面都有争议。关于《道德经》的争议，主要有《道德经》的成书时间、现有存世文本中孰为范本、《道德经》的作者、是否多人共同作品、一次成书还是逐渐完成、是否伪书、《道德经》是唯心论还是唯物论、是无神论还是有神论、属于剥削阶级还是被剥削阶级，以及对《道德经》的种种批判或否定意见。

现存有关史料文献非常有限，所以相关的许多问题不可能得出确证性结论。本节的目的，既不在于参与或全面复述上述争论，也不在于详尽考证所有相关问题，而是试图在众说纷纭中确定一些有关老子和《道德经》的基本事实，以保证对《道德经》的研读推崇不至于沦为对真实性都不能肯定的作者和经典的盲目迷信。为此，本节只对有充分依据的基本事实做出论证并简述其理由，特别是对被严重误解或曲解的事实予以澄清。对于无端猜测或没有足够依据可能证实的情节，则避免纠缠不休。特别是对其中既无学术意义，也不会对《道德经》的理解和地位有实质影响的争论，避免过多涉及。

一　关于《道德经》文本的争论

《道德经》的文本众多。传统的主要争议是哪种文本为优，最符合老子原本，应该被作为范本。现在被认为是最优文本的主要有王弼本、河上公本、景龙碑本、帛书本和竹简本等，强烈支持其中某一文本的人甚至主张该文本就是老子祖本，应该弃其他文本于不顾。深入研究和比对各种文本就会发现，上述文本虽然各有其优点，但也都有大量各种类型的错谬，排除了现存任何文本是老子祖本的可能。事实上，现存文本中能够令所有人信服和认同的标准范本并不存在，更遑论老子祖本。因此，与其深陷于哪种文本应为范本的争论，不如设定校勘原则，通过研究对比各种文本，博采众家之最合理成分校定出最符合老子原文精神、意境和风格的善本。

尽管关于文本的争议古已有之，但民国之前对于《道德经》的作者、成书时间和成书过程却从未形成争论。20世纪二三十年代起，中国学界忽然爆发了一场关于老子及《道德经》的大辩论，著名学者纷纷参与，其主要文章被收入到当时出版的《古史辨》第四册和第六册。在此期间，一些著名学者不仅对《道德经》的几乎所有传统认识都提出质疑或否定，而且就相关问题提出形形色色的创新臆断。

关于《道德经》的成书时间，梁启超、冯友兰、侯外庐、罗根泽、钱穆、杨荣国、张岱年、谭戒甫、蒋伯潜、武内义雄、张寿林、刘汝霖、孙次舟等人认为是战国时期，顾颉刚、刘节、素痴等人则干脆认为是汉代，仍坚持是春秋晚期的有马叙伦、高亨、唐兰、张煦、胡适、叶青、黄方刚等人。坚持《道德经》成书于春秋晚期观点的主要依据是：1）最早援引《道德经》的叔向、墨子、魏武侯和颜阖，或者与孔子同时代，或者距孔子离世不远，所以《道德经》成书于孔子时代有据。2）儒道两家的典籍都记载孔子曾问道求学于老子，这不仅在《庄子》《文子》《礼记》《孔子家语》等道儒典籍中有多处记载，而且有《史记》《吕氏春秋》《说苑》《韩诗外传》《汉书》《白虎通义》《文心雕龙》等多种其他典籍的记载佐证，足以证明作《道德经》的老子与孔子是同时代人。3）《道德经》的内容有鲜明的时代色彩，足证其为春秋晚期作品。相比之下，否定《道德经》成书于春秋晚期的观点主要基于一些捕风捉影的猜测和主观臆断，没有信实的典籍和事实依据。这些观点虽然缺乏可靠依据，矛盾百出，但却在其后几十年里借否定传统文化之风甚嚣尘上。

《道德经》成书于春秋后期，相当于孔子时代，这本来是有多种史料典籍证明的不争事实，但却受到一些近现代主流学者的强烈质疑和否定。这些学者主张《道德经》成书于战国时期甚至更迟的汉代，表面看来只是时间问题，无伤大雅，但其实际意义却是根本否定了老子和《道德经》的真实性和历史地位。按这种观点推论，如果《道德经》成书于战国时期或以后，其作者就不是生于春秋时代的老子，而是其他人冒老子之名而作的伪经，否定《道德经》价值和地位的效果就基本达到了。如果老子不是《道德经》的作者，那么老子唯一借以闻名于世的著作与他无关，老子就成为可有可无的人物，否定老子的存在和地位的目的也达到了。事实上，将《道德经》说成是伪经、否定《道德经》是老子的著作、否定老子的存在及其历史地位，正是一些学者直言不讳力图达到的目的。幸而有郭店竹简本《道德经》的出土，使得关于《道德经》的种种奇谈怪论不攻自破，关于《道德经》成书时间的争论也应该可以偃旗息鼓了。

老子指真

与上述争议直接相关的争论还有：谁是《道德经》的作者？《道德经》是否多人的共同作品？《道德经》是一次成书还是在漫长时间里逐渐成书？关于《道德经》的作者，冯友兰等人认为是战国中后期一个叫李耳的人，罗根泽、范文澜等人认为是太史儋，顾颉刚、刘节、蒋伯潜、孙次舟等人则认为是杨朱或庄子的后学。梁启超对老子是《道德经》的作者提出了六点质疑，进而断定《道德经》成书于战国后期①。冯友兰则列举了三条连他自己都认为是"若只任举其一，则不免有为逻辑上所谓'丐词'之嫌"②的理由，以"聚蚊成雷"之势断言《道德经》不是老子所作，而是战国中期另一位道学家李耳所作，老子与李耳并非一人。罗根泽等人则根据《史记》中"或曰儋即老子，或曰非也，世莫知其然否"一句模棱两可的疑语，断定太史儋是《道德经》的作者，而不顾迟于老子至少一百数十年的太史儋从观点、境界和典籍记载等各方面都不可能与《道德经》有关。顾、刘、蒋、孙等人的断言则基本上完全罔顾典籍记载和史实。诸位学者的观点虽有差异，但无论作者是何人，只要不是老子，其否定老子和《道德经》的效果都一样。老子是《道德经》的作者，是中华民族最伟大的精神思想圣人，这是中华民族两千多年来的共识乃至常识。这种常识自新文化运动以来遭到一些掌握话语权的主流学者的质疑和否定，以致研究和尊崇老子及传统中华文化的人不得不涉及和关心这场争论。如果老子作为《道德经》作者的身份被否定，中华民族乃至人类最伟大的精神思想圣人就不复存在，中华文化最杰出的代表也化为子虚乌有。

　　与顾、刘、蒋、孙等人观点相似的还有一种观点，就是《道德经》是在春秋之后的漫长年代里由不同时代的人整理、发展和改动而逐渐形

---

① 梁启超：《论〈老子〉书作于战国之末》，载于《古史辨》第四册，上海古籍出版社，1982。

② 冯友兰：《三松堂全集》第二卷，河南人民出版社，2000，第400页。

成的作品，故而是许多匿名者不谋而合托名老子的拼凑作品。这一观点可称为拼凑论。就否定老子和《道德经》而言，这种说法与以上观点异曲同工。以上各种观点虽然各不相同，但共同特点是都违背史料典籍的记载，都是以主观臆断取代确凿证据，都没有考虑到一个最根本的事实，就是《道德经》在灵性修养、精神境界、思想深度和文学造诣等各方面都远远超越世俗水平，非凡夫俗子所能成功模仿、复制、伪造或共同创造。否则人类就不会只有一部像《道德经》这样伟大的著作流传于世，类似《道德经》的作品早就充斥于世。如果拼凑论真能成立，则必然导致两条推论。其一，中华民族有史以来最伟大的经典是历代匿名者假老子之名共同拼凑而成的伪作。其二，要创造出人类最伟大的精神思想经典，可靠的方法是由不同时代的俗人假圣人之名共同拼凑伪造而成。此论是否可信，读者可以自己判断。

拼凑论等奇谈怪论产生的原因之一是疑老否老者自身境界太低，以致无法体会《道德经》出类拔萃的精神境界和思想水平，从而认为普通人也能轻易写出《道德经》这样的经典。从《道德经》文章的精神、思想、内容、语言、风格、韵律等各方面考察，均不支持其经过他人重大改动或为历代多人共同作品的观点。如果《道德经》有后人的续作或大幅改动，一定会有狗尾续貂的明显迹象。但《道德经》历经后人两千多年的反复研读，至今尚无人就此提出可观论证。《道德经》从精神、思想、内容、语言到文章风格都基本上前后一贯、浑然一体，维持了难以逾越的高度，找不出后人重大篡改加工或多人合作的痕迹和证据。

《道德经》不可能是不同时代的人逐渐整理发展而成的共同作品，也不可能经过后人重大改动，还有一个重要原因，就是有一种自然形成的自动纠错机制。从郭店出土楚简和春秋末期起《道德经》就被引用等情况判断，《道德经》从春秋末期就开始通过各种途径广为流传。这就使得人们可以对照比较从各种途径获得的不同文本，从而排拒重大的人为改动。来自不同途径的各种文本相互制约，使得任何重大的篡改都会得到抵制或自动纠正。对比各种存世文本，包括现有最早的竹简本和帛书本，其内容基本一致，足以支持这种说法。

当然，以上观点并不排除《道德经》世传本在流传中形成的次要变动。在文化教育水平和文本制作技术均属低下的农业社会，手工传抄刻印不可避免地造成衍误、脱损、错白，甚至将个人的少量评注意见混入正文等现象，早期的竹简本还会因摆放错位、散乱重理等原因导致文字次序错乱。这些都能造成各种差别和变异。《道德经》各种文本五花八门，正是以上演变的结果。且一般来讲，年代越久，传抄越多，变异的可能性就越大。这也正是研注者需要运用辨别力，分析对比各种文本，从中理出老子原文意境的原因。幸运的是，由于事实上的自动纠错机制的存在，各种文本尽管有多种差异和错误，但均属细枝末节，并无本质性的重大差别。各文本中老子的主要论述和观点都基本一致，难以被认定为不同的著作或多人的共同作品。

最近的文本争论是围绕竹简本的。荆州郭店楚墓竹简本《道德经》于 1993 年出土，对断言《道德经》成书于战国或汉代、老子非《道德经》作者的观点形成毁灭性打击。但因郭店楚墓时代久远、曾多次被盗等原因，墓中竹简多有损坏，残缺不全，出土的《道德经》竹简本总共只有两千多字，给否定老子是《道德经》作者的人留下继续辩解发挥的余地。面对竹简本《道德经》无可辩驳的年代，多数疑古者不得不承认生于春秋晚期的老子是竹简本《道德经》的作者，但仍有人否定世传本《道德经》是老子的著作，坚称其是在历史中多代人逐渐发展完成的作品。还有人甚至声称只有两千多字的竹简本是老子的作品，而世传本是战国时期太史儋或李耳的作品，二者不是同一本书。这些观点与先前断定老子非《道德经》作者的观点一样，仍是侧重主观臆断，而忽视各种证据和二者内容的一致。

相反的观点则认为，竹简本《道德经》短于世传本并不能证明二者是两本不同的书。竹简本短的原因可能是因竹简本抄写和储运不易，简主根据自己的需要选择节抄；还有可能是盗掘和腐蚀造成的缺损。故竹简本《道德经》只是节抄本和/或缺损本，而非全书。根据对出土竹简的有关情况及相关文献的综合分析，这一观点甚为可信。理由如下。其一，竹简本《道德经》按字体和形制不同分为甲、乙、丙三组，每组内容侧重不同，如甲组侧重天道和圣人之道，乙组侧重修道，丙组则侧重治国治军，明显是有目的的选择性节抄本，而非全文。能进一步证明此说的是三组竹简所抄章节互有重复。例如，世传本六十四章的内容在甲组和丙组有重复摘录。其二，将竹简本与世传本相比，除文字略有差异和竹简本不全之外，内容和语句基本一致，可以明显看出是同一本书。其与世传本的差异并不大于各种世传本之间的差异。故竹简本与世传本是两本书的说法完全不成立。其三，有许多与郭店楚墓同期或更早的文献引用的《道德经》语句却不见于竹简本，说明后者不是当时流行的《道德经》全文，而只是节抄本或不完整版本。例如，《战国策·魏策一》记魏武侯（公元前395年至前370年在位）道："故老子曰：'圣人无积，既已为人己愈有，既已与人己愈多。'"《说苑·敬慎》记载与孔子同时代的叔向说："老聃有言曰：'天下之至柔，驰骋天下之至坚。'"《太平御览·兵部》卷五十三引墨子称："故老子曰：道冲而用之，有弗盈也。"这几句都不见于竹简本。其四，郭店一号楚墓曾屡遭盗掘，墓中竹简多有损失破坏，《道德经》竹简因此残缺不全，且损失严重程度不得而知。这些在相关专业文献中有明确记载。① 因此，竹简本《道德经》不完整并不能证明老子不是《道德经》全文的作者，也不支持《道德经》是历代人逐渐完成的说法，更不能证明竹简本与世传本是两本不同的书。

有人明知以上情况还将竹简本当作完整文本，并据此断言竹简本和世传本是两本不同的书，实在不令人信服。据此做出的衍伸推断更是缺乏可信度。在各种事实和证据之前，发端于20世纪的疑老否老、怀疑否定传统文化之风应该到收场的时候了。

---

① 见荆州市博物馆《郭店楚墓竹简》，文物出版社，1998。

　　　　　　　　　　　　　　　　　　　　　　老子指真

二 关于《道德经》的定性争论和批判意见

近现代关于《道德经》和老子最突出的争论是其应被定性为属于剥削阶级还是被剥削阶级、唯物主义还是唯心主义、无神论还是有神论。这场争论始于 20 世纪 50 年代之后，前后有上百篇文章发表在各种报刊杂志上。在当时历史背景下，划线原则是如果其属于被剥削阶级、唯物主义和无神论就是好的，应该保留和提倡；否则就是坏的，应该被打倒消灭。由于意见不一，或者可能对老子尚有一定好感，主流学者们没有像对待孔子那样将其一棍打死，还有人试图将《道德经》说成是唯物主义、无神论和代表被剥削阶级的作品，从而使其避免了被大批判、全面否定的命运。尽管如此，对于老子和《道德经》究竟是否属于唯物主义、无神论和被剥削阶级，主流学者们还是充满争论，观点和论据始终混乱模糊，甚至变来变去，自己也无所适从。

"关于老子的阶级性问题，范文澜认为反映了没落领主的思想，社会作用是倒退、反动、消极。杨兴顺、侯外庐都认为老子代表公社农民，杨氏强调其人民性、进步性，侯氏则指出其消极性和幻想性。任继愈进一步指出了老子是由贵族下降的隐士，与真正的农民还有差别，一方面反映了农民的某些要求，有反抗压迫和剥削的思想，另一方面又带来原来出身的阶级烙印，有消极、倒退、愚民的思想。"① 主流学者们概念模糊混乱，争论不休，莫衷一是，致使老子和《道德经》成为大批判的漏网之鱼。

关于《道德经》属于无神论还是有神论，新文化运动以来多数主流学者都认为老子是无神论者，而无视《道德经》中随处可见的有神论言论，甚至连神究竟是指什么都概念模糊、定义混乱。这种

---

① 牟钟鉴：《老子新说》，金城出版社，2009，第 334 页。

混乱状况使得老子这位对于宇宙最大之神"道"的深度崇信者违背自己的本意被冤划为无神论者，甚至被认定为有神信仰的破除者。《道德经》中诸如"神得一以灵"、"神无以灵将恐歇"、"谷神不死，是谓玄牝"、"载营魄抱一"、"以道莅天下，其鬼不神。非其鬼不神，其神不伤人"之类的经典论述及其有神论底蕴却被有意无意地忽视了。

《道德经》究竟属于唯物主义还是唯心主义体系？吕振羽、杨荣国等人认为《道德经》是彻底的唯心主义，杨柳桥、侯外庐等人认为道篇是唯心主义，德篇是唯物主义（精神分裂症？），范文澜、任继愈（早期）、杨兴顺等人则认为《道德经》是唯物主义作品。任先生在20世纪五六十年代编著的《老子今译》和《中国哲学史》中认为老子是唯物主义者，据说70年代听到毛泽东的相反观点后遽而改称老子是唯心主义者并据此紧急修改前书。20世纪80年代，任先生在其主编的《中国哲学发展史》中再次改口认为，"道"是精神的还是物质的，老子没有讲清楚，其天道自然无为说有利于唯物主义发展，但也给唯心主义留下可乘之机，并坦白承认："老子哲学究竟是唯物主义的，还是唯心主义的？按照这种打破沙锅问到底的方式去追问，是不会有结果的。"[①] 类似的混乱多变其实很普遍，也发生在其他主流学者那里。例如，张岱年在1956年出版的《中国唯物主义思想简史》中认为老子、庄子、郭象、周敦颐都是唯物主义者，而该书1981年再版时，又改而认为四人都是唯心主义者。这场定性争论中主流学者们展示的概念含糊、理念混乱、观点多变，堪称蔚为大观。

主流学者们的彷徨和困境其实正好道出了这场定性争论的脱离实际和教条主义特征。有学者指出，"中国古代哲学的基本问题不是思维与存在即精神与物质关系问题，因此，以回答基本问题的不同方式来划分

---

① 任继愈：《中国哲学发展史》（先秦），人民出版社，1983，第260页。

的唯心主义和唯物主义派别就不可能存在"。① 但是受苏联日丹诺夫教条体系的影响，"国内理论界形成了一种绝对化的观念，认为只要有哲学，不论哪个时代，哪个民族，都必然存在哲学基本问题和两个派别。按照这种观点，思维与存在的关系问题以及围绕它而划分的唯心主义和唯物主义的派别，在哲学领域是无时不在，无处不在的"。② 阶级论、唯物唯心论和有神无神论是从近代西方的苏俄引进的一种西方理论模式。以此作为放之四海古今而皆准且必须被服从的教条，迫使中国古人及其理论全部削足适履，符合其教条定性，必然导致学术和理论的荒谬。将阶级论、唯物唯心论和有神无神论运用到老子及其《道德经》上并迫使其按此划线站队，就像将该理论运用于对日月星辰的研究，只能产生一系列文不对题的错误认识和结论。学术研究要想获得对老子和《道德经》的真知灼见，必须摆脱这种结论在先的教条模式。改革开放以来，三论中最强势的以阶级论定性划线已被全面放弃，以另外两论定性划线也在一定程度上有所淡化，但并没有消失。尤其是"文革"时期以三论主导构建的思想理论体系并未得到清理，在很大程度上仍被作为权威理论限制学术研究，左右人们对传统中华文化的认识。只有全面放弃以近代西方思想教条束缚判定中国传统文化，就中华文化的本真研究中华文化，才有希望真正认识和复兴中华文化。

最后要涉及的是对于《道德经》的种种批判和否定意见。就此而言，除了上述否定老子是《道德经》作者、认为《道德经》是伪经等观点之外，最显著的就是近现代学界对《道德经》本书内容、观点、作用和论证方法的批判和否定。这类批判始于西风压倒东风的晚清，至20 世纪50 年代之后逐渐达到高潮。例如，张之洞说："老子见道颇深，功用较博，而开后世君臣苟安误国之风，致陋儒空疏废学之弊，启猾吏

---

① 宫哲兵：《唯道论——质疑中国哲学史"唯物""唯心"体系》，中山大学出版社，2012，第131 页。

② 宫哲兵：《唯道论——质疑中国哲学史"唯物""唯心"体系》，中山大学出版社，2012，第129 页。

巧士挟诈营私软媚无耻之习，其害亦为最巨。"① 范文澜等人认为《道德经》代表没落领主的思想，社会作用是倒退、反动、消极。冯友兰批判说："（老子）所认识的转化是循环，而不是上升的。……'复'就是倒退，这个观念是同辩证法根本对立的。"② 当代老学专家陈鼓应则认为："老子的思想内容，有许多可批评的地方"，并在"例如："之下一口气列举了《道德经》应被批判的七处重点并逐一加以批判，其中包括老子主张的返本归初、事物的循环运动和发展、无为、弃智、绝学、事物相对关系的转化、福祸相因、顺应自然、小国寡民思想、清静、柔弱处下，等等。③ 不难看出，这包括了老子思想的大部分内容。由于执此论者多是学术权威，此类结论性观点不胫而走，左右着现代社会对老子和《道德经》的看法。

《道德经》寓意深远，超越世俗，其中许多言论观点与世俗道理完全相悖，难以被境界低下的世俗人等真正理解和接受。老子所谓"知我者希，则我者贵"，此之谓也。一些主流学者虽然名噪一时，但就精神思想境界而言，却并不见得比市井乡俗高明，故而不仅同样不能真正理解接受《道德经》，反而会凭借其权威地位任意曲解或批评《道德经》，误导对《道德经》的理解。尤其是近现代突然出现的许多对《道德经》的解读和批判，多数是以浮浅低下的个人偏见为主导，不仅牵强附会，达不到其预期的批判目的，反而只能证明批评者自己的浅薄。

对于《道德经》的理解认识，有一条并不显而易见但却实际存在的规律：认识水平越低越浅，就越多看到《道德经》的缺陷或可批判之处；认识水平越高越深，就越少看到《道德经》的缺陷，反而会因更多理解体悟老子的深远思想智慧而崇敬感益增。笔者从十四岁开始读

---

① 张之洞：《劝学篇》，吉林出版集团有限公司，2010，《宗经第五》，第67页。

② 冯友兰：《中国哲学史新编》第二册，人民出版社，1964，第42页。

③ 陈鼓应：《老子注译及评介》，中华书局，2009，第47~48页。

《道德经》，络绎不断凡数十年，对此深有感受。十几岁读《道德经》，感觉通篇都是违反常识的悖论，且语无伦次，难以理解；二十岁至三十岁读《道德经》，感觉大部分违反常识而难以真正接受，小部分似乎有理；三十岁至四十岁读《道德经》，感觉至少有一半有道理，其余存疑；四十岁以上读《道德经》，感觉大部分道理深刻，剩下部分只是还没有完全吃透，不敢再轻易否定。读者面对《道德经》，依其思想境界和感悟力高低不同，可能会落在相当于以上不同年龄段认识能力的水平，而其对《道德经》的评价一定程度上可以作为其是否真正理解的判断标准。值得注意的是，《道德经》中的许多道理，从短期或浮浅角度看是错误的、不合理的，但从长远或深层次来看，却是正确的、合理的。《道德经》具有远远超越世俗的深度、广度和久度，因此其许多观点在眼光短浅、狭隘、低下的人看来都是谬论，值得批判；但如果将其放到长远、宏大、深邃的维度考察，其正确性和真理性就会显现。例如，老子主张的柔弱不争、"不敢进寸而退尺"，若从世人短浅眼光来看，必然导致吃亏甚至受损，不合常理，但从长远和深层角度看，却避免了正面冲突及其代价和负面效应，不争而屈人之兵，因而更具合理性。因此，有知者不应轻易对《道德经》似非而是的观点指手画脚批判否定，而应注重长期深入的研读体悟。事实上，对《道德经》的随意指责批判鲜有不被证实为浅薄错谬。相信自己没有老子高明从而虚心研习体悟，不轻出批判之言，既是有自知之明者应有的态度，也是真正理解和获益于《道德经》的开始。

笔者反对以一知半解轻易批判否定《道德经》，并非认为《道德经》是尽善尽美的天书，完全无懈可击。相反，笔者主张对于《道德经》，人们应该在真正理解的基础上接受，而不应盲目迷信崇拜。老子亦人，安能无错。况且老子时代人类仍处于低级发展阶段，认识能力和视野普遍有限，可能会限制老子的认识能力和理论水平。但批判必须谨慎，必须有充足依据，必须有反复考证和多年的深度思考，否则很容易沦为对自己浅薄无知的批判。对于《道德经》这样一部超越时代的伟大著作，对于老子这样一位仍超越现代人的圣人，人们应该更多注目于其伟大的洞见和深刻的教诲，而不应以现代标准衡量苛求，更不应自以为是责备求全。深入老学的人可能会发现，《道德经》的深邃洞见和超人智慧，毕普通人一生难以尽悟尽收；《道德经》的错误荒谬，则穷普通人一生难以证实确认。

第二章　老子之道求真

　　《道德经》的通篇主旨是道，所以理解老子所言之道是读懂《道德经》的基本前提。如果不能理解道，则即便能读懂《道德经》文字，仍读不懂老子，至多只能得其皮毛而已。有关《道德经》的著述汗牛充栋，但纵观形形色色的各种观点，真正理解道者并不多见，而误解者则多不胜数。自古以来，《道德经》的多数研读者就偏重于道的形而下作用，而忽视其形而上本体，致使本末倒置成为常态。近现代一些主流学者更将道认定为老子的虚构或假设，干脆否定了道的真实性。许多老学专家终身只热衷于《道德经》的文字校勘训诂，对道究竟是什么并不关心。专门从事《道德经》研究的学者尚且如此，完全靠注释本阅读《道德经》的普通读者只能是雾里看花，深受误导。有鉴于此，很有必要退回到老子本人的论述，重新研究认识老子所论之道，并且剖析对道的各种错误认识及其成因。

第一节　"知我者希"

　　老子所论之道并非通常意义的形而下之道，而是作为世界本原、宇宙本体的形而上之道。形而上之道看不见、听不到、摸不着，而且其属性完全不同于形而下的世俗认识，所以很难被世俗人等理解和认识。老子对此早有预料，所以在《道德经》五千言成文之时就预言"知我者希"。老子的《道德经》是专门论道的，所以"知我者希"就是说知我所论之道者希。

为了对老子所言之道建立正确理解，有必要首先对各种类型的误解做一番清理。最常见的误解是将道理解为一般意义的道路，引申为形而下的道理、规范、规律、规则、方法，等等。《道德经》开宗明义第一句就说"道可道，非恒道"，并且通过大量论述说明其所论之道并非通常意义的形而下之道，而只是他勉强以"道"字命名的"夷希微"超越之道。一些《道德经》著述者对如此明显的警语和论述视而不见，坚持将道解释为一般意义的形而下之道，实乃有眼无心。倘若《道德经》中的道与一般意义的道并无二致，老子还值得专门撰文论道吗？《道德经》岂非迂腐之谈，哪里还会有如此独特的历史地位？老子之道是形而上的超越之道，《道德经》的所有论述都围绕其展开，所谓道路、道理、规范、规则、规律，等等都不过是道的属性、表现或作用，不带偏见的研读者不难从《道德经》中看出。

缺乏精神境界的人将道仅仅理解为人生准则或道德规范。《道德经》中确实谈到看似人生准则或道德规范的"圣人之道"或"善为道者"之道，但这些都是效法于形而上大道的，是道在人世间的体现或延伸，不能脱离形而上之道而存在，更不能取而代之。如果将道仅仅理解为人生准则或道德规范，实乃喧宾夺主，必然导致对道的整体误解。

受近代西方思想的影响，许多国人将道理解为自然规律，甚至将《道德经》称为自然辩证法的经典之作。这种理解与将道仅仅理解为道德规范有异曲同工之效。《道德经》中确实谈到道的自然无为、相辅相成、物极必反等特性，看似接近于今人所谓的自然规律，可能是这种认识的来由。但如果全面阅读理解《道德经》，就会发现这些所谓规律只是道作为"天地万物之母"的一些属性或者万物效法大道的运行法则，并不独立存在，更不能取代作为其主体的形而上之道。因此，将道仅仅理解为自然规律同样是喧宾夺主。

受我国一些权威学者的误导，对中国古文和哲学思想理解更差的外

　　　　　　　　　　　　　　　　　　　　　　　老子指真

国翻译者将以上对道的误解进一步发挥传播。例如，《道德经》英译本虽有数百种之多，但大多数都将"道"译为 THE WAY，将"德"译为 THE VIRTUE。显而易见，凡是如此翻译道和德的文本都只能导致对《道德经》的全面误解。THE WAY、THE VIRTUE 甚至可以作为《道德经》误译本的一种自动辨识标志。《道德经》的外文译本鲜有忠实于原文的上品，这是最主要原因之一。

还有一种极具权威性的对道的认识，就是将道等同于无或者虚无。这种认识始于魏晋的王弼和何晏，对后世文人产生很大的影响，并被一些近现代学者奉为金科玉律。王、何二氏认为老子之道就是虚无，因为"有皆始于无"。王弼在注解《老子》四十二章时说："万物万形，其归一也。何由致一？由于无也。由无乃一，一可谓无。"[1] 其推理逻辑是把"一"与"无"等同，然后因为"道"与"一"在老子那里是等同的，最后得出"无"就是"道"的结论。于是，在王弼那里，"无"就取代"道"而成为至上理念，忘记了无等于零，而零不等于一这样的简单数学概念。晋人韩康伯谓："道者何，无之称也。"唐人孔颖达称："一谓无也，无阴无阳乃谓道。一得为无者，无是虚无，虚无是太虚，不可分别，唯一而已，故以一为无。"[2] 这些都是受王、何"老子注我"认识影响的典型范例。王、何的认识在唐代就遭到陆希声的批判，曰："王、何失老氏之道，而流于虚无放诞……皆老子之罪人也。"[3] 诚然，用"一"代表"道"，在《道德经》中可以找到充分的根据。老子曰："此三者不可致诘，故混而为一"（第 14 章）。"圣人抱一为天下式。"（第 22 章）"昔之得一者：天得一以清；地得一以宁；神得一以灵；谷得一生；侯王得一以为天下正。"（第 39 章）这几句话中的"一"，显然都是指道。老子用"一"来表示独一无二的"道"，证据比比皆

---

[1] 王弼：《道德真经注》，中华书局，1985，第 42 章。

[2] 孔颖达：《周易正义》，中国致公出版社，2009，第 186 页。

[3] 陆希声：《道德真经传序》，载于《全唐文》卷八百十三，中华书局，1983。

是。然而，"无"即是"道"，在《道德经》中却找不到任何依据，明显是强加于老子的观点。

在将"无"等同于"道"的做法上，一些近现代主流学者步王、何等人后尘，加深了现代社会对老子之道的错误认识。例如，冯友兰认为："《老子》中的宇宙观当中，有三个主要的范畴：道，有，无。因为道就是无，实际上只有两个重要范畴：有，无。"① 因此，在他那里，无就取代了道，而道就消失了。胡适认为："道与无同是万物的母，可见道即是无，无即是道。"② 陈鼓应则认为："'无'有两种解释：一是指称'道'（如第1章和第40章），因为'道'是无形无色而不可见的，所以用'无'来形容他的特性；另一是指空的空间（如第11章)。"③ 仔细对照《道德经》，可证这些学者所言都是自己的主观意见，而非老子所见。其一，老子说"此两者同出而异名"，明确是说有、无均出于道，处在道的下一层逻辑关系上，而不与"道"平行或者等同于"道"。将此处的"出于"等同于"等于"，无论从逻辑上还是从哲理上看都是错误的。其二，在老子那里，有、无只是以人类感官能否感觉到为判别标准的两种状态，而不是两个实体；可以共同体现道，但不能单独代表道。"恒无"指形而上，"恒有"则指形而下，故"恒无，欲以观其妙；恒有，欲以观其徼"中的无和有都是相对于形而上和形而下意义而言的。其三，由于"有无相生"，相互依存，所以无不能脱离有而单独存在，更不能单独代表道。一些近现代学者认为老子的"有无相生"和"有生于无"是相互矛盾的，对此百思百辨不得一解，原因也在于将有和无看作两个实体，而不是像老子那样将二者看作互为成立条件的两种状态。老子说"有生于无"，是承上句"天下万物生于有"而言的，不仅与"有无相生"没有任何矛盾，而且并不表示

---

① 冯友兰：《中国哲学史新编》第2册，人民出版社，1984，第44页。
② 胡适：《中国哲学史大纲》，东方出版社，1996，第47页。
③ 陈鼓应：《老子今注今译》，中华书局，2009，《序》，第2页。

　　　　　　　　　　　　　　　　　　　　　　　老子指真

无先于有。在"有无相生"的前提下，同样可以说"无生于有"。老子还说："此两者同出而异名"，更加证明有和无没有先后，都不能独立存在。其四，将道说成是无，是反老子的。老子曰："道之为物，惟恍惟惚。惚兮恍兮，其中有象；恍兮惚兮，其中有物；窈兮冥兮，其中有精；其精甚真，其中有信。"（第 25 章）文中明确说"道之为物"，并且其中有象、有物、有信、有精，而且其精甚真，而通常意义的无是指什么都没有，因此道不可能等于通常意义的无。道虽无形、无状、无声、无质，但却是最真实的至上存在，并且是天地之间一切存在的总根源。有和无都出于道并且从属于道，因此道高于并在此意义上超越有和无。

曾听过一位著名的国学权威论道。按其说法，《道德经》中的道就是无，而无就是什么都没有，因此我们想把道理解成什么，它就是什么；结论是我们用以思想的心就是道。这种对道的解释与老子所言之道差距极大，实乃《道德经》外另立新说。

还有人把《道德经》中的道分为多种不同的道加以理解，这种做法的代表性人物有陈鼓应先生。他说："老子书上所有的'道'字，符号型式虽然是同一的，但在不同章句的文字脉络中，却具有不同的意涵；有些地方，'道'是指形而上的实存者；有些地方，'道'是指一种规律；有些地方，'道'是指人生的一种规则、指标、或典范。"① 这其实是将道肢解成不同事物的认识方法。诚然，《道德经》中看似有这几个方面的论述，但都是作为道的不同层面和特性展开的，道并不因此而"具有不同的意涵"，仍是浑然一体。如果说道因为有不同层面的表现就成为几个不同的道，那就犹如说某人因有喜怒哀乐而变成喜人、怒人、哀人、乐人等几个不同的人。

在《道德经》文本校勘训诂方面尚有建树的陈先生为何对道会有这样的认识？细读其论述，发现原因在于他先决性地从根本上否定了老

---

① 陈鼓应：《老子注译及评介》，中华书局，2009，第 2 页。

子之道的真实性。他声称:"'道'的问题,事实上只是一个虚拟的问题。'道'所具有的种种特性和作用,都是老子所预设的。"①"我们可以直截了当地说,'道'只是概念上的存在而已。'道'所具有的一切特性的描写,都是老子所预设的。老子说的预设的'道',若从常识的观点来看,也许会认为它是没有意义的。……它(道)只是一项预设,一种愿望,藉以安排与解决人生的种种问题。"② 换言之,老子出于"安排与解决人生的种种问题"的"一种愿望",杜撰了道这样一个不真实的概念;老子花了整个《道德经》篇幅论述的道其实是一个连他自己都不相信的虚构体,而这个虚构体竟被世人信以为真,成功蒙蔽了人们两千多年!这种对道的认识令人不禁想起"闻道"而"大笑之"的"下士"。

如果作为《道德经》基石的道纯属臆造,并不真实存在,那么《道德经》就成为老子抒发其悖论主张的散乱言谈,因为"若从常识的观点来看",不仅道"是没有意义的",《道德经》中几乎所有的议论都违背"常识的观点"而"没有意义",甚至有资格被看作异端邪说。这样的论断对于《道德经》及其相关事物可以起到刨根断底的连锁效应。道是《道德经》的通篇主旨和立论基础。道之不存,《道德经》焉能立足,与《道德经》有关的所有事物也会因此而"皮之不存,毛将焉附"。具体而言,否定了老子之道就彻底否定了《道德经》和老子,否定了两千多年来中华民族对《道德经》尊崇信奉的基础,否定了以道和《道德经》为基石的道家、道教、道学乃至中华民族的道统及其精神信仰,同时也否定了靠研注《道德经》为生的国学权威们自己的生存基础,因为从事对"虚拟的……没有意义的"道的研究和著述本身也不会有什么意义。

在陈先生那里,作为《道德经》主体的道被否定,道的各种特性

---

① 陈鼓应:《老子注译及评介》,中华书局,2009,第1页。
② 陈鼓应:《老子注译及评介》,中华书局,2009,第43页。

老子指真

和表现就因失去主体而成为相互之间独立平行的事物。这就是为什么陈先生眼中看到的道"具有不同的意涵"。这样的认识完全排除了按老子的原意理解道的可能。

陈先生否定道的存在，所举出的唯一根据是，"例如说'道'是'惟恍惟惚'的，是'独立而不改'的，是'天地之始'、'万物之母'的，这一切都是非经验的语句，都是外在的世界无法验证的。"① 原来，陈先生否定道，根据的是早已千疮百孔的实证主义。据此理论，凡是不能以可观察的经验或证据验证其存在的事物，都是不存在或无意义的。如果此理论成立，则不仅道不存在，而且大量建立在假设、推理基础上的科学理论都不成立，许多人类公认的事物以及诸如哲学、社科、人文等依据抽象思维建立的学科都因不能被观察验证而应当被封杀，人类只能将自己禁闭在感官经验可以直接观察验证的有限认识框架之内，不得有所超越和发展。幸好科学实证论者没有将该理论应用到自己身上，否则可能会因为自己的出生已无法观察验证而被当作从未出生。此外，如果逆向运用该理论，陈先生否定道的真实性又有何证据或观察验证呢？陈先生等人据以否定道的科学实证主义貌似科学，实则违背科学和理性。

无论是有意还是无心，一些近现代权威学者从事的工作是注释张扬《道德经》的文字，否定扼杀其核心内涵和灵魂，表面肯定而实际否定。对于道和《道德经》来说，没有任何人的贬损否定比来自《道德经》权威专家的贬损否定更有杀伤力，而表面肯定实际否定型的否定比直接否定更加可信，因而也更加有效。

像道这样没有任何迷信色彩的超然存在尚不能见容于科学实证论者，儒佛二教的天、佛等就更不能见容，其他超自然体当然更不在话下。这样，作为中华文化主体的儒释道的核心和灵魂都被否定，中华文化的精神实质自然也被全盘否定，其超越性和神圣性也随之丧失，剩下

① 陈鼓应：《老子注译及评介》，中华书局，2009，第43页。

的只有物质躯壳。这正是中华文化的现状。

本文对于陈先生的观点有所微词，既非针对陈先生个人，亦非不能包容对《道德经》的不同观点，而是因为像陈先生这种论调代表了新文化运动以来一批主流学者或国学权威的观点思潮。正是这起由主流学者们接受和推动的西方极端思潮摧毁了传统中华文化，特别是中华文化中最具价值意义的精神超越核心。我辈今天能生活在这样"没有意义的"纯物质世界，随时面对精神空虚、信仰缺失、道德沦丧的困顿，很大程度要归功于这些以科学实证主义为准则，全盘否定精神超越的主流学者的劳作。国学权威致力于摧毁传统文化的根基和灵魂，这实在是中华文化的一大悲哀。这样的学者被当作国学权威而迷信，则是中华民族的一大悲哀。

如果不能对这些极端思潮有深刻的认识、反思和清理，复兴中华文化和民族精神就是一句空话。之所以有必要剖析这些国学权威的观点，是因为虽然他们并未真正读懂《道德经》，但其权威地位足以震慑常人，使之对其产生迷信，故而其观点对社会影响极大。这也是近现代社会对《道德经》误解弥多的重要原因。因此，就当今民族需求来看，破除对这些国学权威的迷信，可能比破除"封建迷信"有更大的现实意义。

对于老子之道，不同的人还有许多不同的理解。例如，热衷军事者将其理解为用兵之道，关注政治者将其理解为治世之道，研读哲学者将其理解为哲学之道，喜好谋略者将其理解为阴谋之道，从事商业者将其理解为生财之道，注重养生者将其理解为养生之道，如此等等，不可尽数。但这些理解大多是建立在对形而上之道否定基础上的产物，多为喧宾夺主或以偏概全，离《道德经》的核心主旨相去甚远。许多执此理解的人甚至没有仔细阅读过《道德经》，因此就不一一分析讨论了。

对道的误解和曲解尽管五花八门，但绝大多数有一个共同的特点，就是都有意无意忽视了道作为万物之母的形而上超越性，或对道只做形而下的理解。这也是老子"知我者希"的预言至今仍效力不减的一个

老子指真

主要原因。老子之所以伟大，就在于他超越了普通人的形而下常识目光的局限，率先从形而上的超越高度体悟世界的本原、宇宙的本体、宇宙奥秘及其与世间万物和人类社会的关系，为后人留下了超凡脱俗的洞见和智慧。可惜的是，人们受种种因素的局限，无法将自己提升到老子的高度看待和认识世界，所以不能理解老子的洞见和智慧，特别是不能理解老子反复阐扬的道。《道德经》的核心是道，道的核心是作为天地万物之母的形而上之道，离开对此的真正理解就读不懂老子。

第二节　老子之道的本真意涵

老子所论之道究竟是什么？世人对此众说纷纭，莫衷一是。特别是在近代社会，真正理解者不多，误解者则多不胜数，俨然构成主流。观其成因，一些近现代主流学者并不追求理解老子的本意，而是力图使老子及其观点符合某些近代西方理论教条，或以己见代替老子之见，以致严重曲解甚至否定老子之道。社会大众则唯主流学者之马首是瞻，深受其误导。为此，要真正理解道，研读者应努力将自己摆在老子的位置和高度，通过深入阅读和用心体悟，从《道德经》理解老子的本意，而摆脱以己见代替老子之见，以近代西方偏见代替东方古圣高见，以偏概全的弊端。同时应花时间学习掌握人类古往今来其他精神思想大师对终极超越者的真知灼见，借以融会贯通。不仅如此，作为形而上超越者的道本不可道，有言不尽意之虞，故要真正理解老子之道，不能只拘泥于文字，还应超过文字，通过精神修炼等方式体悟参证老子的言中深意。当然，这就要求研读者不仅具有相当的悟性，而且具备切身体验悟道的灵性。

《道德经》中有七十多处谈到道，其中不同的章节分别谈论道的各个方面，例如有的章节谈到形而上的道之本体，有的谈到道的属性，有的谈到道法在世间的作用，有的谈到圣人效法道的品行，等等，头绪看似纷杂繁乱。这给片面阅读、不能把握核心和整体的研读者造成很大困惑或任意曲解发挥的余地。究其根本，《道德经》全文都是围绕道展开的，其论述大体可以分为形而上之道的本体，及道在形而下的表现、作用和特性两大部分。老子说："执古之道，以御今之有。"（第 14 章）可见掌握道之本体是理解掌握其形而下的作用、特性及老子相关论述的先决条件。因此，要想读懂老子之道，首先应当从老子的论述中把握道的形而上本体，对其建立深入认识，然后才能提纲挈领，获得对《道德经》的全面理解和把握。

那么道的本体是什么?《道德经》第 1 章就指出，同出于道并共同体现道的"有"、"无"两者分别是"无，名天地之始; 有，名万物之母"。换言之，作为有和无来源的道是天地万物之母，是世界的总根源。为了强调这一概念，老子还在其后章节中反复表述道，"谷神不死，是谓玄牝。玄牝之门，是谓天地根"（第 6 章），"有物混成，先天地生。寂兮寥兮，独立而不改，周行而不殆，可以为天下母。"（第 25 章）"道冲，而用之或不盈。渊兮，似万物之宗; 湛兮，似或存。"（第 4 章）什么是大地万物之母、天地根、天地母、万物之宗? 对人类其他民族来说，就是造物主，亦即世界各主要宗教中的至上主神。用哲学家的语言来说，就是世界本原、宇宙本体、形而上的超越者、无限者、至上者、终极者、终极实在，等等。离开这个宇宙本体、脱离这个主线去谈论或理解道，就会迷失方向，或喧宾夺主，或本末倒置。否定这个本体的存在，就否定了道，也否定了《道德经》和老子的根本价值和意义。

如果将老子关于形而上之道的论述与人类其他文明对世界本原或造物主的高端认识相比，就会发现道与印度宗教的梵、基督宗教的天主或父上帝、伊斯兰教的真主安拉、犹太教的雅赫维、古希腊先哲们所认识的至上神，等等，有惊人的相似之处。例如，印度宗教的经典《奥义书》中说："梵天位居众天神之首，宇宙创造者，世界保护者。"[1] 基督宗教的《圣经》中说："这道太初与神同在。万物是藉着他造的; 凡被

---

[1] 《奥义书》，黄宝生译，商务印书馆，2010，《剃发奥义书》，第 295 页。

造的，没有一样不是藉着他造的。"① 伊斯兰教《古兰经》称："一切赞颂，全归真主。他创造天和地，造化重重黑暗和光明。"② 在基督宗教、犹太教、伊斯兰教和印度宗教等世界主要宗教中，人们普遍将其至上主神称为造物主。显而易见，造物主与万物之母是同义词。

奇怪的是，在人类其他民族中普遍被视为至上主神的造物主，在我国近代社会却不仅不被视为至上神，反而被视为对神的否定。老子甚至因为谈论作为造物主的道而被当作无神论者。一些近代主流学者无视《道德经》中大量相关论述，将道与天、帝、神等传统精神信仰对象人为对立起来，认为道是对天、帝、神等宗教迷信的破除，甚至干脆否定道的存在。此类观点相当普遍，俨然构成近代社会的认识主流。例如，梁启超说："他（老子）说的'先天地生'，说的'是谓天地根'，说的'象帝之先'，这分明说'道'的本体，是要超出'天'的观念来求他；把古代的'神造说'极力破除。"③ 陈鼓应则不仅认为道是老子虚构预设的，而且认为"'道'的预设，破除了神造之说"。④ 胡适也说："老子的最大功劳，在于超出天人万物之外，别假设一个道。"⑤

如果仔细对照《道德经》，就会发现以上论断疑点重重，有武断曲解老子本意之嫌。在老子那里，对"道"的认识固然超越了"天"的观念，但超出就等于"把古代的'神造说'极力破除"，却既不符合逻辑，也与《道德经》的观点完全相悖。《道德经》中反复阐明道是"万物之母"、"天地根"、"天地母"。换言之，道就是造物主，亦即人类其

---

① 《圣经》简化字和合本，中国基督教两会，1998，《新约》，（约1：2~4），第161页。

② 《古兰经》，马坚译，中国社会科学出版社，1996，第六章，艾奈阿姆，第一节。

③ 梁启超：《老子哲学》，转引自陈鼓应《老子注译及评介》，中华书局，2009，《老子哲学体系的形成和开展》，第51页。

④ 梁启超：《老子哲学》，转引自陈鼓应《老子注译及评介》，中华书局，2009，《老子哲学体系的形成和开展》，第44页。

⑤ 胡适：《中国哲学史大纲》，东方出版社，1996，第38页。

他宗教中的造物之神。彰显造物之神以破除神造之说，老子岂不被变成逻辑最混乱之人。

更严重的是干脆将道说成是老子的人为"预设"或"假设"，进而完全否定道的真实性。老子说："既得其母，以知其子。既知其子，复守其母，没身不殆。"（第 52 章）其中母系指道，而子则是指效法道的万物。可见老子坚信掌握道是洞悉天下万物的法门，尊道守道是他的人生基本原则。道是贯穿《道德经》全书的基本宗旨，老子的所有议论都是围绕形而上之道展开的。老子之所以伟大，主要就是因为他对道的深刻洞见。否定道的真实存在，就从根本上否定了《道德经》和老子。道之不存，老子焉在？一些学者虽以研究解读老子为业，表面对老子施以恭维，甚至被当作老学权威，但本质上却是反老子的。

事实上，探索、思考和认识天地万物的本原或造物主是人类各文明中智者圣人不约而同的行为。人类各民族从存在以来，都对世界本原或造物主展示出自发的感知敬畏和认知追求。毕竟，共同面对的世界本原和本体是人类不可回避的终极关注。在轴心时代，人类各文明中陆续出现了一些超越时代的智者圣人，将人类对世界本原或造物主的认识提升到前所未有的理性高度。老子就是其中认识达到最高境界的圣人之一。他对形而上之道的洞见登峰造极，精微深奥，以至于至今不仅仍难以被世人超越，而且被一些盲目接受西方偏见的近代学者深度曲解。这些人无视道与其他宗教中造物之神的同一性，人为地将其对立，原因是在对宗教几乎无知的情况下采取了对宗教先决性的全盘否定态度，凡事以撇清与宗教的关系为快。

尽管老子对宇宙本原有非同寻常的深刻洞见，但并不排除其他文明中智者圣人对宇宙本原有近似的认识。因此，学习宗教学常识，研究比较人类各文明中智者圣人对宇宙本原或造物主的认识，既有助于排除对道的误解，也有助于增进对道的认识。

作为造物主的道还有哪些属性和特性？道与天地万物有怎样的关系？道是否具有人格？为全面理解老子对这些问题的认识，以下从宗教学认识维度分五个方面对老子的相关论述展开讨论。

一　道的基本属性或神性

根据老子的阐述，道除了是造物主和世界本原之外，还有以下属性。其一，道无形无状、无声无体、恍惚幽冥、似无实有。对此，老子描述道："道冲，而用之或不盈。渊兮，似万物之宗；湛兮，似或存。"（第4章）"视之不见，名曰夷；听之不闻，名曰希；博之不得，名曰微。此三者不可致诘，故混而为一。其上不曒，其下不昧，绳绳不可名，复归于无物。是谓无状之状，无物之象，是谓惚恍。迎之不见其首，随之不见其后。"（第14章）"道之为物，惟恍惟惚。惚兮恍兮，其中有象；恍兮惚兮，其中有物；窈兮冥兮，其中有精；其精甚真，其中有信。"（第21章）

道虽然无形无状、无声无体，超越了形而下感官的感知，但并不等于虚无，更不像有人所称"是老子的虚构"，而是其中有象，其中有物，其中有精，并且其精甚真，其中有信，是实有的存在。这与印度宗教经典中的洞见极为相似。印度宗教的至上主神梵"无声、无触、无色、无味、无香、不变、无始无终"①，"不可目睹，不可把握，无族姓，无种姓，无手无脚，永恒，遍及一切，微妙，不变，万物的源泉"②，被认识为真存实有的终极实在。

老子所说的同出于道的"有"、"无"两者是一对重要的哲学范畴，只有认识水平达到极高境界的人才会研判体悟其深意。老子是第一位提出并讨论有、无概念的中国人。老子所说的无并不等于无有，而只是在形而下意义上对于人类感官来说感觉不到，在形而上意义上则是最真实的实有。无不仅与有相互依存，进而作为天地万物的产生条件，而且

---

① 《奥义书》，黄宝生译，商务印书馆，2010，《伽陀奥义书》，第272页。
② 《奥义书》，黄宝生译，商务印书馆，2010，《剃发奥义书》，第295页。

"无之以为用"（第11章），是万物作用的来源。有与无是相对形成的概念，不能单独存在。王弼对此感叹道："欲言存邪，则不见其形；欲言亡邪，万物以之生。"① 由此可知，老子之道只是对人类感官来说无形、无状、无声、无体而已，并不是无有，反而是无限。道的无超越了人类感官所能感知的形而下有限世界，属于道的时、空、用无限境界。道因此也可称为无限者。道超越时空，包罗万象，跨越形上形下，无所不在，无所不包，其大无外，其小无内，所以有、无均出于道，均是道的表现。正所谓"大道泛兮，其可左右"。

科学实证主义者也许会认为以上观点是故弄虚玄。事实上，正是科学证实了人类感官所能感知的事物极为有限，大量事物完全超越人的感觉能力。诸如超声波、红外线、光辐射等并非人类感官所能感觉，但却真实存在。因不能直接感知而否认道的存在，并不比肉眼看不到红外线而否定其存在更少愚昧。

其二，道是形而上的终极超越者，是宇宙的主导。"形而上"一词来源于《易传·系辞》中"形而上者谓之道，形而下者谓之器"。《易传》中这段话据认为是在老子学说影响下形成的，是对老子所论之道的适当表述。亚里士多德的名著 μεταφυσικά（Metaphysics）就因为探讨万物的形而上本原而被译作《形而上学》，从而使"形而上"一词成为研究西方哲学和神学的重要中文词汇。亚氏认为形而上宇宙本原即至上神，而基督宗教的神学理论在很大程度上是在亚里士多德和柏拉图神哲学基础上发展而来的，可见道与西方宗教概念的至上神所指一致。

道不仅是终极超越者，还是宇宙的主导。老子认为，道主导宇宙的方式是"长而不宰"，通过自然本性和法则润物无声地加以化导，而不是发号施令或横加干预。这种认识致使道被有些近现代学者曲解为是对天、帝、神的否定，或者干脆就不存在。从"天之道，不争而善胜，不言而善应，不召而自来，繟然而善谋。天网恢恢，疏而不失"（第73

---

① 王弼：《道德真经注》，中华书局，1985，第6章。

老子指真

章）。可以看出，道不仅仍在以远超于人类的方式统摄宇宙，而且其统摄像一张无所不包的"天网"，万物尽在其治下而不自知。从"道恒无名朴，虽小，天下莫能臣。侯王若能守之，万物将自宾。"（第32章）可以看出，不仅道能使万物自宾，守道的侯王亦能如此。从"太上，下知有之"（第17章）可以看出，老子推崇的效法天道的统治方式只是管到被管者没有感觉到被管，是一种最高明的统治，而不是没有统治。超越者因其统摄宇宙，在一些宗教中被称为"宇宙的主宰"。本书说道是宇宙的"主导"，而不用"主宰"二字，是因为道对万物的统摄采用"生而不有，为而不恃，长而不宰"的超然化导态度，而不是像一些宗教认识中那样（与道等同的）神不时发号施令，喜怒无常，违背自然对宇宙和人类事务横加干预。爱因斯坦等大科学家认为神是通过创造和维持自然秩序和规律主宰宇宙的，这其实与老子的神学宇宙观非常接近。

其三，道是永恒的，是超越时空的无限者，不受其他事物的影响而改变。老子不仅将道称为"恒道"，而且认识到道"独立而不改，周行而不殆"，是特立独行、自有永有的超越者。这与柏拉图和亚里士多德等希腊先哲认为作为造物主的神"自有永有，始终如一"有异曲同工之妙。与此相似，在被基督宗教、犹太教和伊斯兰教都奉为圣经或天经的《圣经·旧约》中，上帝对先知摩西说："我是自有永有的。"（出3：14）①。其他主要宗教的认识高端对其至上神或终极超越者也有类似的认识。此外，"谷神不死"也是对道之永恒性的一种描述。道的永恒和无限性还体现在其作用上。老子说："道冲，而用之或不盈"（第4章）"绵绵若存，用之不勤"（第6章），就是指此。道不仅是天地万物之母，而且是天地万物的目的归宿。"夫物芸芸，各复归其根，归根曰静，静曰复命"中的"根"就是作为"天地根"的道，万物的周而复始则是道的一种运行法则。

---

① 《圣经》，中国基督教两会，1998，《旧约》（出3：14），第87页。

其四，道是宇宙的终极奥秘，既难以完全认知，也难以用语言完全表达。对此，老子开宗明义在《道德经》第1章就挑明"道可道，非恒道"，指出其难以言说性，并用"玄之又玄，众妙之门"来说明道是宇宙所有奥秘的终极来源。"道者万物之奥"（第62章）则更是直接说明道是宇宙的终极奥秘。对于道的不可全知性，老子没有直接说明，但却间接表达了这重意思。例如，"道之为物，惟恍惟惚"（第21章），就是对道的难以认知性的一种表达。从"视之不见，名曰夷；听之不闻，名曰希；博之不得，名曰微。此三者不可致诘"（第14章）可以看出，对于以此三者表现的道，老子认为是难以完全诘问清楚的。在"渊兮，似万物之宗；湛兮，似或存。吾不知谁之子，象帝之先"（第4章）中，老子接连用了"似"、"吾不知"、"象"等不确定的表述，说明老子并不认为他对超越者完全知晓。对于不可道的形而上之道，老子的意向并不在于"致诘"，而在于通过阐述对道的体悟，增进人们对道的认识和尊从。

其五，道造化天地万物，无为而无不为。无不为即无所不能，与基督教等宗教中上帝、天主、造物主的"万能"旨趣类同，只不过老子认为道以自然无为的方式行使其万能，而不像上述宗教认识中上帝以类似人类的有为方式干涉人类事务。

综上所述，老子对道及其基本属性的认识主要可以归结为：天地万物之母（造物主）和归宿、形而上的终极超越者、自有永有的无限者、宇宙终极奥秘、宇宙主导（主宰）、无形无状、无声无体、无始无终、无内无外、超越时空、无所不在、无所不包、无所不能、恍惚幽冥、似无而实有、终极实在、不可全知、不可尽言。如果对人类其他主要宗教做过研究比较，就会发现以上这些属性正是人类其他宗教中智者大师描述的至上神的基本属性，亦即神性。无论是古希腊先哲对至上神的认识，还是犹太教智者对雅赫维的描述；无论是基督宗教神学大师对上帝或天主的描述，还是伊斯兰教释经大师对真主安拉的认识；无论是印度宗教圣人对梵的认识，还是中国古代圣贤对天的描述，都基本符合以上属性。即便有差别，也属枝节，且显然都只是认识或表述的差别。

如果说有重大差别，那么最突出的是在人类其他民族中，这些属性都被当作至上神的神性，唯独在近代中国是例外。一些中国近代主流学者一反人类大思想家的传统，对于宗教几乎都是不学而知，不知也能批判否定，故而对道的神性特征几乎都是熟视无睹，甚至干脆将道的神性特征解释为对宗教神性的否定。否则，国人对超越者及其神性的认识不会仍停留在算命看风水、神汉神婆的水平。

令人感叹的是，其他民族对于超越者的最高认识境界几乎都是通过大批神学探索者的世代累积达到的，而在缺乏神学追求氛围和基础的古代中国，老子一人就达到如此的神学高度，堪比宗教大国印度数千年的集体成就。更令人感叹的是，老子在两千多年前达到的对超越者的神学认识，仍然远远超过一些近现代主流学者的理解能力。

二 无名或多名的道

老子反复说明，形而上的永恒之道原本是没有名字的，"道"只是他为了指称方便而勉强借用的命名。他不仅在《道德经》开篇就说明"道可道，非恒道；名可名，非恒名"，在其后的章节中也反复重申"道隐无名"、"绳绳不可名"、"吾不知其名，强字之曰道。"可见"道"既非人们已知可见的任何形而下事物，亦非造物主原来就有的恒常之名，而是老子为了论述方便而勉强给出的一种命名。

"道"作为老子对造物主或宇宙本原的一种命名，当然并不排除有其他命名的可能。事实上，人类面对同一造物主或世界本原曾提出过不计其数的其他命名，其例证不胜枚举。诸如梵、上帝、天主、安拉、雅赫维、耶和华、神、天、天帝、太一、本体、超越者、无限者、至上者、终极者、终极实在、绝对精神，等等，都是人类对于同一的世界本原或超越者的不同命名，故其相互并不排斥，也不排除其他的命名。同一个世界本原或超越者，因其无形无相难以被认识理解，在不同的文化和认识背景下被赋予不同的名称，这本来并不难理解。不幸的是，这却给近现代不求甚解的学者和俗人造成极大的认识障碍，以致其将超越者的每一个名称认识为一位神，以排斥对立于其他众多名称下的同一超越者。

原本无名的造物主或超越者，反而有了比世界上任何其他事物更多的命名，是人类社会自存在以来最为奇特，但又最为普遍的现象。人类具有普遍存在的宗教性和挥之不去的终极关怀情结，其根源就在于这原本无名的超越者始终如影随形地伴随人的存在。对此，宗教学创始人麦克斯·穆勒早在一百多年前就指出："把人与动物区分开的是宗教，我们指的并不是基督徒的宗教或犹太人的宗教，而是指一种心理能力或倾向，它与感性和理性无关，但它使人感到有'无限者'的存在，于是神有了各种不同的名称，各种不同的形象。"① 这是对宗教信仰本质以及神何以多名问题的一种极为深刻的洞见。基于大量的论证，著名宗教哲学家约翰·希克也得出这样的结论："对超越者的体验或者由神的概念，或者由绝对者的概念所构成。其中每一个概念在人的实际经验中被图示化，从而产生人类在崇拜或冥想中所朝向的那些被体验到的神性位格（如耶和华、天父、安拉、毗湿奴、湿婆）和形而上的非位格（如梵、道、法身、空）。"② 其实，类似的认识并非宗教学创立之后才出现，形成于至少三千五百年之前的古印度圣经《梨俱吠陀》中就指出，"实在（神）唯一，尽管圣人称之以不同的名称。"③ 其道理显而易见，如果人类面对的是唯一的造物主或终极超越者，那么其必然是同一的；各种不同的名称只是对原本无名的同一终极超越者的人为命名，并不因

---

① 麦克斯·穆勒：《宗教学导论》，陈观胜等译，上海人民出版社，2010，第10页。

② 约翰·希克：《宗教之解释》，王志成译，四川人民出版社，2003，第16～17页。

③ The Hymns of the Rigveda, Translated by Ralph T. H. Griffith, 2nd edition, 1896. Kotagiri (Nilgiri), Vol. I: 164: 46.

其不同而造成超越者的不同、并行或对立。

约翰·希克在1980年曾经出版过一本名为《多名的神》（*God Has Many Names*）的书，专题阐述以上的道理。这本书翻译成中文时被译作《多名的上帝》，因而披上了基督教的色彩。其实，希克所说的God并非特指基督教的上帝，而是泛指人类共同面对的终极超越者或神。希克甚至特别将"道"列为神的不同名称之一。如果在中华文化的语境中谈论这个话题，我们甚至可以谈论"多名的道"。因为无论是上帝也好，天也好，神也好，道也好，指称的都是同一的超越者，所有的名称都只不过是人为的指称符号。老子曰："吾不知其名，强字之曰道。"足见"道"这个名称也是老子勉强"字之"的，本身并没有不可替代性，道的概念完全可以用其他名称来表示。上帝、天、天主、神、梵，等等，都是道的不同名称，其不同之处只有语言的差别而已。一些近现代学者之所以将道与天、帝等对立起来，就是因为将同一超越者的每一个名称当作一个排他性实体，从而人为造就了大量莫须有的对立者。

老子说"道隐无名"，可谓至理名言。给事物命名是人类特有的行为。作为造物主的道先于天地万物存在，而具有命名能力的人类出现只有近万年的可证历史。因此，不仅道隐无名，而且超越者所有的名称原来都是没有的，就此而言彼此并无不同。由此可见，赋予一种名称以特别的神圣性并据此排斥对抗其他名称下的同一超越者，是认识混乱的表现。

三　道与天地万物的关系

道是天地万物之母，是世界的本原。老子的这一根本性认识在本节开始已经论证，此处不再赘述。需要进一步探讨的是，在老子看来，作为造物主的道如何生育天地万物？道与天地万物是什么关系？

对于第一个问题，老子分三处给出了答案。第一处答案是，"天下万物生于有，有生于无。"（第41章）即经历了从无到有，从有到天地万物产生的过程。此段与第一章"无，名天地之始；有，名万物之母"相呼应，道出了道生天地万物的基本过程。就是说，天地万物开始产生之前，只有超越之道。超越之道首先造就形而上和形而下，产生了无和有，再从形而下的有产生了天地万物。

第二处答案是"道生一，一生二，二生三，三生万物。"（第42章）此段有多种解释。其中一种解释是，道是独一无二的，故为一或太一，道化生的阴阳或其代表的天地为二，而阴阳交合产生的和合之气为三，万物则产生于阴阳交合之中。另一种解释是作为统一体的道为一，同出于道的有、无两者为二，有无相生形成的有形体为三，万物则是有形体的各种表现形式，故产生于三。其他解释不太靠谱，故此处免予评论。对比两种解释，第一种似乎更符合老子原意和理路。首先，句中"一"即指道，可以从"圣人抱一为天下式"、"（夷希微）此三者不可至诘，故混而为一"、"天得一以清，地得一以宁，神得一以灵……"等论述中得到充分证实。其次，句中的"二"指阴阳，"三"指阴阳相交产生的和气，可以从该段下文"万物负阴而抱阳，冲气以为和"得到证实。第42章上下文是密切相关的，"万物负阴而抱阳，冲气以为和"是对"道生一，一生二，二生三，三生万物"的进一步解释。第二种解释中对一、二的理解尚可说得通，但三即有无相生形成的有形体，却矛盾不通。有无相生，说的是有和无的概念是二者相对产生的，而不是像生孩子那样二者相互生出了对方，更不能生出有形体和万物。此外，老子曰："天下万物生于有"，"有"已可生万物，"有无相生形成的有形体"岂非多余？

第三处答案是"道生之，德畜之，物形之，器成之。……长之育之、成之熟之、养之覆之。"（第51章）就是说道生万物，作为道之体现的德蓄养万物，万物由此得以形成各种物体形态，形而下的器物由此得以形成。道还对万物起到生长化育、长成完熟、养育呵护的作用。

将三处答案综合起来，可以得到老子对道生天地万物过程的完整认识。令人惊叹的是，即便在科技高度发达的今天，老子这种宇宙生成观或创世论依然巍然屹立，经得起最先进科学认识的考验和现代世界观最苛刻的诘难，甚至可以为科学发展提供启示和指南。这与许多民族基于幼稚神话的早期创世论不得不在现代科学的围攻下艰难自辩的窘境形成鲜明对比。例如，现今被科学界广为接受的大爆炸宇宙生成理论认为，在大爆炸发生之前，宇宙及万物都不存在，没有时间和空间（即无）；大爆炸开始时首先产生了极为微小的奇点（即有），爆炸后奇点迅速膨胀扩张，进而产生了宇宙及万物。这与老子所说的"天下万物生于有，有生于无"（第 41 章）等论断不谋而合，尽显老子洞见之神奇。又如，现代科学认为原子是构成所有物质的基本粒子，万物中无所不在，而所有原子都有带正电（阳电）的核，核外则有带负电（阴电）的电子，这与老子"万物负阴而抱阳"的说法基本吻合，让人不得不惊叹老子洞见之微妙。尽管老子的相关论述非常简练，无意也不可能替代现代科学，但在当今科学万能主义破产，人类仍在被科学主义世界观与宗教信仰世界观的对立冲突所困扰的境况下，老子的宇宙生成观可能是完满媾和两种世界观、有效解决形上与形下交汇难题、最符合宇宙实相的认识论。

其次要讨论的是道在造物之后与天地万物保持什么关系。老子对此的认识是"长之育之，成之熟之，养之覆之。生而不有，为而不恃，长而不宰"。（第 51 章）就是说，道生养、化育万物而不发号施令或违背自然横加干涉，既不据为己有，也不自恃有功，保持一种超然化导的态度。

将老子的这一认识与自然神论的观点相比较，就会发现二者甚为接近。自然神论被定义为"认为神或上帝创造世界后即任其自然运行而不加干预的学说。"① 所不同的是，老子认为道这个至上神创造天地万物之后，不仅仍加以养育呵护，而且还在无形之中施加影响，运用内在力量顺势加以调控，只是不违背自然原则横加干预而已。从"天之道，其犹张弓欤？高者抑之，下者举之；有余者损之，不足者补之"。（第

---

① 赵匡为主编《简明宗教词典》，上海辞书出版社，2006，第 19 页。

77章）"天之道，不争而善胜，不言而善应，不召而自来，繟然而善谋。天网恢恢，疏而不失。"（第73章）"天道无亲，恒与善人。"（第79章）等论述中，不难看出此论的端倪。

将老子的这些观点与基要主义的人格神论相比较，则会发现前者更符合人类的客观经验，更无懈可击。后者认为神在创世之后仍无微不至地通过发号施令或以违背自然规律的方式干预有形世界，干预人类生活。这既难以被证实，又容易被证伪，已经成为持此论者的致命软肋。就此而言，老子的创世论介于自然神论和人格神论之间，兼具二者的合理成分而无其偏颇，更符合自然状况，更易为理性的现代人所接受。

道与天地万物的关系还体现在道无所不在、无所不包。对此，老子曰："大道泛兮，其可左右。"庄子谓道"无乎不在"，进一步阐发了老子道临在于天地万物之中的旨趣。这与斯宾诺莎、莱布尼茨等西方哲学大师的泛神论观点颇为相似。无怪乎康德认为，斯宾诺莎的泛神论就是从老子思想发展而来的。误解泛神论的人将泛神论解释为认为神等同于万物的理论，故而是一种以物代神的无神论观点，但泛神论的真正含义是神创造了万物并临在于万物之中，仍超越且不等同于万物。这其实就是老子的观点。

四　道的人格与非人格

既然已经谈到自然神论和人格神论，不妨再进一步对道是否具有人格加以探讨。在近现代中国，老子之道被广泛曲解为形而下的道路、道理、方法、规律、法则、大自然等，因此不存在道是否具有人格的问题。即便是明确将道视为终极超越者的近现代著名欧美宗教学家也大多认为道是非人格的。要判断道究竟是人格的或非人格的，首先需要厘清人格的含义。

"人格"的拉丁语是Persona，源自罗马戏剧，原指演员戴的面具，引申为演员所扮演的角色，后被心理学借用来指人作为不同社会角色的人际表现，其中包括人在人际交往中表现出的性格、气质、态度、特性，等等。人格是人与人之间互动所产生的，因而是人类专用的概念。造物主、道或超越者超越于人类，既非人类一分子，亦非与文明史尚不到一万年的人类始终处于专属互动关系之中，因而将人格视为其本质是牵强的。称造物主具有人格顶多只是借用人格一词表示其与人类互动关系的维度，而造物主是超越于人格和非人格的。对人类来说，造物主连形、声、质都没有，甚至不可全知也不可尽言，当然也不会有人类容易把握的姿容、性格、气质和态度等，其"人格"最多只是人们对于超越者与人类互动关系的一种比喻性说法或借用的表述而已。

其实，诸如人格与非人格、有与无、善与恶、高与下、贵与贱、先与后等二元对立的概念都是人类站在自己的角度、根据自己的感知能力、设定了一定价值判断标准之后的产物，都是相对且可变的，并不完全适用于超越这些狭隘立场、能力和价值标准的超越者。老子所谓"天地不仁"，此之谓也。假设能从超越者的角度看问题，这些二元对立的观念都只是人为的区分。可见用这些二元对立观念去判断超越于人类判断标准的造物主是浅薄的行为。

如果我们暂时撇开以上认识，采用"人格神"的通常标准来判断老子之道是否具有人格，那么将不难看出道并非像人们认为的那样是完全非人格的。例如，从"天道无亲，恒与善人"（第79章），可以看出道有奖助善人善事的价值取向。从"天之所恶，孰知其故"（第73章），可以看出天道是有好恶的。从"天之道，其犹张弓欤？高者抑之，下者举之；有余者损之，不足者补之"（第77章）可以看出道是有调控意志和取向的。从"古之所以贵此道者何？不曰求以得，有罪以免邪？"可以看出道有回应人的请求，赐予人所拜求及赦免人的罪恶的能力。从"天将救之，以慈卫之"（第67章），可以看出天道是有慈善意向和救助能力的。从"天之道，不争而善胜，不言而善应，不召而自来，繟然而善谋。天网恢恢，疏而不失"（第73章），可以看出道不仅能对人类的行为做出回应，而且有能力和意志总是胜过世人。除非对老子的以上表述视而不见，否则很难继续声称老子之道是完全非人格的。

当然，老子所说的道并不像一些宗教认识中的造物主那样经常用人类语言直接与人交流，也不会违背自然强行干预人类事务，所以其"人格"性要比那些宗教所认为的造物主弱得多。但唯其如此，老子对道的认识更加符合人类与造物主的关系经验，更经得起现代理性的考验，也更接近终极真理。

一些近现代主流学者对道具有精神性持坚决的否定态度。对此，《道德经》中其实有多处清晰的反证。以上论及道具有人格的《道德经》引语其实也可以作为对以上问题的有力回答。只要不戴西方偏见的有色眼镜，相信不难看出。《庄子》曰："精神生于道，形本生于精"①，如果道不具精神性，那么精神本身也成为无根之木。

五　道的特性

本章第一节讨论的是道的基本属性，这些属性与人类其他宗教中所认识的造物主或终极超越者的属性基本一致，人类各种文明对其的认识具有显著的共性或普世性。本节所要讨论的是老子与众不同的对超越者的认识。因其不同于许多民族的宗教认识，且违背世俗常理，本文将其称作道的特性。这里择其主要，只讨论自然、无为、柔弱、不争、相对转化和圣人之道。

自然是老子认为道最重要的特性。老子用"人法地，地法天，天法道，道法自然"（第25章）来强调自然的重要性，认为这是天地万物应当效法的最高境界。这里的自然既不是现代人所说的自然规律或大自然，也不是名词实体，而是自然而然、原本如此、循顺自然本性而不加外力干预，因为老子时代还没有自然规律和大自然的概念。

与自然密切相关的另一重大特性是无为。不施以人为干涉或作为，

---

① 陈鼓应：《庄子今注今译》中册，中华书局，1983，第569页。

事物就会自然，而自然则是无为的状况和写照。无为的思想可以说贯穿了《道德经》全文。老子说："道恒无为而无不为"（第37章），认为无为是道恒久的特性，但无为的道却能无所不为，以至于天下万物都是其所为。可见无为并不是不作为，也不是完全无所作为，而是不违背自然原则强行作为。老子还说"为无为，则无不治"（第3章）、"无为而无不为。取天下恒以无事"（第48章）、"为而不恃"（第51章）、"为而不争"（第81章）"我无为而民自化"（第57章），可见老子还是主张有所作为的，只不过达到目的的途径是遵循自然顺势而为，内在或潜在地发挥作用，这样才能有效达到所希望的目的。

道的另一特性是循环往复、相反相成、相互转化。老子指出，道的运行规则是"周行而不殆"，并且用"大曰逝，逝曰远，远曰反"（第25章）对道的"周行"方式做出进一步阐述。其中的"周行"有绕周循环、周而复始之意；而其中的"反"既有返回原位的意思，又有向相反方向运行的意思。"反者道之动"（第41章）则是对道的以上运行规则的精练概括。"夫物芸芸，各复归其根。归根曰静，静曰复命，复命曰常，知常曰明"（第16章）说的是天下万物都遵循道这种周而复始的特性和运行规则，而掌握了这个规则才可以称作明。

有趣的是，老子这种循环往复的宇宙洞见与印度人的宇宙观非常相似。印度人也认为，宇宙万物都是循环往复的，故有六道轮回之说。这与西方人的线性发展宇宙观形成鲜明对比，可能代表了东方灵性智慧的深邃。此外，后人根据老子的循环往复论与阴阳概念的结合，发展出了令国人和周边民族至今仍为之倾倒的阴阳太极图。

老子认为，效法于道的事物都是二元相对的（近现代学者们多认为是二元对立的），都具有相反相成、相互转化的属性；事物的相反两极并不排斥对立，而是相辅相成，相互作用消长，互为成立的前提，并且有物极必反的循环转化趋势。就此他指出"有无相生，难易相成，长短相形，高下相顷，音声相和，前后相随"（第2章），"曲则全，枉则直，洼则盈，敝则新，少则多，多则惑"（第23章）。可以看出，老子之所以达到这样的认识深度，就是因为他超越了世俗二元对立观点的狭隘，站在道的高度体悟事理。

基于这一深刻洞见，老子还提出许多与世俗常识截然相反的物极必反的立论，如"物或损之而益，或益之而损"（第2章），"祸兮福之所倚，福兮祸之所伏。孰知其极，其无正也。正复为奇，善复为妖"（第58章），"将欲歙之，必固张之。将欲弱之，必固强之。将欲废之，必固兴之。将欲取之，必固予之"。（第36章）这些说法看似悖论，但却深奥隽永，耐人寻味，蕴藏着比世俗常识更深邃的智慧。这些从世俗常识看来近乎荒谬的立论却令其后两千多年的世人为之倾倒，足见其内涵之深奥，魅力之异常。值得指出的是，第36章那段引言从韩非子开始就被许多人当作老子阴谋论的典型论述，但此段话原本是对道的特性的阐述。至于其能够被作为谋略思维引申应用于社会、政治和军事等方面，并不改变其乃出于道性的事实，也不说明老子是阴谋论的教父。

老子的反向思维洞见导致他超越世俗常识，认识到被世人厌弃的事物反面属性具有更大的价值，进而主张圣人应放弃在世人趋之若鹜的事物正面属性，如上、先、贵、荣、盈、雄、坚强等方面，与人相争，而应看重和持守世人所厌恶不齿的下、后、贱、辱、亏、雌、柔弱等反面。这种认识与世俗常识截然对立，在现实中很难被人真正接受和付诸实践，但却以其巨大的魅力吸引着一代又一代的世人对其驻足留恋。

不难看出，贯穿《道德经》的论述有一种"反"的逻辑基调，即与世俗常识截然相反的逻辑思维。无论是道与德的反常识运行描述，还是"正言若反"类的阐述，无论是物极必反类的论证，还是主张持守被世人厌弃的事物反面属性，都是从"反者道之动"的根本法则出发，以反向逻辑为底色。正因为如此，尽管人们表面对《道德经》极尽赞赏之能事，但对这种源于道但悖于常识的深邃智慧极少有人真正理解和身体力行。

柔弱不争是道的另一特性。老子以"弱者道之用"（第41章）、"天之道，不争而善胜"（第73章）等论述来加以说明，并且因为水的柔弱、处下、利物和不争而认为水最近似于道，从而大加推崇。对此他说："上善若水。水善利万物而不争，处众人之所恶，故几于道。"（第8 章）"天下莫柔弱于水，而攻坚强者莫之能胜，其无以易之。"（第 78 章）此外，他还反复强调"柔弱胜刚强"的道理，例如，"天下之至柔，驰骋天下之至坚"。（43 章）"坚强者死之徒，柔弱者生之徒。"（第 76 章）"弱之胜强，柔之胜刚，天下莫不知，莫能行"。（第 78 章）从道的这种特性中，可以轻易引申出以柔克刚的实践智慧。

在老子那里，道的所有特性都是息息相关的，其总的核心中枢就是形而上之道。例如，不争是与柔弱密切相关的。不争必然显得柔弱，而柔弱的特征之一就是不争。因为柔弱能胜刚强，道及其效法者才能"不争而善胜"（第 73 章），进入"夫唯不争，故天下莫能与之争"（第 23 章）的境界。"弱者道之用"，说明柔弱是道的作用方式，与道密切相关。同理，不争与无为也相互关联。无为就是不违背自然而强行作为，其中当然包括不争。无为不争就能循顺自然，避免抗争所造成的各种阻力、障碍和风险，从而达到"不争而善胜"的效果。因此，"不争而善胜"是"无为而无不为"的一个前提条件。而不争和无为与柔弱一样，也都是道的特性。

占据《道德经》很大篇幅的还有圣人之道或有道者之道。圣人之道不是道的特性，而是圣人效法道的品行和法则。因为"人法地，地法天，天法道"（第 25 章），所以老子崇尚的每一项圣人品行法则都可以从道的特性中找到根源。反过来讲，道的几乎所有特性也都在圣人之道中得到效法和体现。例如，"圣人之道，为而不争"。（第 81 章）就是指圣人效法道的不争。"圣人欲不欲，不贵难得之货。学不学，复众人之所过，以辅万物之自然，而不敢为。"（第 64 章）是圣人效法道自然无为、无私无欲的表现。"圣人处无为之事，行不言之教；万物作焉而不始，为而不恃，功成而弗居。"（第 2 章）则是圣人效法道"生而不有，为而不恃，长而不宰"（第 51 章）的结果。《道德经》中论述的其他修行法则，如致虚守静、知足谦让、功成身退、返朴归真，等等，也无一不是来源或效法于形而上之道。

老子的本意很清楚：诸如自然无为、柔弱不争、相反相成等都是道的特性，而他所倡导的所有修身、品行、为人、处世、政治的理念、法则和圣人之道，都是道的特性在形而下世界的延伸，是对道的效法。因此，道乃是这些特性存在之本，道如不存则这些特性成为无根之木。《韩非子·解老》云："道者，万物之所然也，万理之所稽也。"此之谓也。有近现代学者为了否定形而上之道的存在，特意本末倒置，将道的以上特性说成是老子"在经验世界中所体悟的道理，而把这些所体悟的道理，统统托付给所谓的'道'，以作为它的特性和作用。"① 将道反而说成是老子为了"藉以安排和解决人生的种种问题"而人为虚构的概念②。在这些学者那里，作为《道德经》主旨的形而上之道被否定排除，道的这些特性就成为一些没有根基的散乱悖论，而道则被等同于大自然、自然规律或者通常意义的道路、道理、准则、方法、规范等。老子与这些近现代主流学者孰是孰非、孰深孰浅、孰有真知灼见，相信历史会有公论。

还应当指出，世人虽然对《道德经》赞赏有加，但真正理解、接受并实践老子之道的人却少之又少。原因不仅是《道德经》深奥难懂，又经过人们的歪曲误导，更根本的是老子提倡人们效法的这些道的特性与世俗社会熟悉和奉行的行为法则几乎总是格格不入。为此，要真正理解接受老子之道并从中受益，不仅需要对道认真研读，切身体悟，而且需要努力超凡脱俗，进入老子的精神境界。

第三节　道、德与天

《道德经》的核心概念是道和德，这不仅从《道德经》的命名、上

---

① 陈鼓应：《老子注译及评介》，中华书局，2009，《老子哲学体系的形成和开展》，第1页。

② 陈鼓应：《老子注译及评介》，中华书局，2009，《老子哲学体系的形成和开展》，第43页。

下分篇和内容等方面得以充分体现，而且得到广泛的公认。除此之外，在《道德经》中同样居于核心地位，但却遭到广泛忽视的还有一个概念，那就是天。《道德经》中有70多处提到道，40多处提到德，但却有90来处提到天。仅从出现频率也可以看出，天在老子心目中的地位并不低于道和德。因此，研读《道德经》者不仅需要厘清道与德的概念及二者的关系，而且有必要厘清天的概念及其与道的关系，否则就会对《道德经》产生一系列的混乱认识。

为此，本节将首先讨论道与德的概念及其相互关系，继而讨论天的概念及其与道的关系，最后剖析近现代人对天道关系的认识误区。

一 道、德及其相互关系

道的通常意义是道路、途径，引申为道理、规律、方法、德行规范、行为准则等。但《道德经》赋予道完全不同的含义，笔者在上一节对此曾经有专门讨论。为便于比较，有必要重温老子所论之道的基本属性：天地万物之母（造物主）、形而上的终极超越者、自有永有的无限者、宇宙终极奥秘、宇宙主导（主宰）、无形无状、无声无质、无始无终、无内无外、超越时空、无所不在、无所不包、无所不能、恍惚幽冥、似无而实有、终极实在、不可全知、不可尽言。对比可见，老子所论之道与通常意义的道完全不同，是指形而上的宇宙本体。如果对人类其他主要宗教做过研究比较，还会发现道的这些属性正是其他宗教中智者大师们所描述的至上神的基本属性，亦即神性；道其实就是人类其他宗教中的造物主、至上神。

同理，《道德经》中德的含义也不同于人们通常所说的德。通常意义的德，是指社会认同的思想行为准则、伦理、操守、品行。《道德经》中所论的德却显然与此不同。例如，老子在谈论万物的生成时说，"道生之，德畜之，物形之，器成之"（第51章），显然这里所说的德并不是人类社会通常的行为准则、操守或品行。又如，从"恒知稽式，是谓玄德。玄德深矣，远矣，与物反矣"（第65章）也可以看出，老子所论的德不仅不是通常意义的德，而且还"与物反矣"。

《道德经》中的德究竟是指什么？其与道是何关系？在古文中，德与得通用，有获得之意。王弼注曰："德者，得也。"《管子·心术篇》则曰："德者道之舍，物得以生，生得以职道之精。故德者，得也，其谓所得以然也。以无为之谓道，舍之之谓德。"《韩非子·解老》曰："德者，道之功。"《经典释文》则说："德，道之用也。"苏辙《老子解》指出："道无形也，及其运而为德，则有容矣。"综上所述，道是形而上的超越者，万物得道，或者道内在于万物之中，就是德。德既是形而上之道在形而下世界的体现，又是道在形而下的作用。无形的道通过有"容"的德来显现自己和发挥作用，故德从属于道，是道在形而下的延续。所谓"孔德之容，惟道是从"（第21章）就是指此。道产生天地万物，又通过德遍存于天地万物之中，并通过德显现和发挥其作用，故道无所不在。

那么，道与德是否两种不同的存在？笔者在给复旦大学外籍哲学研究生班讲授《道德经》时就有一位爱尔兰研究生提出这样的问题，并且说看不出二者有实质的区别。这一提问触及了以往广被人忽视的道与德关系实质的问题。仔细研读《道德经》相关论述，从形式上看，有道与德两个不同的概念；但从实际上看，二者的属性、取向和特征却雷同，常可混为一谈。例如，在"道生之，德畜之，物形之，器成之"（第51章）中，道与德共同生养万物。在"道之尊，德之贵，夫莫之爵而常自然"中，道与德都是"莫之爵而常自然"。在"道生之，德畜之；长之育之，成之熟之，养之覆之。生而不有，为而不恃，长而不宰，是谓玄德"中，道与德不仅共同生长化育万物，而且二者都对万物持"生而不有，为而不恃，长而不宰"（第51章）的相同态度，二者甚至在概念上都没有作明确的区分。在"上德无为而无以为"（第38章）中，上德与道的无为特性完全相同。在"明道若昧，进道若退，夷道若纇。上德若谷，广德若不足，建德若偷，质德若渝"（第40章）

中，德与道一样都具有"正言若反"的特性。在"修之于身，其德乃真；修之于家，其德乃余；修之于乡，其德乃长；修之于国，其德乃丰；修之于天下，其德乃普"（第 54 章）中，通过在不同层面修道，其结果却是德的乃真、乃余、乃长、乃丰、乃普。由此可见，德与道实乃一体，其区别只在于维度与认识。

老子为何会用道与德两个不同的概念来论道？除了德可用以表达无形、无状、无质的形而上之道在形而下世界的体现和功用之外，还源于老子时代深厚的文化传统和背景。道、德与天是华夏民族自有文字以来最崇高的三个概念，也是老子时代所有有识之士不能回避的重大命题。其中天是华夏民族自有史以来世世代代虔诚敬奉的至上神，德是用来"以德配天"的中国古代社会的根本品行法则，道则指"古之道术"，而"作为'古之道术'的王官之学是一种合而不分的天人合一的整体之学，后来诸子蜂起，形成了儒、墨、道、法等诸多流派"。① 对此，《庄子》用"以天为宗，以德为本，以道为门"② 这样高度精练的词句来概括。由此看来，老子使用道、德与天三个概念来阐发他对终极超越者的认识感悟绝非偶然，他只是采用当时通用的崇高概念语汇来表达他对超越者更高超深刻的认识。但用词虽然相同，意涵却发生了重大变化：在老子那里，道、德二词已超过其原本的形而下含义，成为论述形而上超越者的语汇。

印度宗教吠檀多哲学中上梵与下梵的关系与《道德经》中道与德的关系有相似之处，与之对比研判有助于加深对道与德关系的认识。在吠檀多认识中，梵是至上的终极实在，即印度宗教中万神之上的至上神。梵又分为上梵和下梵，其中上梵"无声、无触、无色、无味、无香、不变、无始无终"③，"不可目睹，不可言说，不可执取，无特征，

---

① 余敦康、吕大吉、牟钟鉴、张鉴合著《中国宗教与中国文化》（第二卷），中国社会科学出版社，2005，第 7 页。

② 陈鼓应：《庄子今注今译》下册，中华书局，1983，第 855 页。

③ 《奥义书》，黄宝生译，商务印书馆，《伽陀奥义书》，第 272 页。

第二章　老子之道求真　　　　　　　　　　　　　　　117

不可思议，不可名状"①，"不可把握，无族姓，无种姓，无手无脚，永恒，遍及一切，微妙，不变，万物的源泉。"② 而有形的下梵只是上梵在形而下世界的投影，是无法直接感知上梵的人给上梵添加了种种认识属性后的认识。上梵是非经验和非现象的，下梵则是经验和现象的，是经人类主观化了的上梵。因此，吠檀多大师们认为上梵是真实的，而下梵则是非真实的。对比可见，吠檀多哲学对上梵的认识与老子对道的认识几乎相同，吠檀多哲学对下梵的认识则与老子对德的认识相似。形而上的道无形无状、无声无体，难以认识把握，但却是真存实有的终极实在。类似于下梵，德作为道在形而下世界的显现和作用，是道的投影或延伸，必依附于道，故只存在于认识之中，而非另一独立的实在。

二　道与天的关系

天神崇拜是华夏民族自有传说或文字记载以来始终延续的大一统宗教人文体系，为中国古代社会提供了共同的宗教信仰，共同的精神支柱，共同的价值取向和共同的伦理秩序根基。"早在颛顼时代……关于天神崇拜与祖先崇拜的两大信仰体制就已经初步确立了"③，"就（夏商周）三代所尊奉的天神崇拜的宗教信仰而言，也是直接继承了五帝时代所确立的天神观念发展而来。"④ 所谓天神就是天，亦称帝、天帝、上帝、上天、神，是万神之上的终极至上神，在近代以前的中国社会中始终享有至高无上的意义。事实上，人类各民族的至上神几乎都是由天

---

① 《奥义书》，黄宝生译，商务印书馆，《蛙氏奥义书》，第 309 页。
② 《奥义书》，黄宝生译，商务印书馆，《剃发奥义书》，第 295 页。
③ 余敦康、吕大吉、牟钟鉴、张鉴合著《中国宗教与中国文化》（第二卷），中国社会科学出版社，2005，第 29 页。
④ 余敦康、吕大吉、牟钟鉴、张鉴合著《中国宗教与中国文化》（第二卷），中国社会科学出版社，2005，第 27 页。

或天神的概念转化而来的，"天神信仰几乎是普遍存在的"，①"可以肯定的是，天神总是至上的神灵"。②

《道德经》虽然以论道为特色，但并没有忽视天的重要地位，更没有像一些近现代主流学者们声称的那样"破除了天神崇拜"，其中提到天的次数多于提到道的次数就是一种明证。乍一看来，《道德经》中使用了道与天两个不同的词汇，似乎是指两个不同的实体。但仔细研读，却发现二者在许多地方是相同或混用的，所指对象其实一致。例如，从"功遂身退，天之道也"（第9章），"天之道，其犹张弓欤"（第77章）和"天之道，利而不害"（第81章）等语句中都可以看出，老子所说的道是指"天之道"，有时道甚至表现为天的属性，从属于天。又如，"不窥牖，见天道"（第47章）中的"天道"显然就是指道，天与道的概念在此合一。在"天道无亲，恒与善人"（第79章）和"天将救之，以慈卫之"（第67章）中，"天道"和"天"所展示的取向和行为几乎一致，二者的同一性显而易见。在"天之所恶，孰知其故？天之道，不争而善胜，不言而善应，不召而自来，繟然而善谋。天网恢恢，疏而不失"（第73章）中，天与天道或道的同一性就表现得更为清晰。其中的"天之道"显然是指道，而"天"、"天之道"和"天网"中的"天"直接被作为同义词并用，显然三者所指称的是同一的超越者。

既然道与天在本质上是指同一的超越者，为什么老子同时使用道与天两个名词作为其表达？老子所论之道与天有什么区别？考察研究夏商周三代的天神信仰，就会发现在老子之前人们对天的信仰崇拜几乎是无条件的，对天的认识也基本局限于世代固守的感性认识，还没有人从理性的高度对其加以深化。因此老子采用了一个人们熟悉的重要词汇"道"

---

① 米尔恰·伊利亚德：《神圣的存在》，晏可佳、姚蓓琴译，广西师范大学出版社，2008，第35页。

② 米尔恰·伊利亚德：《神圣的存在》，晏可佳、姚蓓琴译，广西师范大学出版社，2008，第37页。

来阐发他对超越者的全新而深刻的认识。当然，他在这样做的时候并没有否定天与道的同一性，而是用"天之道"、"天道"这样的词组来表明他所论之道就是作为唯一超越者的上天之道，天与道实为同一。

由此可见，老子所论之道与天的区别并不是实体性的，而只是认识和用词上的。在老子之前，人们对天的认识还没有上升到万物的源起、世界的本原、形而上的本体、有无的关系、超越者的属性等范畴和高度。老子在这些方面的高深认识超越了此前人们对天的认识，把对超越者的认识推进到前所未有的高度和深度，甚至成为其后至今中国人对超越者认识的最高境界。道作为老子对超越者终极奥妙的洞见比之以往人们对天的认识具有更高的超越性、更强的精神性、更多的神圣性。因此，道与天的区别除用词不同外，就在于道是比天更高深的对终极超越者的认识。毕竟，人类面对的是同一的世界本原或终极超越者，不可能因命名或认识的不同致使道与天成为两个不同的世界本原或终极超越者。在老子之前，华夏民族的信仰基本属于感性、蒙昧的信仰。老子以非同凡响的理性和超理性信仰认识，突破了此前的蒙昧信仰，引发了信仰认识的升华。与以往人们对天的认识相比，老子对道的认识标志着对超越者认识的巨大飞跃。

由此可见，老子虽然使用了当时社会最崇高的道、德、天三个不同的词汇来阐发他的超越洞见，但这三个词并不代表三个不同的实在，而是用来表述同一终极实在的不同维度、体用差异和认识层次。因此三者虽用语和概念看似不同，实乃三位一体。对于能全面深入认识事物的人，这并不造成认识困惑。但认识片面的人面对这些概念，则会罹患盲人摸象综合征，致使其将每一局部或维度当作一个实体，甚至将由此形成的各"实体"相互对立。

三　道与天关系的认识误区

尽管老子如此显著地反复将道称为"天之道"、"天道"，一些近现代国学权威还是将道与天人为对立起来，断言老子提出道的概念就是为了破除天、帝、神、神造说的宗教迷信。典型的如梁启超所说："他（老子）说的'先天地生'，说的'是谓天地根'，说的'象帝之先'，这分明说'道'的本体，是要超出'天'的观念来求他；把古代的'神造说'极力破除。"① 又如陈鼓应所说："'道'的预设，破除了神造之说。他（老子）说'道'为'象帝之先'，他不给上帝留下地盘。"②

细加剖析，梁氏的话只说对了一少半。道的本体超出天的观念，符合我们的上述论证。但超出就等于"把古代的'神造说'极力破除"，却不仅逻辑不通，也直接违背老子道就是天道、造物主的意旨。此外，"'道'的本体，是要超出'天'的观念来求他"这样的话，语病显然不轻。不幸的是，近代社会宽宏大量地将这些国学权威混乱的逻辑，不检点的语言，连同他们那些毫无因果关系的推断一起当作权威定论照单全收了，唯独忽略了老子本人关于天和天道的言论和理念。

陈鼓应的上述论断也与梁启超的言论一样，忽视了逻辑关系和老子的原意，有将无神论教条强加于老子之嫌。他判定老子"不给上帝（即天。天、帝、天帝、上帝在老子时代系同义词）留下地盘"，从而使道与天对立的唯一依据是老子说过道"象帝之先"。且不论老子只是说道好像在帝之先，并不肯定；即便肯定，乙在甲之先就等于不给甲"留下地盘"，也是一种极为离奇的逻辑推论。何况老子并未排除道只是在理念认识上"象帝之先"。老子是否像这些近现代学者那样厌恶"天"，必欲除之而后快，只能以《道德经》中的言论为据。《道德经》中不仅随处可见"天之道"、"天道"这样的用语和将道与天当作同义词混用的现象，而且还有诸如"治人事天"（第59章）、"是谓配天"（第68章）这样的表

---

① 梁启超：《老子哲学》，转引自陈鼓应《老子注译及评介》，中华书局，2009，第51页。

② 陈鼓应：《老子注译及评介》，中华书局，2009，第44页。

述。看来老子不仅不排斥天，而且还认为道就是天之道，并且继承了天神信仰的传统，将"事天"、"配天"作为人生追求的目标。

从这些学者的议论中可以看出，《道德经》中道"象帝之先"、"先天地生"、"天法道"这几句话是他们精心挑选出来支持其道与天对立、道破除对天的宗教迷信等论断的主要依据。如果真能读懂《道德经》，领会老子的原意，这样的误解本不应存在。深入研读，《道德经》中其实将天做了超越维度和自然维度的微妙区分。就其超越维度来说，天是主导之天；就其自然维度来说，天则是可见的自然之天。例如，在"天之道"、"治人事天"、"天之所恶"这样的语句中，天显然是指主导之天。而在"天得一以清"（第39章）、"先天地生"、"天法道"这样的语句中，天则更多是指自然之天。这些学者看不出这种差别，原因在于他们从根本上否定超越之天、主导之天的存在，从而先决性地拒绝理解和接受老子关于主导之天的见解。主导之天被否定，就只剩自然之天，当然也就无所谓区别了。然而，如果不回归对老子原意的理解，这些人就不得不面对类似"天之道"和"天法道"的矛盾悖论，在天大还是道大这类的难题困境中挣扎，永远不得要领。

以上的误解看似只是对《道德经》原文的理解问题，根本问题却在于这些权威不是就老子而研究老子，试图发掘和理解当时历史条件下真实的老子及其本意，而是企图让老子及其著述符合某些近代西方理论教条。老子生活在天神信仰高度虔诚的春秋晚期，显然从来没有听说过无神论、反对宗教迷信等来自西方的近代理论，也没想到过照此教条来规范塑造自己的人生和著述。以这样的近代西方标准评判东方古圣，并迫使其就范，未免太过霸道。以这样的方式研究评判老子，结果只能是"东辕西辙"。

第四节　误解老子之道的原因

上节通过多处援引《道德经》原文证明，老子所论之道的主旨是形而上的超越之道，其基本属性都与人类其他文明中智者圣人对造物主、至上神的宗教认识大体相同，足以说明老子所论之道就是人类其他宗教中的造物主、至上神。

既然如此，为什么先前很少有人按照老子的本意对道作这样的理解？为什么一些近现代学者全然否定道的神性，甚至宣称老子之道是对天、帝、神的彻底否定？为什么近现代社会普遍将老子之道理解为形而下的道路、道理、规律、法则、大自然，等等，而唯独忽视其形而上超越维度？推而广之，为什么《道德经》被现代社会当作哲学著作、军事书籍、南面之术、权谋专著、丹道法则、养生典籍，等等，而唯独没有被当作宗教经典？细加探究，其原因是复杂多样的，其中既有历史原因，也有现代原因；既有客观原因，也有主观原因。为正本清源，本节试图就误解老子之道的各种主要原因做出初步分析。

一　认识能力的局限

道作为终极超越者，无形无状、无声无质、恍惚幽冥、似无而实有、不可全知、不可尽言，"迎之不见其首，随之不见其后"，所以极为难以被人直接认知。因此，认识能力较低的人群一般会选择崇拜有形有象的偶像神灵，而不会崇拜像道、天、梵这样无形无状的终极神圣。著名宗教学家伊利亚德在分析人类多数民族为什么不崇拜被他们普遍认识为至上神的天神时指出，"显然，各地的至上天神都让位给了其他宗教形式。这种替代形态虽在各地有所不同，但是其中的意义却大抵相似：从天神的超越性和消极性转移到更加活泼、主动和容易接近的形式。人们可以说我们观察到了一种'由神圣物到有形物的逐渐下降'；人的生命及其身边的自然事物越来越具有神圣事物的价值"。[①]　道这样

---

① 米尔恰·伊利亚德：《神圣的存在》，晏可佳、姚蓓琴译，广西师范大学出版社，2008，第 47 页。

无形无状的终极超越者本来就难以认知，加之芸芸大众对其既不关注，也不努力认知，所以人们普遍对其漠然无知或认识混乱。老子对道的洞见远远超越他同时代乃至其后世绝大多数人的认识能力，因此难觅知音亦属正常。

尤其是在教育和认识水平都极为低下的古代农业社会，绝大多数人都没有受过教育，思维水平和认识能力都相对低下，因而不具备认识道的能力。即便是受过教育的士大夫阶层，由于既没有现代的比较宗教学、跨宗教神学、宗教人类学、宗教社会学等认识阶梯，也没有知微者的指导，要想达到老子的认识水平也是很困难的。老子说"知我者希"，不仅指他所在时代，而且适用于后世乃至现代。现代社会刚从农业社会脱胎不久，一定时期内继承农业社会的认识力低下和社会转型造成的认识混乱，因此很多人仍不具备正确认识老子之道的能力。

二 缺乏老子的内观功力和认识高度

老子之所以有对道的深刻认识，不仅出于他对有形世界的观察思考，更重要的是依靠他的冥修内观功力。老子说："不出户，知天下；不窥牖，见天道。"足以证明他知天下、见天道的主要途径不是到处游走以观察有形世界，而是别有他途。从《道德经》中可以看出，老子能做到"不出户，知天下；不窥牖，见天道"的唯一可能途径是通过冥修内观。就此而言，老子既有《道德经》第十章的打坐冥修心得诀窍，又有第十六章从"致虚极，守静笃"的冥修状态进入到"万物并作，吾以观复"的认识境界。从老子对超越之道的深刻洞见以及他对冥修的精妙认识来看，老子具有极为深厚的冥修内观功力。《道德经》的解读者多不谙习冥修内观之道。以无知解有知，从门外汉的角度解读老子对超越之道的认识，岂能真正理解，又岂能不误解、曲解。

值得指出的是，老子对有形世界的观察思考是理性的，而冥修内观则是超理性或灵性的。现代社会如果连冥修、内观、超理性、灵性等基本概念及其价值都不承认，当然更谈不到通过冥修内观体悟验证老子之道。仅凭适用于有形物质世界的理性去理解判断老子通过超理性冥修内观体悟到的超越之道，其效果无异于缘木求鱼。以世俗常识评价判断老子的形而上超越之道，是误解老子之道的重要原因之一。

世人难以真正理解老子及其所论之道，原因还在于不能将自己提升到老子的精神境界去看待世界。佛教、道教、印度宗教等东方宗教理论普遍认为，利欲熏心、急功近利、性情浮躁、愚昧痴迷等，遮蔽人们对神性自我的认识，进而阻碍了人们对终极超越者的认识。由此可知，不能通过冥修进入老子推崇的少私寡欲、自然无为、"致虚极，守静笃"境界，就达不到老子的认识高度，也难以真正理解老子所论之道。

三　古文费解和注释误导

不能正确理解老子的本意，既有认识能力的局限，也有客观条件的限制。《道德经》文本数以百计，致使其内容千差百别，舛错层出不穷；注释者则如过江之鲫，其注释也是众说纷纭，相互矛盾。这些都令读者莫衷一是，无所适从。

中国古文，素以言简意赅、文不加点、晦涩难解为特点。正确点断文章，理解作者原意，对于古代文人来说都非易事，而况对于古文功力欠缺的现代人。所以，大多数现代读者不能直接读懂《道德经》，而要靠阅读近现代学者的白话文注释来间接理解。而最大的问题就发生在近现代学者的注释和这种二手间接理解的方式上。

众所周知，白话文开始兴起的清末民初是西方文化和激进思潮涌入中国，冲击和替代传统中华文化的年代。从那时起到现在的三、四代中国知识分子不仅主动或被动接受了西方文化及其世界观，许多人还戴上了西方观念的有色眼镜。传统中华文化是与西方文化完全不同的文化，透过西方观念的有色眼镜研读注释像《道德经》这样的中国古代典籍，自然会产生大量误差。更为严重的是，一些近代西方激进观念被当作金科玉律垄断了对中国古代文化的研读，致使近现代对《道德经》的注释绝大多数落入结论在先的武断窠臼，背离了客观、公允、追求理解作者原意的学术规范。对于老子所论之道的武断曲解，是近现代《道德经》注释的通病。这样的注释书籍充斥于市，垄断了对《道德经》的理解，公众焉有不受其误导之理。

老子之道两千多年来很少得到真正理解，还与中国古代社会神哲学不发达，神哲学认识不深入有关。两千多年以来，释老解老者不计其数，其中不乏像韩非子、王弼、王安石、司马光、苏辙、纪昀这样的饱学之士，但他们对道的解释大多集中于道的功用上，很少有人从道乃天地万物之母、世界本原、宇宙本体、终极神圣这样的维度阐扬老子的本意。这既使老子之道不能真正彰显，又给近现代学者主观曲解老子之道留下了充分的余地。

四　人神杂糅与造神运动

颛顼绝地天通，原本目的是分离神圣与世俗，消除人神杂糅的问题。然而事实上这项决策起到的唯一作用是让王权（以及后来的皇权）垄断了人与天通及直接敬拜天神的权力，由此加强了王（皇）权的神圣地位。人神杂糅的问题则不仅没有解决，反而以制度化形式得到加强。此后数千年的中国古代社会中，皇帝（王）成为天神之子即天子，祭祀敬拜上天成为皇家的独家特权，多数朝代中庶民百姓直接祭天成为僭越大罪。为了维护皇权的神圣地位并满足百姓的信仰需求，皇权创立了等级森严的封神制度，被禁止直接祭拜信仰上天的百姓只能崇拜信仰官方分封之神或者民间创造之神，造神运动由此大行其道。

中文的"神"原本专指超越于万物和人类的天神，即天地万物的创造者和主宰。对此，《说文解字》解曰："神，天神，引出万物者也。"封神造神运动使得中国社会中众神与人类混居，且官阶、地位、职能等皆与人间对应且混合，人与人造神混杂不分，真正的至上天神反而被民间淡漠冷落。拆解已被当作同一概念的神仙二字可以看出中国社会中人神概念混淆的严重程度。"仙"原指接近神的人，与"神"的含义有本质的不同。古人认为高山接近于天，追求天神之人处于山巅就会更接近天神，故称仙。作为象形，古代的仙甚至将"人"写在"山"之上。此后"仙"则不仅用来指登高求神之人，而且泛指在山中修行或以其他方式接近神的人。人神杂糅和造神运动使得人、神不分，神、仙混同，神的概念模糊异化，人造偶像神替代了真神，本真的天神反而被淡化。在一个神的概念高度混乱扭曲的环境中，"夷希微"的道被广泛漠视和误解，是必然现象。

老子所论之道，原本完全符合造物主的定义，就是所谓天神。古籍考证可以证明，老子所论之道就是从商周的帝、天、天道逐步演化而来，是同一超越本体，只不过在老子那里，对其的认识水平达到空前的深度和高度。在一个人造偶像神充斥，有形偶像成为神的必备特征的社会，道这个无形无状的真正大神反而很少，甚至不被当作神来认识和崇拜。对道之神性的漠视必然导致对道的认识混乱和误解。

五　盲目迷信西方思想观念

对老子之道的误解还有一个重要原因，就是以西方中心论的宗教观看待评判中国宗教。西方宗教观形成于信仰基督宗教的西方列强雄霸天下时期的欧洲，在很大程度上建立在以建制性结构为特点的基督宗教基础上，自认为基督宗教是雄踞于世界其他宗教之上的高级宗教，故有显著的西方中心论色彩。中国近代一些主流学者盲目接受和崇拜西方思想，将以基督宗教为范式的西方宗教定义和模式作为人类宗教的唯一标准，据以判定中国宗教，故而认为中国没有宗教，只有迷信，进而将儒教曲解为单纯的人文主义，将佛教歪曲为无神论宗教，将道教贬称为封建迷信，将儒道佛三教的教祖孔子、老子和释迦牟尼都册封为无神论者，将儒道佛教的天、道等终极超越者解释为形而下的大自然、自然规律等。其效果是以对西方思想观念的迷信取代了本土的低俗迷信。

西方列强的优越感和基督宗教的排他性更加剧了对本土宗教中天、道等概念的误解。清末民初，在西方种族主义者眼中，中华民族被视为劣等民族，中国宗教被视为劣等宗教，而作为劣等宗教中终极神圣的天、道当然不能与基督宗教的上帝、天主相提并论。这种观念当时非常强势。例如，1880 年，麦克斯·穆勒在其主编的《东方圣书》中因为收录有莱格教授将中国的"上帝"等同于基督宗教的 God 的经典翻译，受到数十位基督宗教主教和教士的联名抗议，而不得不与之抗争。① 中国的天、道不能等同于基督宗教的上帝、天主，这既是当时西方主流的观点，也被盲目接受西方思想的国人无条件接受和运用。这种观念不仅阻碍人们通过参考借鉴其他民族的宗教认识来正确认识老子之道，而且人为将天、道与基督宗教的上帝、天主对立起来。其实，同在一个地球上的人类面对的是同一的终极超越者，所不同的只是各宗教对终极超越者的命名和认识而已。继承西方偏见将天、道与上帝、天主等人为对立，加深了对老子之道的误解。

六　"文革"思想的禁锢

以"文化大革命"为顶峰的历次政治运动将新文化运动以来否定传统文化和宗教的思潮推向极致，致使对中国古人也要按阶级论、唯物唯心论、有神无神论等教条划线站队。凡是唯心、有神、属于统治阶级或不能以实证主义方法证明的事物都在被打倒否定之列，老子所论之道当然也要以这些标准审判。可能是出于认识混乱或对老子的好

---

① 见麦克斯·穆勒《宗教学导论》，陈观胜、李培荣译，上海人民出版社，2010，第 165～175 页。

　　　　　　　　　　　　　　　　　　　　　　　　　　　　老子指真

意，老子在多数情况下被划定为无神论者、唯物主义者、代表被统治阶级，老子之道被曲解为大自然、自然规律、规则、道理等形而下事物。这样做虽然让老子及其所论之道避免了被大批判的命运，但对老子及其所论之道的误解和曲解却作为结论固化了。如今"文革"已过去三十多年，"文革"的许多极端思想和做法都得到纠正，但在传统精神文化领域，"文革"遗毒和禁锢并未得到清理，"文化大革命"中结论在先的许多武断观点仍得以延续。对老子、《道德经》和老子之道的偏见就是其中明显的一例。这些歪曲的观点仍在很大程度上左右现代社会对老子及其所论之道的认识。应当指出，唯物唯心论、有神无神论、阶级斗争学说都是近代西方的产物，老子在世时既不可能知道这些概念和理论，也不可能按照这些理论塑造自己及其思想和著作。强令中国古代圣人削足适履，适合这些近代西方观念，只能造成对老子及其所论之道的全面误解。

七　宗教学常识和学术规范的缺失

中国人的现代宗教观是民国以来在西方观念影响下，主流学者的导向下形成的。细加考证，这些奠定中国宗教观的主流学者对宗教学几乎都知之甚浅，甚至缺乏基本常识。例如，大名鼎鼎的梁启超、胡适、梁漱溟等一批主流学者无视中国寺庙、神坛遍地皆是，宗教信仰现象无处不在的事实，认为"中国是个没有宗教的国家，中国人是个不迷信宗教的民族"[1]。在否定中国宗教存在的同时，蔡元培、胡适、冯友兰和梁漱溟又自相矛盾地分别提出以美育、科学、哲学、伦理取代宗教的主张。不仅否定儒道佛是宗教者大有人在，梁启超、章太炎、胡适、梁漱溟等一批强烈反对宗教的学者后来又转而大力提倡佛教。认识混乱之状，蔚为大观。读者可以自己判断，由这些宗教学外行学者主导

---

① 胡适：《名教》，《胡适文存二集》，亚东书局，1928，第91页。

形成的宗教观是否可靠？用这样的宗教观解读中国本土宗教，解读老子所论形而上之道，结论是否可信？

主流学者尚且如此，百姓大众就更缺乏宗教的基本常识。特别是民国以来，宗教在中国社会逐渐成为一个敏感度很高的禁忌话题，国民教育中只有对宗教完全批判否定的结论，而无理性客观的通识教育。这种状况使得民众和整个社会对宗教普遍无知，认识高度混乱。老子之道作为宗教的至上主体当然也难逃被广泛误解的命运。

如果说20世纪对本土宗教的误解和曲解起因于用外行主导的宗教观看待本土宗教，那么在改革开放后宗教学科在我国逐渐发展成形的今天这种状况是否已经全面改观？答案是否定的。其原因有三。第一，新建的宗教学科还很幼稚脆弱，一定程度上未加批判就承袭了20世纪形成的西方化宗教观，其中饱含歪曲混乱的观点。第二，中国宗教学普遍采用按单一宗教分科的方法，多数宗教学学者毕生被限定在单一宗教的狭隘研究领域，缺乏宗教学研究必要的跨宗教、跨学科的方法和视野。若按宗教学创始人麦克斯·穆勒在业内公认的名言"只懂一门宗教的人，其实什么宗教都不懂"[1]，则我国现有体制下培养的许多宗教学者既不真正懂宗教，也不具备辨别宗教观点是非的能力。第三，与其他学科不同，宗教不止是理论，更重要的是信仰实践和超越体验。"一个宗教现象只有在其自身的层面上去把握它，就是说，只有把它当成某种宗教的东西，才有可能去认识它。企图通过生理学、心理学、社会学、经济学、语言学、艺术或是其他任何研究去把握它的本质都是大谬不然的；这样做只会丢失其中的独特性和不可还原的因素——就是它的神圣性。"[2] 鉴于宗教的高度体验性，要把握宗教的实质，不仅需要跨宗教、跨学科的外在研究和理论，还须有入乎其内的跨宗教切身体验，才能真

---

[1] 麦克斯·穆勒：《宗教学导论》，陈观胜、李培茱译，上海人民出版社，2010，第10页。

[2] 米尔恰·伊利亚德：《神圣的存在》，晏可佳、姚蓓琴译，广西师范大学出版社，2008，第1页。

　　　　　　　　　　　　　　　　　　　　　　　　　　　老子指真

正做到客观深入，否则就会像盲人谈论色彩、聋子谈论声调一样不得要领。这些都是中国宗教研究认识中至今仍严重欠缺的。在这种情况得到纠正之前，学界不仅难以帮助社会克服对本土宗教文化的误解，而且本身还可能制造更多的误解。在此形势下，老子之道仍受到普遍误解，亦属必然。

八　有意无意的曲解

关于《道德经》和老子之道的形形色色的歪曲误解充斥于市，还有一类主要贡献者，就是有意或无意的曲解者。其中无意者可能是上述各种问题的受害者（当然也是致使更多人受害的传播者）或信口开河的认识低浅者；而有意者则是借老子之口宣讲自己的主张，其解读往往是任意曲解创作，与老子本意差之千里。号称是"我注老子"的人，往往堂而皇之地转换为"老子注我"。这些创作者心知肚明，老子早已仙逝多年，绝不可能与之抗辩。因此歪曲误解《道德经》和老子之道真是一个安全的行业。形形色色的此类水货泛滥成灾，老子本人的理念洞见反而被湮没于水底。曲解《道德经》和老子之道的人有一个共同特点，就是都不会将自己置身于老子的位置，通过对《道德经》字里行间的反复深入研读寻求对老子本意的真正理解。

*　　*　　*　　*　　*

以上列举的各种原因交互作用，共同造成现代社会对老子之道的普遍误解和曲解。本文之所以列举分析这些原因，就是希望人们对这些成因有所警觉，以最终排除对《道德经》的偏见和理解障碍，让老子之道真正得到理解和彰显。

《道德经》全文都是围绕道展开的，而道的本体就是形而上超越之道。因此，要想读懂《道德经》，首先必须把握道的形而上超越本体，然后才能提纲挈领，获得对《道德经》的真正理解和把握。许多有关老子《道德经》的著述将注意力集中在其文本、道的作用及形而下的论述上，而无视道的形而上本体。另一些近现代相关著述则歪曲了《道德经》的本意原旨，干脆否定了老子的形而上超越之道。因此，要真正理解和阐扬老子之道及其《道德经》，必要的工作是清理排除这些著述造成的歪曲误导。

第三章　老子其人寻真

　　老子是中华民族史上首屈一指的圣人，也是人类文明史上最伟大的精神思想家之一。尽管如此，留传下来关于老子的史料文献却少之又少，且含混不清，以至于人们对老子其人究竟如何众说纷纭，莫衷一是。因此，从有限的典籍文献中尽一切可能探寻出最接近真实的老子，既是老子研究的本来任务，也是本章的追求。

　　多数研讨老子的著述，关注面都集中于老子的姓名、字号、故乡、出身、身份、师从、在世年代、生平经历、去向归终等问题，而极少有人注重研讨老子的人格品行、学识修养、神学思想、理性与超理性、道行修为和宗教性。与老子身世的细节相比，后一类内容本来应该是作为精神思想家的老子更具有重大意义的维度，但却被当作无关紧要甚至不存在的细节而忽视了。这些方面不仅对于研究了解老子作为一个真实存在过的圣人非常重要，而且有《道德经》等现存文献资料可以挖掘研究并证实。忽略这些方面是老子研究的重大缺憾。相比而言，多数学者全力关注的那些问题，却有的因史料不足无法得出肯定性结论，有的因证据不足致争论失去意义，有的干脆就是近现代学者臆造出来的伪问题。长期纠结于此非但徒劳无功，反而忽略了对老子更重要维度的研究，这就是老子研究的现状。有鉴于此，本章虽然也涉及老子身世的通常问题，但对于因缺乏史料不可能确证的问题则点到为止，避免展开。本章的目的除了确认一些有据可证的关于老子历史地位的基本事实，列举一些被忽视的关于老子身世的重要依据之外，更重要的是据实论证老子的人格品行、学识修养、神学思想、理性与超理性、道行修为和宗教性。因本书篇幅所限，这些论证意不在详尽，而在于引起学界和世人对老子这些重要维度的关注，启动这些方面的研讨，以期有更深入的发掘、认识与论述。

第一节　老子身世新探

为了从繁杂纷乱、相互矛盾的文献史料中整理认定出较为可信的老子身世的基本信息，首先应当建立一些科学、客观、严谨的认定原则，树立理性思考判断，重视但不迷信权威成见的态度，并据此考证现存文献资料。运用这些原则和态度分析考证老子身世的重要信息，有助于发掘出被人忽视的线索和信息。

一　老子概况

根据武英殿本《史记·老子韩非列传》，"老子者，楚苦县厉乡曲仁里人也，姓李氏，名耳，字聃，周守藏室之史也"。有学者认为司马迁有误，应将老子定为陈国相人。也有人认为，六朝时的《史记》中此句就是"陈相赖乡曲仁里人"①。《史记》索隐云："苦县本属陈，春秋时楚灭陈，而苦又属楚，故云楚苦县。"此论基本可信。苦在陈为相，故"楚苦县"和"陈相"所指其实相同。据《左传》和《史记》记载，楚于公元前598年、前533年和前478年三次灭陈，陈在最终被灭之前已在很大程度上沦为楚的附庸国。老子长寿，其在世年代与楚灭陈这段时间有重合，故"楚苦县"和"陈相"都说得通，不值得为此

---

① 张扬明：《老子考证》，黎明文化事业公司，1985，《第二章　老子籍贯的问题》，第43~54页。

辩论不休。该地的行政区划、归属和名称在老子之后的朝代中屡经变动，史上曾被定名或划归苦县、谷阳县、真源县、仙源县等，故造成后人的疑惑和歧义。执异议者显然是担心老子如被定为楚人，则代表了蛮夷的楚文化。此虑实乃杞人忧天。老子是周守藏室之史，当然代表周朝中原文化。至于其故乡后来归属哪国，无碍于此。《史记》所称"厉乡"，《水经注》等经典中则称"赖乡"，还有古籍中称"濑乡"。古代三字通假，所以三者所指也相同。20 世纪 90 年代以前，一般认为《史记》所云楚苦县即今河南鹿邑县，后来有人认为是相距不足 100 公里的安徽涡阳。此后两地因争夺旅游资源而展开旷日持久的老子故乡之争，但该争论的学术意义不大。

老子是尊称，为何姓李而被称为老子，有多种说法。张君相等人认为是因其寿考，故称老子。但诸子百家皆以姓而称"子"，以寿考称"子"明显不合通例。另一种说法是老子"生而皓首，故称老子"，此说荒诞而不可信。一种似乎合理的说法是春秋之前先有老姓，老姓后来演变为李姓，老子时代正处演变过程中，故造成老姓和李姓同时并用；古书中有称老童、老佐、老祁者，盖以老为姓也。另一种较为可信的说法是先秦时代贵族一般有多个姓氏，且往往姓（来自母系）、氏（来自父系）并用，用法并不像后来那样规则。此外姓氏常用通假字表示，所以一姓氏常歧为数姓氏，如荀卿也称孙卿，惠子也称慧子，邹衍也称驺衍。老子老、李姓氏并用，或老、李乃同姓歧字，均符合当时常法，较为可信。

《史记》没有说明老子的在世年代，但据《史记》和大量有关典籍记载，老子做过孔子之师并年长于孔子，是春秋后期人。关于老子的生卒年代，有多种说法。其中一种是公元前 571 年至前 471 年，另一种是公元前 600 年至前 480 年。孔子的生卒是公元前 551 年至前 479 年。如果按前一种说法，老子长孔子 20 岁。如果按后一种说法，老子长孔子 49 岁。《史记》称："盖老子百有六十余岁，或言二百余岁，以其修道而养寿也。"此论对老子岁数过于夸张而不尽可信，但老子长寿却符合其他所有相关典籍的记载，具有可信度。综合所有关于老子生卒年代的信息判断，老子在世时间应该是公元前600年至前471年之间，较为可信的寿庚在100岁至130岁之间。有人根据《庄子·养生主》中"老子死，秦失吊之"推断老子一定死于秦地，未免牵强。《庄子》中姓名多为虚拟，况且姓秦未必就一定是秦国人，即便是秦国人也未必一定住在秦国。

关于老子的后代，《史记·老子韩非列传》称："老子之子名宗，宗为魏将，封于段干。宗子注，注子宫，宫玄孙假，假仕于汉孝文帝。而假之子解为胶西王卬太傅，因家于齐焉。"梁启超等人指出，解作为老子的八代孙，与孔子的十三代孙孔安国同时代，不合情理。封于段干的宗即段干崇（宗与崇古代通假）。《战国策·魏策三》和《史记·魏世家》中记载魏王派段干崇向秦王割地讲和是魏安釐王四年，即公元前273年，此时距孔子去世已有二百多年，而与太史儋年代接近。所以有人认为，宗与老子年代相差太远，不可能是老子的儿子，司马迁可能是误将太史儋的后世族谱当成老子的了。由于《史记》显示司马迁分不清老子与晚于他一百几十年的太史儋，将二者混淆，此论有一定的可信度。尤其是《史记·老子韩非列传》中，上文刚说过对于老子，人们"莫知其所终"，接下来就又明确知道"老子之子名宗，宗为魏将，封于段干"，甚至连老子后代的族谱都一清二楚，岂不自相矛盾。还有人认为，鉴于宗不可能是老子的儿子，故可能是假冒老子之子者被司马迁误信而载入《史记》。

二 与他人混淆的老子身份

《史记》有关老子身份的记载模糊不清，还引出了另外三个与老子身份有关的人，致使人们至今仍为老子是否伯阳、太史儋、老莱子争论不休。经后人改动过的《史记》传本有称老子"姓李氏，名耳，字伯阳，谥聃"。据《史记》《汉书》记载，在老子之前有两位伯阳，一是周幽王时代的伯阳，二是舜的老师伯阳。前者生于公元前800多年，比普遍相信的老子年代至少早200多年，后者则更加久远。倘如此，则二者都不可能是老子。东汉末年的高诱始称老子同时是这两位伯阳，明显是为了神化老子而将老子与伯阳混为一谈。这种说法在唐代就被司马贞等否定。同一版本《史记》中的"谥聃"也露出其篡改之马脚。清代姚鼐就曾指出："老子匹夫耳，故无谥。苟弟子欲以谥尊之，则必举其德，焉得曰聃？"①

至于老子与太史儋是否为同一人，从《史记》中"或曰（太史）儋即老子，或曰非也，世莫知其然否"可见，此困惑可能始于司马迁不能有效判断相关信息。司马迁明知太史儋见秦献公是在"孔子死之后百二十九年"②，又知老子做过孔子之师，应该明白太史儋和老子不可能是同一人。这点本来一清二楚，但司马迁仍不能断然区别二人，可能与古人迷信圣人能寿高达几百岁有关。将太史儋与老子混为一谈，最初可能出自两个原因。其一是"聃"与"儋"同音，作为通假字可能通用。其二是老子做过周守藏室之史，而儋做过周太史，都是周史官，有相同之处。尽管司马迁对太史儋即老子持存疑态度，但还是将二者的事迹混淆了。

太史儋并非著道德五千言的老子，还有三点依据。其一，《史记·老子韩非列传》称老子出关时"乃著书上下篇，言道德之意五千余言而去，莫知其所终"，其下文和《史记·秦本纪》则记载太史儋在关外觐见了秦献公，表明司马迁是知道太史儋在关外动向的，并非"莫知其所终"。如果二者是同一人，则司马迁是自相矛盾。其二，太史儋见秦献公的说辞都是谶纬虚妄之言，从境界到内容都与《道德经》格格不入，不可能是老子所言。其三，荆门郭店竹简本《道德经》被考古推断为入土于公元前400年至前300年之间，早于太史儋有可能具备写

---

① 姚鼐：《老子章义》，台湾广文书局，1975。
② 司马迁：《史记》，中华书局，1999，《老子韩非列传》，第1703页。

作如此大作之年。在交通和信息传播都非常原始的古代，《道德经》作为一部民间作品，从成书到成名并成为权贵们陪葬的珍贵经典需要经历漫长的时期，故其成书应在太史儋之前很久。郭店竹简的出土其实提供了太史儋非《道德经》作者的有力证据。

老莱子与老子是否同一人的疑惑，始见于《史记》中"或曰老莱子亦楚人也，著书十五篇，言道家之用，与孔子同时云"① 的记述。司马迁提及老莱子可能是老子的说法，但对其持明显的存疑态度。他在《史记·仲尼弟子传》中说："孔子之所严事者，于周则老子，于卫蘧伯玉，于齐晏仲平，于楚老莱子，于郑子产"②，显然认为老子和老莱子是两个人。以太史公之权威，后人普遍接受了这种观点。但仔细考证史籍文献中关于这两人的描述，却发现二者在几乎所有有记载的方面都高度相似乃至相同，令人不得不对已有成见产生怀疑。归纳起来，二者至少有以下十大难解的雷同之处。

1）二者都是楚人。根据《史记》，老子是"楚苦县厉乡曲仁里人"。同样根据《史记》，老莱子"亦楚人也"。但老莱子具体是楚国何处人却没有任何文献记载。《列仙传》《高士传》等文献记载的楚国蒙山只是老莱子为逃避楚"白公之乱"而隐居躬耕之处，非其故里。文献中有关老子和老莱子籍贯的信息不仅不矛盾，反倒给二者可能为同一人留下了充足的余地。

2）二者都姓老。前面讲过，老是老子的姓氏。老莱子也姓老。有人认为老莱子姓莱或赖，"老"只是寿考，而赖姓就是从莱姓演化来的。但几个环节都没能提出令人信服的证据，只能作为参考。即便按此说法，老子和老莱子都破格以寿考而称老，二者岂不又多了一个稀有的共同点？姓老的人极为稀少，偏偏道家仅有的两位祖师都姓老，而以老称子的人史上又只有这两位，几个离奇的巧合碰到一起，岂非咄咄

---

① 司马迁：《史记》，中华书局，1999，《老子韩非列传》，第1703页。
② 司马迁：《史记》，中华书局，1999，《仲尼弟子传》，第1735页。

　　　　　　　　　　　　　　　　　　　　　老子指真

怪事?

3）二者在世年代高度相近甚至相同。老子的生卒年月不确定，通行的说法有公元前 570 年至前 471 年和公元前 600 年至前 480 年两种。老莱子的年代被学界推断为大约在公元前 599 年至公元前 479 年，正好与以上对老子年代的两种说法的跨越年代相似。其他方面如此相同的二人在世时间又如此相似，并且生卒年都同样不确定，实令人称奇。

4）二者都长寿。《史记》中称："盖老子百有六十余岁，或言二百余岁，以其修道而养寿也。"①其中对老子长寿虽过于夸张而不尽可信，但老子长寿却由此可见一斑。老莱子的生卒年代如果是在公元前 599 年至公元前 479 年之间，也是罕见的长寿。如按上项所列，二者生卒年代几乎相同，则二者寿庚也几乎相同。

5）二者都做过孔子的老师。据《史记》《春秋经》《礼记》《庄子》等大量文献记载和印证，老子是孔子之师。此类文献中也都有老莱子是孔子之师的详细记载。

6）二者都教训过孔子，并且教训的内容和思想基本相同。《史记》记载老子教训孔子曰："且君子得其时则驾，不得其时则蓬累而行。吾闻之，良贾深藏若虚，君子盛德容貌若愚。去子之骄气与多欲，态色与淫志，是皆无益于子之身。吾所以告子，若是而已。"②《庄子·外物》中述老莱子教训孔子曰："'丘，去汝躬矜，与汝容知，斯为君子矣。'仲尼揖而退，蹙然改容而问曰：'业可得进乎？'老莱子曰：'夫不忍一世之伤，而骜万世之患。抑固窭邪？亡其略弗及邪？惠以欢为骜，终身之丑，中民之行进焉耳！相引以名，相结以隐。与其誉尧而非桀，不知两忘而闭其所非誉。反无非伤也，动无非邪也，圣人踌躇以兴事，以每成功。奈何哉其载焉终矜尔！'"③对于远程前来虚心求教的大贤之士开

---

① 司马迁：《史记》，中华书局，1999，《老子韩非列传》，第 1703 页。
② 司马迁：《史记》，中华书局，1999，《老子韩非列传》，第 1702 页。
③ 陈鼓应：《庄子今注今译》，中华书局，1983，《外物》，第 711 页。

口指责教训，已属罕见。二者都如此指责教训，且内容和思想基本相同，则远非"罕见"所能形容。更加不可思议的是，孔子听过二者的训斥之后，同样都不反感，同样都表示佩服。

7）二者都是道家先师，都是大思想家。众所周知，老子是道家祖师，是伟大的思想家。据《史记》《战国策》《庄子》《大戴礼记》《高士传》等典籍记载，老莱子也是道家祖师，差不多是与老子齐名的思想家。老子是中国历史上最伟大的思想家，其著作精微玄妙，至今无人能及。这样的思想家在中华文明五千年历史中原本只出过一位，但在当时被认为地处荒蛮的楚国却同时出了两位，岂非奇迹！况且同一宗极为独特的道学，竟然同时有两位思想一致，但互不相关的祖师，则更是无法理解的奇迹。

8）二者的著述都是关于道家道德的。老子"著书上下篇，言道德之意五千余言"①，老莱子则"著书十五篇，言道家之用"②。"道德"与"道家"寓意相同，"五千言"与"十五篇"可以并存，"之意"和"之用"可以互补，二书并不相互排除。二人都是以此书而著名，且二书主旨完全一致。如果这只是一种巧合，那么这种巧合同时发生的几率几乎等于零。

9）二者都是隐士。《史记》中说："老子，隐君子也"，"以自隐无名为务。"③ 老莱子则以"隐士"、"孝子"著称于世。

10）孔子对二者的评价几乎一模一样，二者都重德守信、安贫乐道。据《孔子家语》记载，"孔子曰：'蹈忠而行信，终日言不在尤之内，国无道，处贱不闷，贫而能乐，盖老子之行也。'"据《大戴礼记》记载，"孔子曰：'德恭而行信，终日言不在尤之内，在尤之外，贫而乐也，盖老莱子之行也。'"师事过二者的孔子评论二者的言论，不仅

---

① 司马迁：《史记》，中华书局，1999，《老子韩非列传》，第 1702 页。
② 司马迁：《史记》，中华书局，1999，《老子韩非列传》，第 1703 页。
③ 司马迁：《史记》，中华书局，1999，《老子韩非列传》，第 1702～1703 页。

老子指真

内容基本相同，而且用语也基本相同，竟宛如谈论同一人！除非二者就是同一人，否则这样的雷同无法解释。

有关老子和老莱子的文献中还有许多二者相同之处，因篇幅所限，就不一一列举了。但仅此十点，已足以说明问题。想要证明老子和老莱子不是一人，必须首先有充足理由排解以上十大极为离奇的雷同疑团。但这似乎不是人力所能及。

以上十大疑团可以作为二者为同一人的依据，但反论的依据却几乎"视之不足见"。至今能够看到的最为显著的反论是司马迁对二者为同一人持存疑否定态度：老子是"著书上下篇，言道德之意五千余言"，而老莱子则是"著书十五篇，言道家之用"，二者著述不同。细加剖析，该论点几乎不值一驳。前面说过，司马迁所说二者之区别中，"道德"与"道家"寓意相同，可以互补换用。"著书上下篇"与"著书十五篇"看似有差别，但《道德经》分为上下篇、72 章或 81 章都是后人所为，分为十五篇也未尝不可。司马迁所谓"之意"和"之用"可以互补，既讲意思又讲作用正是文章的正常结构。因此，这两句话完全可能是对同一篇文章的不同描述，不仅难以成为二者不是同一人的理由，反倒可以作为两者是同一人的证据。即便按反论者的观点两本书不是同一本，"著书上下篇"也不排除再"著书十五篇"。古代也没有一人一生只能写一本短书的规定。

另一种反论的依据是《庄子》中分别提到或引用过老子和老莱子。显然这仍不能证明二者不是一人，至多只能证明将老子和老莱子看作两人的疑惑在庄子时代就存在了。何况将两个名字并提未必就等于认为二者不是一人，否则老子和老聃也会因被《庄子》多次并提而成为两个人。

还有一些证据可能提示二者为同一人。例如，老子的故乡厉乡，据注家考证实为赖乡，因方言读音不同而被异为厉乡；古代厉、赖、莱可通假或借假。如此，则有可能将家乡的"莱"字夹入老子的称号而形成老莱子。还有学者考证后指出，老子和老莱子被误认为两人，是因为李字古代有两种写法，"秦国的李字，是所谓'木子李'，而楚国的李字……上面不是木，而是来。来和李，都是来母之部字，古音完全一样，字形也相近"①，故而被误当作两个字，两个人。

确定二者是否同一人，有重要的实际意义。如果能够确定老莱子即老子，典籍文献中关于老莱子的资料就可以用作对老子的研究，这将大幅提高对老子身世的了解。

关于老子的身份，近现代一些主流学者还有许多不同的说法，如老子与李耳是两个人、老子其人是虚构的、《道德经》非老子所作等。但这些说法并无任何可信的依据支撑，纯属主观臆断，或自相矛盾，或不攻自破，没有多少可信度。

三 老子的去向

老子的最终去向，据《史记》所说，是"居周久之，见周之衰，乃遂去。至关，关令尹喜曰：'子将隐矣，强为我著书。'于是老子乃著书上下篇，言道德之意五千余言而去，莫知其所终。"至于老子何时出关、出关时年龄多大、出的什么关等，司马迁都没有交代，引得后人对此遐想联翩，争议不绝，甚至有人因此续编了老子在关外开坛授徒、老子化胡收释迦牟尼为徒等故事。

老子所出之关，一般认为是函谷关，也有人认为是散关。散关位于今陕西省西南部，当时地处荒蛮，年迈的老子很不可能单人至此。高亨引用了大量文献证明"盖秦末汉初关字用为专名，通指函谷关"②，故《史记》所言老子至关而不提关名，循惯例是指函谷关。据清代汪中的《老子考异》，函谷关是秦献公时代（始于公元前384年）才设置的。因此，如果《史记》中老子所至之关是函谷关，则必然晚于公元前384

---

① 李零：《郭店竹简校读记》，北京大学出版社，2002，第198页。
② 高亨：《老子正诂》，清华大学出版社，2011，第124页。

年，那么出关的就一定不是老子，而是太史儋。

关于老子出关的另一条线索是关令尹喜的身份。据最早对此有记载的《列仙传》称："关令尹喜者，周大夫也。"倘如此，则尹喜把守的关口就一定不是函谷关或散关，而是东周洛阳周围的某关口。因为函谷关和散关都在秦地，周朝的官员不可能为秦国守关。倘如此，则老子出关之后可能仍在中原一带居住。

仔细研究现有的各种有关文献，还会发现更多的老子离职后可能并未直接出函谷关隐居于秦的线索。其一，太史儋出函谷关是肯定的事实，《史记》中多处对此有翔实记载。彼时交通不便，秦国并非世人常去之处，被混淆的两个人恰巧都出关居秦的可能性因此大幅缩小。其二，老子出关最先记载于分不清老子和太史儋的《史记》，后世文献言老子出关赴秦多系继承发挥《史记》的说法。太史儋非老子得以证实之后，老子出关居秦的说法已经动摇，其他文献中的相应记载也随之失去根基。其三，前面说过，函谷关是公元前384年才设置的，所以老子出函谷关的说法不攻自破。其四，《庄子·天运》中说："孔子行年五十一而不闻道，乃南之沛见老聃。"据《礼记》、《庄子》等文献推断，老子应该年长孔子二十岁到四十九岁。故孔子五十一岁时，老子应该已七十一岁到一百岁。即便在见过孔子之后立即动身出关，以此耄耋高龄独闯关外，到人生地不熟的秦地谋生，并且除"见周之衰"外并无任何其他理由和动机，则显然有悖常理。其五，很多文献史料的记载明显与老子出函谷关的说法相矛盾。除上述孔子五十一岁至沛见老子的记述之外，《庄子·天道》还说："孔子西藏书于周室，子路谋曰：'由闻周之征藏史有老聃者，免而归居。夫子欲藏书，则试往因焉。'孔子曰：'善。'往见老聃，而老聃不许。"又如，《列子·周穆王第三》记载秦人逢氏在往鲁国为其子寻医途中，在陈国遇到老子，受到老子的教导云云。这些都提示老子离周后可能在近沛一带居住。《庄子》《列子》中还有老子辞官后隐居教学的许多其他记载，也有悖于老子见周衰而出函谷关居秦的说法。其实，司马迁说老子出关，既未说明出的是哪个关，也未说是去了秦国。老子出函谷关隐居秦国显然是因与太史儋的事迹混淆而被后人续编的，并无确切的史料根据。

特别是如果能够证实老子和老莱子为同一人，很多关于老莱子的文献记载也成为老子并未出关的依据，从而也为老子研究拓宽了空间。许多典籍文献中都有关于老莱子晚年在楚地遁世隐居的记载，湖南株洲尚有清朝重修的老莱子墓遗迹。如二者为同一人，则这些都与老子出函谷关居秦的说法相矛盾。

综上，就现存各种史料证据来看，老子离职后没有赴秦隐居的可能大于在秦隐居的可能。当然，老子是否出关居秦对于《道德经》研究并非最重要的问题。

四 关于老子的争议

关于老子的争议，归纳起来主要有老子在世的年代、老子是否《道德经》的作者、老子与他人混淆的身份、老子是否确有其人、老子是否曾为孔子之师、老子的姓名、老子的故乡、老子的出身和师从、老子的生平经历、老子的去向归终、老子的后代后学，等等。其中一部分在上文中已有论述，下文仅就未尽部分做出补充。

关于老子的身世，虽然因没有确切的史料记载，自古以来存有一定的疑问，但从未形成争论，更鲜有人否定老子是《道德经》的作者，怀疑老子确有其人。关于老子和《道德经》的争论，始于民国年间的疑古风潮。该风潮奉行的不成文原则是"唯疑乃学，未见即无"。一些主流学者如梁启超、冯友兰、侯外庐、钱穆、杨荣国、谭戒甫、武内义雄、刘汝霖等通过将《道德经》的成书时间认定为战国时期或以后，否定了老子是《道德经》的作者，从而从实质上否定了老子和《道德经》。因为如果老子不是《道德经》作者，《道德经》就是他人托老子之名的伪书，而借《道德经》闻名于世的老子也失去其历史意义。另一些学者如顾颉刚、罗根泽、孙次舟、刘节、蒋伯潜等则不仅直接否定老子是《道德经》的作者，甚至干脆否定老子的存在。例如，孙次舟断言："老子本无其人，乃庄周之徒所捏造，藉敌孔丘者也。"① 这股风潮发展蔓延，俨然成为近代中国老学的主流。

近现代这股疑古疑老之风虽然声势浩大，威胁到老子和《道德经》在中华文化中的历史地位，但其观点立论却缺乏依据，经不住严谨的考证和检验。老子是《道德经》的作者、老子是华夏最伟大的智者圣人、老子的思想学说影响了诸子百家的思想形成，这些都是两千多年来全华夏民族深信不疑的事实，而且有大量汉代及先秦的典籍记载可资证明，其中包括《庄子》《韩非子》《列子》《文子》《墨子》《荀子》《战国策》《吕氏春秋》《国语》《新书》《金人铭》《史记》《汉书》《说苑》《礼记》《韩诗外传》《淮南子》《孔丛子》《论衡》，等等。而这些学者的否定性论断却除了一些捕风捉影的主观臆断之外，几乎没有什么典籍或证据支持。1993 年《道德经》竹简本的出土更是从根本上否定了《道德经》成书于战国或此后、老子非《道德经》作者、《道德经》乃战国之后的伪经和老子其人不存在等臆断的基础。

关于这场争论的详情，已有多种出版物论述，没有必要在此重述。值得反思的是，对于老子和《道德经》的质疑和否定为什么在此前两千多年的中国古代社会只是罕见的偶然，而在新文化运动以来的近现代社会却成为主流？质疑和否定老子及其《道德经》是否意味着学术水平的提高或文化的进步？否定或贬低老子和《道德经》对于中华文化和中华民族有何意义？

对于第一个问题，只要将这场疑老否老风潮放回到近百年中国文化史的背景下研判就不难理解。始于新文化运动并在"文化大革命"时期达到顶峰的那股风潮实质上是全面质疑否定传统中华文化的反文化运动，其对传统中华文化的基本态度和趋向是怀疑一切、否定一切。

---

① 孙次舟：《跋古史辨第四册并论老子之有无》，载《古史辨》第四册，上海古籍出版社，1982。

在此大背景下，作为中华文化重要代表的老子及其《道德经》受到全面质疑和否定，其实只不过是全盘否定传统文化运动的组成部分，是极为符合那个时代特点的现象。相比之下，中国此前两千多年的历史中，尽管有过种种社会变动和思想变迁，但从未有人有意识地全面否定和消灭传统文化，当然也就不会有对老子和《道德经》如此强烈的质疑和否定。

另外，考察那段历史及相关资料，可知这些疑老否老的观点既缺乏史料典籍的支持，又没有合理推论的信实依据，故而既不代表学术水平的提高，也不象征文化的进步。发起和推动这场风潮的人缺少学者应有的严谨求实学风，缺乏对民族文化的理解、感情和责任心。从民族文化发展的角度回顾这段历史，这场风潮的实质是盲目接受西方偏见，自毁民族精神文化根柢，其实代表的是学术的衰败和文化的倒退。

至于这场疑老否老风潮的背后动机，却令人颇为费解。史上儒家偶有人绌老贬老，是为了维护或提升自身地位，动机虽不正当，但尚可理解。近现代国人极力贬低和否定代表中华文化的伟大圣人和经典，则无论从道义还是其自身利益审视，都看不出合理的动机。无论动机如何，就效果而言，瞄准最能代表传统中华文化的孔子和老子两位圣人开火，倒是消灭中华文化最有效的捷径。《道德经》作为中华民族精神文化的巅峰之作，老子作为中华民族最伟大的智者圣人，是中华文化立足世界之林的重要基础之一。否定老子和《道德经》就是否定中华文化最有价值的部分，就是消灭中华民族的根和魂，自毁立身之本。如今时过境迁，国人已经开始更理性客观地重新审视自己的传统文化遗产，认识和珍视传统文化及其代表人物对整个民族的巨大价值。随着民族文化的复兴和认识的深化，国人终将拨乱反正，重新清理和认识这段扭曲的文化发展史及其衍生的错误观念，老子和《道德经》的价值和意义也必将得到重新认识和发扬光大。

孔子是否曾师从或求教于老子，也是争议的话题之一。其实，这方面有大量史料和典籍可资证明，并可以相互印证，如果不是因为有人蓄意节外生枝，争论原本并不必要。例如，《史记》分三处在《仲尼弟子列传》、《老子韩非列传》和《孔子世家》中都提到或详述孔子师从或求教于老子的情节，可见司马迁从不同途径对此有深入了解，故而对此深信不疑。司马迁作为严肃求实的史家，如果没有确凿的证据是不会如此肯定地将该事实反复记入史册的。此外，早期典籍中不仅《庄子》中有十六处记述孔子学于老子，《吕氏春秋》《说苑》《韩诗外传》《汉书》《白虎通义》《文心雕龙》等对此也都有多处记述。有人怀疑《庄子》的有关记述有刻意贬儒扬道之嫌，然而即便是儒家自己的典籍，对此也有许多翔实记载。例如，《礼记·曾子问》中有四处记载孔子在教导弟子时谈到该信条教诲"吾闻诸老聃"云云；《孔子家语》中也有四处关于孔子学于老子的记述。儒教中偶有如韩愈等排他论者绌老，对此提出异议，显然出于维护儒教独尊地位的动机，但议论空泛，缺乏证据支持，不足采信。孔子曾师从或学于老子，有充足的史料典籍依据，可以认为是不争的史实。至于孔子师从或求教于老子的时间和次数，则无公认的权威记载。根据各种典籍记载或推算，有可能的时间是公元前535年、前516年、前511年、前501年和前495年等。由于各种记载相互不完全对应，致使后世对哪年求教、求教次数和求教地点都有争议，没有形成一致意见。根据各种史料综合判断，孔子很可能不止一次求教于老子。虽然没有充足的史料确证求教的次数和具体史记，但就学术思想史意义而言，能够确认孔子曾师从于老子的史实远比具体的时间、地点和次数更加重要。

老子的出身和师从，典籍记载有限。有近现代学者根据他贵雌守柔推断他出自母系社会，不知其父。但这只是一种推测，并无任何史料典籍为据，故仅可备一说，不足为凭。老子的老师，《文子·上德》和《说苑》中称是常枞，而《淮南子·缪称训》《列仙传》中称是商容。商容乃殷末周初贤者，距老子时代约500年，显然不可能是老子之师。常枞曾为老子之师，尚有可能，但能予以充分证实的史料也有限。因此有关于此的过多争论也因证据不足而缺乏实际意义。

直接受教于老子者，《史记》中除孔子和关尹之外，未提到其他人。据《庄子》《文子》《列子》等书所言则还有杨朱（阳子居）、文子、庚桑楚（亢仓子）、崔瞿、士成绮、南荣趎、柏矩等人，但各在何时为徒、何等程度为徒都缺乏史料说明。由于老子"以自隐无名为务"，所以少徒可能更符合其隐士状况。至于其非直传弟子或后学，则多至无数。从庄子、韩非子、列子、鬼谷子、稷下黄老学者、法家诸子、以孔子为祖师的儒家诸子、魏晋玄学到道家道教的全部参与者，从历代帝王将相、文人士大夫到近现代受过良好教育的人，很少有没读过老子《道德经》或领教于其学说之人。事实上，中国传统文化中诸子百家、各种思想学派在形成过程中几乎都受到老子学说的强烈影响。近代以来，《道德经》作为世界上除《圣经》之外被译介最多的经典广为流传，吸引了大量外国粉丝。就此而言，老子后学遍布天下，而且绵延不绝。

老子身世的资料中阙如的还有关于其家族谱系、生平经历、学历仕途等的确切信息。虽然坊间有相关的故事版本存世，但基本都是汉代以后的信徒或认老子为祖者等所作，既无可信依据，也得不到印证，还有明显的编造动机，故不足以采信。

老子不是王侯将相，所以没有完整可信的正史记载。仅凭存世的关于老子的资料文献，只能勉强勾画出老子身世的极粗略概况，但远不足以回答关于老子身世的所有问题。甚至可以断言，无论怎样努力，都不可能重修一部关于老子身世的详尽史。因此，老子的身世与他在《道德经》中的洞见来源一样玄奥缥缈，神秘高远。孔子曰："至于龙，吾不能知，其乘风云而上天。吾今日见老子，其犹龙邪？"[1] 这正是对老子身世的最好写照。对于常人来说，不能完全了解老子的详细身世是一大遗憾。但与仍可能通过研读《道德经》而了解和受益于老子的洞

---

① 司马迁：《史记·老子韩非列传》，中华书局，1999，第1703页。

见相比，不能了解其身世的遗憾则可大大降低。也许，让老子的身世留有神秘色彩更符合这位精神思想圣人的神圣身份。

第二节　老子思想的神学内涵

将老子断定为无神论者，是清末民初西方激进思潮涌入华夏后许多赶上时代潮流的主流学者们的观点。认为"老子的宇宙论破除了神造之说"的陈鼓应先生"为了加强这个观点"，特地引用了梁启超、章太炎、夏曾佑、胡适、徐复观等一些主流学者的相关言论。[①] 胡、徐的引用言论相对模糊，不足以有力支持陈的观点。梁的有关言论前面已做过剖析，此处不赘。章太炎的相关引言是："老子并不相信天地鬼神和占验的话。孔子也受了老子的学说，所以不相信鬼神，只是不敢打扫干净；老子就打扫干净。"[②] 夏曾佑的引言是："老子之书，于今俱在；讨其义蕴，大约以反复申明鬼、神、术数之误为宗旨。"最为雄辩的还是陈鼓应先生自己的言论，他说："'道'的预设，破除了神造之说。他说'道'为'象帝之先'，他不给上帝留下地盘；他说'天法道，道法自然'，人格神的观念在他哲学的园地上销声匿迹；他说'天地不仁，以万物为刍狗'，他这种自然放任的思想，把人从古代宗教迷信的桎梏下彻底地解放出来。"[③] 这类观点在其后的年代里得到充分的强化和推广，经过几代人的固化，已经成为现代社会中天经地义的主流观点。

然而，如果仔细比照《道德经》，就会发现以上论断都偏于主观武断，有任意曲解老子之嫌。《道德经》中反复阐明道是"万物之母"、"天地根"、"天地母"。换言之，道就是造物主，亦即人类其他宗教中奉为至上的造物之神。彰显造物之神以破除神造之说，很难想出比此更

---

① 陈鼓应：《老子注译及评介》，中华书局，2009，第51页。
② 章太炎：《演讲录》，转引自陈鼓应《老子注译及评介》，中华书局，2009，第51页。
③ 陈鼓应：《老子注译及评介》，中华书局，2009，第44页。

违背逻辑的推断。其实，所谓"万物之母"、"天地根"与造物主是对同一终极超越者的不同表达，其差别只有名称而已。对同一超越者稍微变换名称就能让这些国学权威迷失判断力，可见权威们据以得出此论断的推理水平并不高明，完全不值得迷信。

陈鼓应先生用以证明老子主张无神论和破除"宗教迷信"的三个排比句也忽视了老子本意和逻辑关系，有将自己的观点强加于老子之嫌。其结论不仅无法从其所援引的《道德经》语句中得出，反而与老子的原意正好相反。首先，"道'象帝之先'"，只是说道好像在天帝之先，显然肯定了"帝"的存在，完全没有"不给上帝留下地盘"的意思。如果老子断然否定帝的存在，道"象帝之先"这句话就因为失去参照物而不能成立。在老子时代及此前典籍如《尚书》《易经》中，天、帝、天帝、上帝、天神、神是同义词，可以换用，这也是《道德经》中采用的通行用法。《道德经》中有九十多处提到天、帝或天道，甚至超过提到道的次数，显然天或天帝在《道德经》中居于重要地位，丝毫没有不给其"留下地盘"的意向流露。其次，从"《道德经》他说'天法道，道法自然'"，也得不出"人格神的观念在他哲学的园地上销声匿迹"的结论。事实上，《道德经》中随处可以看到"天之所恶，孰知其极"、"天之道，损有余而补不足"、"天道无亲，常与善人"、"古之所以贵此道者何，不曰求以得，有罪以免邪"之类的表述，显然"人格神的观念"并没有如陈先生所愿"销声匿迹"。一个有爱憎、有行为取向和选择能力，并能免除人的罪愆、赐人以所求的超越者，不是人格神又是什么？最后，从"天地不仁，以万物为刍狗"中，无论用任何逻辑推理，也推断不出"把人从古代宗教迷信的桎梏下彻底地解放出来"的结论。"天地不仁，以万物为刍狗"说的是天地超越于世间万物的境界，不以万物的标准来偏爱对待万物。这既与一些现代人将宗教统统贬为迷信的大批判论调风马牛不相干，更谈不到"把人从古代宗教迷信桎梏下彻底地解放出来"。仔细品味，老子这句话不仅不反对宗教，反而有十足的宗教情调，甚至可以说有人格神宗教观念之嫌。句中的

"天地"是中国人心目中的神，这点从章太炎称"老子并不相信天地鬼神"就可得到佐证。谈论天地之神对待万物的态度是典型的宗教神学言论，具有对待万物之态度取向的天地之神则难以排除"人格"之嫌。

夏曾佑先生说："老子之书……以反复申明鬼、神、术数之误为宗旨"，显然将《道德经》当作一部以批判封建迷信为宗旨的专著。但遍查《道德经》，却竟然找不到一句"申明鬼、神、术数之误"的话，更谈不到"反复申明"，以此"为宗旨"则更是天方夜谭。看来，夏先生急于让老子和《道德经》服从他的主观结论，而完全没有顾及老子本人的意向。

章太炎先生说"老子并不相信天地鬼神"，不知依据何在，至少从《道德经》和所有与老子有关的典籍文献中都找不出任何根据。相反，《道德经》中能够证明老子相信天地鬼神的言论却比比皆是，顺手可以拈来几例以资证明。先说天地。其一，《道德经》第七章中说"天地所以能长且久者，以其不自生，故能长生。"上文中章先生的引语清晰表明，天地在包括章先生等主流学者在内的中国人心目中不仅是神，而且是主要的神。列举有意志能力决定是否"自生"的天地来阐明道理的人，不可能不相信灵性天地。其二，《道德经》区区五千言中就有九十多处谈到天、天帝或天道，足见老子不仅对天和天道的神圣性深信不疑，而且认为其地位十分重要。再说鬼神。其一，《道德经》第三十九章中说"神得一以灵"，"神无以灵将恐歇"。该章中与此构成排比的其他主体如天、地、谷、万物、侯王都是真实存在的，故可推断老子认为神也是真实存在的。其二，《道德经》第六章中说"谷神不死，是谓玄牝"。直接将道称为谷神，证明老子不仅深信神的存在，而且认为道就是谷神。其三，《道德经》第十章中说"载营魄抱一"。其中的"营魄"就是神秘的灵魂，这是不被无神论者承认的。承认灵魂的存在其实就承认了神或超自然的存在。其四，《道德经》第六十章中说"以道莅天下，其鬼不神。非其鬼不神，其神不伤人。"断然否定鬼神存在的无神论者无论如何不可能讲出这样的话。其五，第33章中说："死而不亡者寿",显然是说人的身体死后精神或灵魂仍然不亡的人才称得上"寿",但对强行将老子划定为唯物主义者的人来说,这句话无法合理解释。综上所述,权威们将相信神性的道、天、地以及鬼、神、灵魂存在的老子说成是不信天地鬼神的无神论者,明显无视《道德经》中老子本人的论述,违背了老子的本意。

从其他角度研判,把《道德经》说成是无神论之作,把老子说成是无神论者也是难以成立的。《道德经》如果是无神论之作,没有宗教经典特有的超越性、精神性和神圣性,何以能成为有神论道教的创教经典,并且能作为最根本的宗教经典而久盛不衰?难道两千多年来历代的道教人士全都没有基本的辨识能力,偏挑一部无神论甚至反神论的书籍作为其立教经典?《道德经》如果仅仅是附和现代文人的无神论言论并与其同样平庸低俗的著作,如何能有如此巨大的神奇魅力,盛行至今,对人类精神生活产生如此重大的影响?这些也都是将老子说成是无神论者的人无法解答的问题。

其实,所谓有神论无神论之争是欧洲启蒙运动之后科学实证主义承袭基督宗教反异教观念的产物,其概念往往模糊而混乱。在中世纪及文艺复兴之后的基督宗教传统中,护教者总是将偏离"正统"教条的持不同宗教观的人称为异教徒或无神论者,进而加以排斥或迫害。例如,像马丁·路德、加尔文这样的宗教改革家和像斯宾诺莎、伏尔泰、卢梭、莱布尼茨这样典型的泛神论或自然神论者都被当作无神论者。受此传统影响,现代社会总是将偏离主流宗教教条或不归属于任何建制性宗教的人当作无神论者,而不论其表现出多么强烈的有神论宗教倾向。由于这种错误的划分,现代社会中被标定为无神论者的人群中绝大多数是事实上的有神论者。宗教学创始人麦克斯·穆勒就曾指出,"世界上各个国家和各个时代都有许多人被称作无神论者。不是因为他们否认有任何超越视野和无限的存在,也不是因为他们声称世界不用原因、目的、神祇便可得到解释,而常常是因为他们只是不同意当时流行的神的传统观念,并且追求一种比他们在孩提时代知道的神性概念更为高超的观念。"① 精到的研究证明，凡是人都有宗教性，只是表现的方式千差万别，许多人的宗教性甚至通过推动无神论来表现。例如，文化革命就是表面打着反对宗教迷信旗号，实则将凡人迷信为神的变相宗教运动，具备所有的宗教要素特征并体现了宗教的狂热。而那时的全体国民都自认为是无神论者。因此，判断一个人是否是无神论者，不能仅根据其是否反对其他人的有神理论，或者是否自称无神论者。至少可以说，有神论者和无神论者在大多数情况下边缘界限模糊并且多变，很多自诩的无神论者其实是有神论者。

启蒙运动之后，尽管有神论者和无神论者的帽子漫天飞舞，有神论和无神论的辩论如火如荼，但是辩论者至今连神究竟是什么，神如何定义，神能否被认识，都没有达成一致意见。在人类几千年的文明史中，天地万物间几乎所有可见的和不可见的事物都曾被当作过神，不同的人对神的概念定义千差万别。人们连神究竟指什么都没有达成一致意见，就为其有没有争论得不可开交达数百年之久，甚至为此划分阶级阵营，大打出手，实在是极为愚蠢昏乱的行为。将老子称为无神论者，其实是一些主流权威学者盲目崇拜继承西方庸俗科学主义和宗教偏执传统的产物。权威们在做出判决时，其实照样对神的概念模糊不清；朦胧中先将神狭隘定义为有形的偶像神或物神，将道这样无形无状的至上神反而斥为老子的主观"预设"，进而将虔诚信仰天道的老子武断地判定为无神论者。

权威们在此问题上概念不清，原因在于缺乏宗教学的基本知识。道教中尽管有难以胜数的各种有形神灵，但公认的至上神则是无形的道。道与有形神灵的这种关系在《道德经》中有明确阐述："天得一以清，地得一以宁，神得一以灵"（第39章），其中的"一"就是指道。道高居于天地神灵之上的神圣地位以及与天地神灵的上下关系就此已被老子

---

① 麦克斯·穆勒：《宗教的起源与发展》，金泽译，上海人民出版社，2010，第194页。

阐释清晰，只不过权威们视而不见，或根本就不想见。道无形、无状、无声、无质、不可见、不可闻、不可博，不可尽言，但却是生养天地万物的造物主，是万神之上的至上神，这与印度宗教的认识颇为相似。印度宗教中据说有大大小小的各种有形神灵3.3亿多个，但公认的至上主神则是无形、无状、无质的上梵。仔细研读《奥义书》等印度宗教经典，就会发现其对上梵的认识和描述竟与《道德经》中对道的描述几乎相同，可以说只是名称不同而已。认真研读世界其他主要宗教经典，还会发现各宗教在认识的高端对其至上神的认识都与老子对道的认识相似或接近。包括基督宗教、犹太教、伊斯兰教和琐罗亚斯德教在内的各主要宗教的智者大师们对至上神的描述中都有无形、无状、无声、无质、不可见、不可闻、深不可知、自有永有、造物主等基本属性。奇怪的是，具有这些属性的形而上超越者在人类其他社会中都被毫无疑问地认作至上主神，唯独在近代中国社会是例外。这与一些国学权威的误解、误导是息息相关的。

宗教的认识水平有明显的高低之分。被称为道、天、梵等的超越者无形无状，深不可知，对于认识水平较为低下的人来说难以把握，更无法接近，所以古人普遍需要有形的神或神化的人物作为其崇拜对象。这就是著名宗教人类学家伊利亚德所说的"各地的至上天神都让位给了其他宗教形式"，发生"由神圣者到有形物的逐渐下降"[1] 的原因。相形之下，圣人、智者们对于超越者有高于常人的认识水平，所以其信仰不需借助有形的人神或物神。印度宗教经典《博伽瓦谭》中说："神的宇宙形象的概念，如展现在物质中的，是一种想象。这是为了使那些智慧较低的人和初学者容易了解神而设置的形象概念，而实际上神是没有物质形象的。"[2] 这就是为什么在许多宗教传统中圣人、智者、先知、

<hr>

① 米尔恰·伊利亚德：《神圣的存在》，晏可佳、姚蓓琴译，广西师范大学出版社，2008，第47页。

② A. C. Bhaktivedanta Swami Prabhupada, *Srimad Bhagavatam*, Bhaktivedanta Book Trust, 1987, Vol. I, 3：30.

大师不敬拜有形神的原因。他们这样做并不是因为没有宗教信仰，而恰恰是因为有更加崇高的信仰。老子和孔子都对"怪力乱神"没有展示出像常人那样的尊崇，并非没有对神的崇高信仰。正是因为二者都是智者圣人，其对神的认识和尊崇超越了有形之神。老子对道的真心尊崇，孔子对天的虔诚敬拜，都是有案可查的。二者这种对神的高超认识境界，反倒被误解为无神论的表现。章太炎所谓"孔子也受了老子的学说，所以不相信鬼神，只是不敢打扫干净；老子就打扫干净"，正是这种误解的一个典型案例。一些国学权威只知有形小神，而对无形大神却视而不见，可见其对宗教信仰的认识还没有超过"那些智慧较低的人和初学者"的水平。

不可否认，老子作为轴心时代圣者的突出代表，具有鲜明的理性信仰特征。自古以来，人类的宗教信仰大体呈金字塔形状，底端迷信色彩浓重，人数众多；越往上则理性信仰成分越高，人数越少；顶端则完全以理性信仰取代了迷信，但人数寥寥。只是超越金字塔顶端就进入超理性的形而上领域，超理性不能用现代人熟悉的理性来认识和衡量，所以很容易被人混同于低端的迷信。老子作为人类社会中首先登上金字塔顶端的极少数人之一，已游走于理性和超理性之间，这种境界很难被处于金字塔底端的人所理解。此外，高度的理性信仰还容易被对宗教无知的俗人当作没有宗教信仰，其著作也容易被当作纯世俗的著作。章太炎所言"老子就打扫干净"的其实不是有神论，而是低端迷信。由此看来，一些人将老子的理性信仰误解为要将神灵扫地出门，倒也不是空穴来风，原因是他们尚不具备区分理性信仰、超理性信仰和迷信的认识能力。在老子之前，人类对超越者的信仰认识尚普遍处于混沌迷离之中，信仰的金字塔有宽广的迷信底座。《道德经》的出现突破了此前的愚昧迷信，将宗教信仰认识提升到崭新的高度。从这重意义上讲，《道德经》也可称为宗教信仰的启蒙之作。

尽管老子及其著作高度理性，但其理性信仰的洞见和思想并未在此后的时代得到完全理解和践行，被老子超越的有形偶像神和低俗迷信仍然广为流行，甚至盛行于以他本人为教祖的道教中。究其原因，是古代社会知识和教育水平普遍低下，芸芸大众难以达到老子的认识高度——老子的认识境界远远超越了时代。这种状况在现代社会已有重大改观。随着知识的突飞猛进和高等教育的迅速普及，人类已经越来越具备理解和接受老子理性信仰和智慧的能力，步入中高端信仰的人也将越来越多。这种趋势也许最终会导致信仰金字塔的形状完全改观。

不幸的是，将老子标定为无神论者所采用的仍然是"文革"那种以无神论、阶级论等教条划线，和结论在先、武断专横的认定方法。"文革"结束至今已有三十多年，我国社会在各个领域都突破或抛弃了"文革"的专横做法，学术氛围已渐趋开明、开放和客观。唯独在涉及宗教认识的领域，至今仍在很大程度上延续了文化大革命等运动的观点和方法。将宗教先决性地一概视作封建迷信或敌对势力，将无神论先决性地当作判断历史人物好坏的标准等做法，虽然在对宗教研究认识较为深入的宗教学界已被普遍抛弃，但在其他社会学科和社会上仍有广泛的延续。这种状况的最终根源是对宗教的无知和曲解，在普遍开展客观公允的宗教通识教育之前还很难改变。这种现象发生在缺乏教育的民间下层尚情有可原，但发生在主流学者那里则十分可悲且有害。在已毫无必要秉承文化大革命遗风的今天，学者们只有摆脱"文革"的偏见和恶劣影响，客观深入地就老子而研究评论老子，才有可能获得对老子的真知灼见。

第三节　老子的修为

国人在对待老子的态度上存在两种极端倾向：一种是将老子完全神化，当作"道的化身"，授之以"太上玄元皇帝"、"太上老君混元上德皇帝"、"太清道德天尊"等各种神圣身份；另一种则是将老子完全世俗化，当作一位世俗的战略家、哲学家来对待，甚至将其标榜为"唯物主义者"、"无神论者"。前者是古代社会造神运动的结果，将老子的超越性、神圣性无限放大，后者则是近代西方思想的产物，因为战略家、唯物主义者、无神论者这样的概念都是近代西方的舶来品，即非老子所知，亦非老子所欲，更非老子所是。然而，两种倾向有一个共同点，就是都忽视老子作为一个古代圣人的真实存在状况，力图将老子打造成自己所希望的那样，将其置入一厢情愿的模式框架。

有鉴于此，要想寻找历史上真实存在过的老子，就必须排除以主观愿望或立场塑造老子的冲动，努力在有限的历史资料和《道德经》中发掘认识老子，尽最大可能重现其在当时历史条件下存在状况的本真。诚然，关于老子的可信历史资料甚少，《道德经》所能揭示的有关老子的信息也有限，不能奢望撰写一部完整涵盖老子生平的传记。尽管如此，从《道德经》和现存典籍资料中还是有可能较为信实地挖掘还原出老子生平的某些重要方面。本节意在对老子修为中广遭忽视的重要方面挖掘还原，以求抛砖引玉之效。

一　老子的学识与品行

根据多种材料相互印证，可以推断老子不仅是受后世千秋万代景仰的圣人，而且在世时就是那个时代学问和精神思想水平登峰造极的大师。这一点可以从多方面证明。首先，老子担任周守藏室之史，就是掌管周朝典籍文史的官员，该职类似且不低于后来的翰林院官员。古代掌管典籍文史或翰林院的官员一般都是学问出众的文人。周朝是宗主国，以文化礼仪立国，其所任用的守藏室史官更应是出类拔萃的学者。

再者，老子是孔子之师。据司马迁《史记》记载："孔子之所严事者，于周则老子"。还有许多有关文献中也记载孔子一生中可能多次师从老子，例如《庄子》中记载孔子向老子求教的有十六处，《礼记》中记载孔子受教于老子的有八处，《史记》记载孔子受教于老子的有三处。其他典籍中也多有孔子师从老子的记载。从"孔子行年五十有一而不闻道，乃南之沛见老聃"① 来看，孔子甚至到步入老年还念念不忘向老子求学。孔子是春秋时期最著名的饱学圣贤之士，能够获得孔子倾心尊崇为师者，必然是学富五车的圣人。《史记》等文献中还记载老子曾甚为严厉地教训过孔子，但孔子听后不仅不反感，反而在事后向其弟子表达对老子的由衷赞赏敬服，称"老子其犹龙乎"。能够让作为"万世师表"的孔子如此敬佩的老师，其学问和精神思想水平可想而知。

最能直接证明老子学问和精神思想水平的是《道德经》本身。这是一部集宇宙洞见、精神信仰、治世理念、思想智慧、修身养德于一体的巅峰之作，具有显著的精神性和超越性。《道德经》不仅在以上各个领域都达到极高境界，其文字修辞水平也超凡脱俗。世人一般只知《道德经》语言精练、言简意赅、寓意深奥，但据精通音韵学的朱谦之等学者考证，《道德经》五千言原文句句有韵，且达到出神入化的境地，故而誉之为"古之哲学诗也"②。只是因为地方方言的差异和语音读法的时代变迁，今人已很难完全感受到《道德经》原来的韵味和神采。

区区五千言，竟能赢得两千多年以来历代帝王将相、文人士大夫、社会贤达、宗教师众、黎民百姓的共同尊崇，还得到居近代世界文明之冠的欧美哲学大师们的倾心信服，堪称人类历史上前无古人，后无来者的绝学。其精神思想超凡、文辞精练考究、寓意深奥神奇，是任何其他经典都无法比拟，也难以模仿的。近现代人在研读《道德经》时，往往忽视其登峰造极的独特视野、水平和境界，将其混同于普通水平的文章，试图在低水平、低层次对其做出理解阐释，故而不能真正理解老子，埋没了其精神思想的本真意义和价值。

老子的人格品行，虽然没有史料的记载，但从《道德经》中清晰

---

① 《庄子》，孙海通译注，中华书局，2007，《天运》，第225页。
② 朱谦之：《老子校释》，中华书局，2011，《附录：老子韵例》，第313页。

可见。《道德经》中有三十多处提到圣人或"善为道者",并且对圣人或"善为道者"的人格品行做了详尽的阐述。这些人格品行在本书第四章第一节有专门论述,其中包括自然、无为、柔弱、不争、仁、慈、容、善、信、致虚守静、见素抱朴、少私寡欲、知足不殆、尚和知常、啬俭为本、公而废私、知荣守辱、被褐怀玉,等等。对于这些品行原则,言简意赅的《道德经》不惜以大量篇幅反复阐扬推崇,并作为人物的衡量标准。以《道德经》论述之真诚,完全有理由相信老子对以上这些圣人品行原则是真心信奉的,也是身体力行的,老子本人就是以这些品行原则要求自己,并具有这些人格品行的圣人。至于老子是"善为道者",从庄子、韩非子、司马迁时代就已经是世所公认的事实,其"善为道者"的人格品行也不证自明。其实,在老子那里,"善为道者"就是圣人,二者是二而一的关系。有足够证据可以证明,老子具有得道圣人的人格品行。

二 老子是冥修者

老子的精神思想和学问水平在诸多文献典籍中都有记载,不难得到证实,但老子是冥修者,却除了《史记·老子韩非列传》中有老子"以其修道而养寿也"之外,很少有历史文献记载,更难以通过历史文献得到证实。那么,说老子冥修,证据何在?答案就在《道德经》中。这些证据对于冥修有一定研究的实践者来说显而易见,但对于外行者则藏而不露。《道德经》中有多处老子冥修的显著证据,可以相互印证。

先论证老子是修行者。《道德经》第五十四章中说,"修之于身,其德乃真;修之于家,其德乃余;修之于乡,其德乃长;修之于国,其德乃丰;修之于天下,其德乃普。"这是老子修行的最直接证据。显然,"修之于……"中的"之"系指道。就是说修道于身、修道于家,等等,才能有德的真、余、长、丰、普。不言而喻,修道就是修行。老子不仅自身修道,而且扩及家、乡、国、天下,有着比修道自了更加广阔的视野和关怀，是真正的得道圣人。有近现代学者将"修之于……"译注为"拿这个道理贯彻到……"①，以此否定和曲解了原文中修道修行的含义，是其不懂修行，主观否定精神超越和修行价值的结果。现代人多不知《道德经》有修行内容、老子是修道之士，与此类"权威"注释的误导有密切关系。

再论证老子是冥修者。其最直接也最重要的证据莫过于《道德经》第十章。"载营魄抱一，能无离乎？抟气致柔，能婴儿乎？涤除玄鉴，能无疵乎？天门开阖，能为雌乎？明白四达，能无知乎？爱民治国，能无为乎？"离开冥修，这段话不可能有合理解释。一些受近代西方认识论熏陶的专家学者将这段话注解为老子的唯物主义认识论表述，大谬而不通。从冥修理论予以解释，则顺理成章。

世之所谓瑜伽、禅修、坐禅、打坐、内丹、静坐、冥想、坐忘、心斋、沉思、气功；等等，名称虽异，其实只是对本质上相同的精神修炼行为的不同名称、认识和体悟。为方便论述起见，本文中将其统称为冥修。近现代人在译介 meditation 之类外来语时一般将其译为冥想。其实，修炼者进入冥修的潜意识状态后并不用头脑思想。如果仍在思想，则必不能入静或入定，实乃冥修大忌。所以冥想一词的"想"字大有误导之嫌。称之为"冥修"，较为符合此类精神修炼行为的本意，且可避免误解。

纵观各家冥修要领，共同之处在于都需要正身形、调气息、摄心意（即所谓调身、调息、调心），做到松、静、自然，通过专注而入定或入静，进入出神入化或神人合一状态，或在入静的超越境界中了悟天理、大道或终极知识。无论是印度宗教的瑜伽、佛教的坐禅、道教的打坐内丹、儒教的坐忘心斋、基督宗教或伊斯兰教苏菲主义者的冥想，还是其他宗教的静坐、沉寂，等等，都离不开对此的强调。第十章不仅正好与此相合，而且以最精练的语言道出其他家派用连篇累牍的论述都不

---

① 陈鼓应：《老子注译及评介》，中华书局，2009，第 267～268 页。

能完全表达的冥修要旨，实乃提纲挈领的精妙绝笔。将其当作冥修口诀，至为恰当适用。从事冥修者不妨一试，效果神奇。由此推论，此章可能正是老子通过实践总结出的冥修诀窍。兹将其分别拆解如下。

第一句"载营魄抱一，能无离乎？"句中"载"是语助词，类似于"盖"、"夫"；"营魄"即魂魄或灵魂，而"一"则是指道。此处的"抱一"与第23章"是以圣人抱一为天下式"中的"抱一"意思相通。故此句可译为"灵魂拥抱天道，能不分离吗？"意指灵魂与道紧密融合为一，意境与印度瑜伽修炼中的阿特曼与梵合一，或中国传统文化中的天人合一相同，是冥修的最高境界。有现代注家将本章作唯物主义形而下认识论解释，则"营魄"、"抱一"等都成为挥之不去的唯心主义赘物。无论怎样牵强附会，此句从任何世俗认识论角度都无法合理解释。

第二句"抟气致柔，能婴儿乎？"讲的是调气息和正身形，系指冥修时要将气息调整到像胎儿那样柔和、自然，将身体放松到像婴儿那样柔软。同理，将此说成是唯物主义认识能力的生成条件也是荒唐的。如果有任何唯物主义思想家努力模仿婴儿抟气致柔以提高认识能力，一定会被认为精神和行为不正常。

第三句"涤除玄鉴，能无疵乎？"讲的是摄心，就是冥修中要做到"无所想，无所欲"，毫无保留地排除所有的欲想杂念，完全控制自己的心意，使心灵像明镜一样清净而一尘不染。排除欲望杂念从来都不是世俗思想家提高认识能力的法则，也与任何世俗认识论毫无关联。

第四句"天门开阖，能为雌乎？"系指冥修者达到魂魄或灵魂能出入天门通道时，要做到至柔守静，才能达到天人感应、天人合一的境界。其中"天门"系指灵魂与天汇通之门或通道，可作有形和无形两种认识。其有形按修炼知微者的说法系指上丹田之上，约在囟门位置，俗称顶门，而非世俗注家所称之眼耳口鼻也；其无形则指灵魂通天的玄妙之门，乃是有与无的超越之门。《庄子·庚桑楚》中对无形的天门有段精辟的阐述："有乎生，有乎死，有乎出，有乎入，入出而无见其形，是谓天门。天门者，无有也。万物出乎无有，有不能以有为有，必出乎无有。而无有一无有，圣人藏乎是。"由此可见，在道家语境中，"天门开阖"意指灵魂与天道汇通的通道开通。此句曾有多种解释，因注释者多不懂宗教和冥修，故多数解释不得要领。特别是近现代注释者从形而下的西方物质观教条出发，其解释更是谬之千里。

第五句"明白四达，能无知乎？"系指冥修者进入出神入化、物我两忘的境界，对于周边环境和自我已经没有知觉，但却在冥冥之中能跨越时空，洞悟宇宙天理、天道或终极知识。老子之悟道、释迦牟尼之证悟，都是冥修进入这种境界的结果。冥修的要求，就是在入静或入定之后，能够达到对周边事物和自我没有知觉的境界。所以对冥修有一定造诣的人来说，此句极易理解，但外行则坠入五里雾中。试看此句这样的解译"明白地通晓天下事理，能不运用自己的智慧吗？"① 在没有与冥修关联的情况下，很容易让人以为解译者在说胡话。在古代汉语中，知与智通假。冥修入定要求完全摒除智性思考，代之以超理性的内观参悟。所以此句中该字无论作"知"或"智"解，在冥修语境下同样合情合理。

第六句"爱民治国，能无为乎？"已经不是冥修的口诀，而是老子冥修洞悟的成果。这也为贯穿《道德经》全文的"无为而治"理念的由来提供了注脚。老子在第五十四章中提出要从修道于身直到修道于国、修道于天下，有着关怀天下的情怀，所以从个人冥修中悟出治天下的道理，是很自然的。综上，本章前五句是冥修的诀窍，第六句则是老子冥修的重要成果。陈鼓应根据文法、修辞、韵律、意群等几方面的理由认为应将"爱民治国，能无为乎"一句调整到第十章末尾，② 甚为有理。从冥修角度来看，则更加合理。

第十章所证老子通过冥修悟道可以得到第四十七章的进一步印证。该章曰："不出户，知天下；不窥牖，见天道。其出弥远，其知弥少。

---

① 刘宏斌译注：《老子》，崇文书局，2004，第21页。
② 陈鼓应：《老子注译及评介》，中华书局，2009，第99页。

是以圣人不行而知，不见而明，不为而成。"要"知天下"、"见天道"，却又独居室内，既"不出户"，又"不窥牖"，试问除了冥修内观之外还有什么可行之术呢？显然，如果仅仅是坐在家中胡思乱想，绝不可能获得对"天下"和"天道"的真知灼见。唯一可能的答案是"圣人"只有通过冥修才能到达"不行而知，不见而明"的境界。这也从另一个角度证明《道德经》中许多按照世俗常理难以理解的论述来源于老子的超理性冥修洞悟。从科学实证主义的角度来看，第十章的内容要么是唯心主义的，要么是故弄虚玄，要么干脆就无法理解。这也正是一些世俗注释者不得不对该章内容随意滥解，而其所做注释和译文令人不知所云的原因。

通过冥修入静可以悟知天道或获得天下万物的知识，在宗教修炼高度发达的印度瑜伽冥修中有相同的认识。印度瑜伽的权威经典《瑜伽经》说，"专念（指冥修入定的至高境界）于内在之光，便可获得细微、隐秘或遥远之物的知识。"① 多年修炼瑜伽的佛祖释迦牟尼则是在瑜伽禅定中悟道成佛。可见，中外冥修大师对此有共同的认识和体验。

老子冥修，从中了悟宇宙万物真知一事还能从第十六章得到证实。该章以"致虚极，守静笃"开头，接着就是"万物并作，吾以观复"，说明进入"致虚极，守静笃"的状态是"万物并作，吾以观复"的先决条件。句中的"复"指"复归其根"，即万物的目的归宿，而这个"根"即作为"天地根"的道，这些都是肉眼无法直接观察到的，只能依靠内观参悟。什么是"致虚极，守静笃"？几乎所有的注释，包括世俗的和宗教的，都认为是指通过修炼让心灵达到和保持极度虚静的状态。但如何才能进入如此虚静的状态，世俗注家们就语焉不详了。如果对精神修炼有一定的研究了解，就会知道进入如此虚静状态的唯一途径就是冥修。如前所述，冥修的诀窍和努力目标就是达到极度的虚静状

① 斯瓦米·帕拉瓦南达等：《现在开始讲瑜伽——〈瑜伽经〉权威阐释》，王志成等译，四川人民出版社，2010，第185页。

态，而道教冥修的最高境界是在炼精化气和炼气化神之后进入到炼神还虚。因此，"致虚极，守静笃"讲的就是冥修的入静状态。将此段话与第四十七章联系起来看，更可看出能够做到"不出户，知天下；不窥牖，见天道"的唯一可能途径就是要首先进入"致虚极，守静笃"的冥修入静状态。

另一例证是第六十二章的"故立天子，置三公，虽有拱璧以先驷马，不如坐进此道。"其中"坐进此道"被有些现代学者翻译成"静坐而进献此道"。该译法显然大有破绽。其一，"静坐"着向君主献宝，显然不合王家礼仪。其二，道"视之不足见，听之不足闻"，无法像有形的宝物那样被进献给君主。这句话如果译为"打坐修道"，则不仅可避免上述译文的破绽，而且符合《道德经》本意。如此，则该句是老子提倡打坐修道的又一例证。

此外，如第十四章描述的"视之不见，名曰夷；听之不闻，名曰希；博之不得，名曰微。此三者不可致诘，故混而为一。其上不曒，其下不昧，绳绳不可名，复归于无物。是谓无状之状，无物之象，是谓惚恍。迎之不见其首，随之不见其后。"和第二十一章描述的"道之为物，惟恍惟惚。惚兮恍兮，其中有象；恍兮惚兮，其中有物；窈兮冥兮，其中有精；其精甚真，其中有信。"对于形而下的五官知觉来说，这些都是既无法感知，也不能验证的。这也正是为什么一些世俗注家无法理解道，进而将道解释为老子的虚构之原因。既然不能以五官能力感知，那么老子是怎样感知到道的这些神秘玄奥的性状呢？如果不对道采取武断否定的态度，而愿意虚心深究其详，恐怕除了冥修入静后的内观参悟之外没有更合理的解释。

《道德经》显示老子是冥修者，为什么先前很少被人提及？为什么第十章的内容很少有人按其原有的冥修含义注解？原因就是注家多不懂冥修。宗教信仰和冥修是体验性的实践。注释者如果没有对冥修的起码知识和体验，只是从外行的世俗经验和认识来理解和谈论像第十章这样的章节，就会像聋子谈论音调、瞎子谈论色彩一样，不得其要旨。正因为如此，《道德经》中老子冥修的证据对于有一定造诣的冥修实践者来说显而易见，而外行对此却会熟视无睹。

三 老子的理性与超理性

老子在《道德经》中展示的最重大的特点之一是其出类拔萃的理性。《道德经》是一部具有高度理性智慧的作品，既没有任何愚昧迷信色彩，也没有任何迷信倾向。在这部短短五千言的经典中，老子以高度的理性论述了作为宇宙本原的道及其属性、作用和在个人品行修为、政治治理和社会和谐等方面的运用法则，充满了类似于西方哲学追求的深刻洞见。老子学说作为一套优秀的揭示宇宙本原、本体、运行法则以及人何来何往、人生终极意义等奥秘的哲理洞见，其理性特点不仅在迷信充斥的两千五百年前那个时代鹤立鸡群，即便在其后年代中也鲜有人超越。

老子作为人类理性智慧的典范在他那个时代超群拔类，但并非完全孤立存在。老子在世时期，正当被雅斯贝斯等人称为轴心时代的高峰年代。公元前7世纪至前3世纪，是人类历史上一个神秘而奇特的时代。在相互完全隔绝、不通音信的状况下，人类历史上最伟大的精神思想导师们几乎不约而同地出现在世界不同的角落，其中包括印度的释迦牟尼、筏驮摩那、《奥义书》的诸多作者，中国的老子、孔子、墨子、孟子、庄子等诸子，波斯的琐罗亚斯德，希腊的巴门尼德、修昔底德、苏格拉底、赫拉克里特、柏拉图、亚里士多德等哲人。他们的出现使人类冲破原始文明的混沌蒙昧，开始以理性的眼光审视周围的世界，探索世界的本原与人神关系，追问人生的终极意义，由此创立了人类哲学思维的基本框架和现存世界主要宗教的教义基础，对后世的意识思维和社会发展产生了难以估量的深远影响。如果对这些智者圣人的精神思想深入研究，就会发现其被人们忽视的最重大的共同特征就是理性。轴心时代的智者圣人们之所以与众不同，主要在于他们的精神思想充满超越世人和时代的理性智慧。老子作为轴心时代华夏文明的首位智者，其理性智慧充溢于《道德经》的字里行间，成为中华民族乃至全人类世世代代取之不尽、用之不竭的理性智慧来源。

对《道德经》的深入研读揭示，除了丰沛的理性智慧之外，老子还展示了一种不能简单用理性思维理解和证实的深奥知识。如此的例子在《道德经》中很多，其中最显著的是关于道的论述。此类论述超出了理性所能证实的范围，涉及超理性的形而上超越领域。《易传》曰："形而上者谓之道，形而下者谓之器。"① 对于形而下的有形器物世界，可以也只能用理性思辨解释和论证，但对于形而上超越领域的终极知识或天道，理性思辨则无能为力，只能依靠超理性或灵性去感悟。老子对形而上之道的这些论述正是超理性感悟的结果，具有典型的超理性特征。

宗教学创始人麦克斯·穆勒在阐述人类感知能力时有几段精辟的论述，可以用来说明理性与超理性的区别以及超理性感悟的特征，摘录如下有助于对老子的超理性的理解。"……如果说哲学的任务是解释现在的现象是什么，而不是说明应该成为什么，那么我们就不得不承认人有第三种天赋，我直接了当地称它为觉察无限（即神）的天赋。这种天赋不仅体现在宗教中，而且体现在一切事物之中。这是一种独立于感觉和理性的力量，在某种意义上说它是与感觉和理性相矛盾的，然而却是一种非常实在的力量，从世界开始形成时它就已经存在了。无论是感觉还是理性都不能克服它，它反而在许多情况下克服了理性和感觉。"② "一切宗教的基本要素之一，就是承认有神灵的存在，那既不是感性所能领悟的，也不是理性所能理解的。就感性和理性所指的词义来说，不足以解释我们面对的事实。因此，如果我们公开承

---

① 《易传》载《周易全书》，中国书店，2012，《系辞上》。
② 麦克斯·穆勒：《宗教学导论》，陈观胜、李培茱译，上海人民出版社，2010，第12页。

老子指真

认意识有理解无限的第三种功能，那么这种功能并不比感性和理性的功能更神秘。"① "假如感觉提供给我们的仅仅是有限物，假如理性真的除了对这些有限物之外毫无作为，那么我们对无限的领悟只能是不靠感性和理性获得的。"② 穆勒在谈论这种独立并超越于感性和理性的悟神天赋时虽然没有直接用超理性这个词，但显然这种天赋的实质就是超理性感悟能力。在现实世界中，正如人们对各种天赋的拥有程度乃至有无都有很大的差别，人们拥有这"第三种天赋"的程度也是因人而异。老子显然是"第三种天赋"极高之人，其感悟无限的超凡能力可能不仅来自天然禀赋，而且得益于其冥修的深厚功底。

从以上的论述还可以看出，超理性是高于理性的感悟方式，能够让人超越人类可见的物质世界，从形而上超越境界中获得更加深奥的终极知识。然而，形而上超越领域不可见、不可闻、不可博，亦不可道，由此获得的终极知识不能简单用形而下领域的语言表述，故而老子在《道德经》开头就有"道可道，非恒道"之说。用超理性从形而上领域感悟到的知识往往只可意会，不可言传，如何转化成形而下的普通语言表述，可能对所有悟道者来说都是有难度的事。从世俗物质世界发展出来的语言不具备详尽言说完全不同的形而上超越领域所需的表达能力，由此造成《道德经》中常有言不达意、艰深难解之处。

超理性是在世俗化社会中长大的人所不熟悉的概念，因其不可简单用理性理解和解释，故常被现代人忽视、否认，或者与迷信混为一谈。事实上，人类的感知认识能力，特别是宗教感知认识能力，呈金字塔架构。在金字塔的低端多为感性认识，其中不乏大量的迷信认识，而越往高端越多理性认识，超越塔尖之上则是超理性感悟领域。由此可见，超理性与迷信有天壤之别，不仅远远高于迷信，也高于理性。超理性之所

---

① 麦克斯·穆勒：《宗教的起源与发展》，金泽译，上海人民出版社，2010，第16页。

② 麦克斯·穆勒：《宗教的起源与发展》，金泽译，上海人民出版社，2010，第16页。

以常被混同于迷信，是因为二者都不符合理性的逻辑判断标准。现代人深受科学理性主义教育熏陶，认为科学理性是认识宇宙世界的唯一可信方法，不知道也不承认超理性方法的存在，将所有非理性的认识方法都归类于迷信，以致无法理解老子关于形上之道的论述，甚至因此将道认定为老子的虚构臆造。这与近代主流社会对宗教信仰的态度相似：出于无知或不愿知，武断地将世界定义为只有可见物质的世界，根本否定精神世界的存在，因此将宗教信仰一概视为愚昧迷信，从而完全丧失了理解宗教信仰及其相关的道、超理性等概念的可能。

老子的理性和超理性被世人忽视，还有一个重大原因，就是其理性和超理性都远远超越了时代，超越了其在世和之后两千多年来芸芸大众能够理解和接受的能力水平。因此，老子的理性和超理性不仅没有被充分认识和传承，而且在以老子《道德经》为经典建立的许多宗教教派中仍充满了与老子的理性和超理性思想格格不入的愚昧迷信。这种鱼目混珠的现象使得不明就里的世人将老子的形象与迷信深度混淆，更加埋没了老子的理性与超理性特征。

四　老子是孤独者

与其离世后两千多年来世人趋之若鹜的神圣地位和香火兴旺的热闹景象形成鲜明对比，老子在世时却是一位地地道道的孤独者。这无论从《道德经》还是从有关老子的典籍中都能找到明显的证据。老子在《道德经》第20章中对他这种独居高端，不为世人理解，与世人格格不入的孤独状况做了生动的描述。他以自嘲的口吻感叹道："荒兮，其未央哉！众人熙熙，如享太牢，如春登台。我独泊兮，其未兆。沌沌兮，如婴儿之未孩；傫傫兮，若无所归。众人皆有余，而我独若遗。我愚人之心也哉！俗人昭昭，我独昏昏；俗人察察，我独闷闷。众人皆有以，而我独顽且鄙。我独异于人，而贵食母。"无论从任何角度理解，都无法否认这段话是老子对其孤独状况和心情的真实写照。

　　　　　　　　　　　　　　　　　　　　　　　　　　　老子指真

如果《史记》和其他典籍中老子出关隐居的故事属实的话，那么老子独自出关隐居，而无前呼后拥的弟子随从陪同，其孤独之状跃然可见。《史记》云："老子，隐君子也。"隐士的定义本来就有离群索居之意，故老子之为"隐君子"进一步印证了他的孤独者身份。根据各种可资证明的典籍资料，老子的孤独者身份应该是确定无疑的。

　　老子这样的得道圣人生前居然是形影相吊的孤独者，而没有被大批"粉丝"簇拥包围，这对世俗化社会的人们来说是不可思议的。其实，如果对宗教信仰和修行悟道有真正的了解，就会知道这并不离奇古怪，而应是正常现象。宗教心理学创始人威廉·詹姆士将宗教分为个人宗教和建制性宗教，认为前者是后者的核心和根本，因而是真正意义上的宗教。他将个人宗教定义为"个人在孤独中感受到自身与他所认为神圣者的关系中的情感、行为和经验。"① 这一定义可以有效解释老子同时作为得道圣人和孤独者的现象。正因为真正的宗教信仰和修行悟道是个人在孤独虚静中与神圣者直接关系的行为和经验，离开世俗喧闹越远，则越能入静守虚，越接近于神圣，开悟得道的机会就越高。故真正的得道者多为孤独者。东方宗教一般要求认真的宗教修行者必须或独自遁入山林隐修，或闭关自修，正是出于这一原理。

　　世人皆知世界各大宗教教祖的荣耀，殊不知他们在修行悟道过程中都经历过常人难以忍受的孤独和磨难，都具有在孤独虚静中与神独处的行为和经验。如此的例证不胜枚举，可以说具有普遍性。据相关典籍文献记载，佛教教祖释迦牟尼在菩提树下坐禅大彻大悟之前经历过多年的离群苦修，耆那教教祖大雄笩驮摩那在悟道之前经历过比佛祖更严峻的多年孤独苦修，祆教教祖琐罗亚斯德与他们有相似的身世和经历，在悟道之前也经受过多年的出家隐居苦修。印度宗教的所有悟道者几乎都是隐居山林苦修之人，其最重要的教义经典如《梵书》《森林书》《奥义

---

① William James, *The Varieties of Religious Experience*: *A Study of Human Nature*, Routledge, Taylor & Francis Group, 2002, pp. 29 – 30.

书》的作者们全都是此类隐修开悟者，《森林书》也由此得名。《圣经·新约》中虽没有记载耶稣开始传道之前修行悟道的经历，但其中所记耶稣在受洗之后独自在旷野中禁食修行四十昼夜，经历与神魔的交往，① 以五饼二鱼使五千人吃饱之前独自退处无人的野地，② 以及在海面行走之前独自上山祷告③等表现都提示，耶稣同样有离群索居，独自修行而获得启示的经历。据伊斯兰教典籍记载，《可兰经》就是其先知穆罕默德在麦加郊区的希拉山洞中长期独自修行中得到的神启。而禅宗的达摩祖师独自面壁九年苦修悟道则几乎是家喻户晓的故事。由此可见，老子同时拥有悟道圣人和孤独者的双重身份并不奇怪，其实具有典型意义。

老子的孤独者身份还因其悟道之深难觅知音而加强。自古以来像老子那样具有高度灵性禀赋并能通过冥修得道者极为稀少，其感悟到的关于道的终极知识又过于高深，超过世人的理解和接受能力，所以他在世时几乎找不到知音。"吾言甚易知、甚易行。天下莫能知、莫能行。言有宗，事有君。夫唯无知，是以不我知。知我者希，则我者贵，是以圣人被褐怀玉"，就是老子在世人中难觅知音，从而对其孤独者身份发出的深度感叹。下里巴人，应者云集；阳春白雪，和者寥寥；且曲愈高，和愈寡，故真正的圣人先知往往都是孤独者。老子身居人类知悟力金字塔的顶端，在那个人类知悟力远非昌明的时代沦为孤独者，几乎是必然的。

第四节　老子的宗教性

从《道德经》中看出老子的宗教性，在许多现代人看来是绝无可

---

① 《新约》，中国基督教两会：《圣经》简化字新标点和合本，2002，太4：1～11；可1：12～13；路4：1～13。

② 《新约》，中国基督教两会：《圣经》简化字新标点和合本，2002，太14：13～14。

③ 《新约》，中国基督教两会：《圣经》简化字新标点和合本，2002，太14：22～25。

能的。现代人在新文化运动以来的反宗教教育语境中长大，对宗教已形成先入为主的鄙视甚至敌视态度，听惯了老子是无神论者或唯物论者的言论，所以否定老子的宗教性似乎是极为正常之事。然而，这种态度取向只是近代教育宣传的结果，并非建立在客观考察论证的基础之上。要证实老子有或者没有宗教性，都应该经过客观严谨的考证。

要证明老子有无宗教性，首先需要厘清什么是宗教。绝大多数人断然否定老子宗教性的人，其实还没有弄清宗教或宗教性的确切含义，或者依据的是不靠谱的宗教概念。宗教性指什么尚不清楚，判断必然失真。诚然，迄今为止人们对于宗教的定义多种多样，不同的人对宗教的理解和定义不尽相同，不可能完全统一，但这并不等于各种定义都同样正确，也不等于没有相对正确合理的共识性定义。要获得对宗教的真知灼见和相对合理的定义，最不易误入迷途的方法是研究学习一流宗教学家对宗教的理解和定义，从中找出共性要素。为此，此处将撇开显然偏颇的宗教定义和宗教学外行对宗教的观点，直接研读对宗教有真知灼见的宗教学者对宗教的理解和定义。

宗教学创始人麦克斯·穆勒说："（宗教）是指一种内在的天赋或倾向，它与感觉和理性无关，但它使人感悟到无限者的存在，于是神有了各种不同的名称，各种不同的形象。……在所有的宗教中都能听到灵魂的呻吟，也就是力图认识那不可认识的，力图说出那说不出的，那是一种对无限者的渴望，对上帝的爱。"① "一切宗教的基本要素之一，就是承认有神灵的存在。"②

宗教人类学创始人爱德华·泰勒认识到以个别宗教的特征来定义宗教的狭隘性缺陷，故而给予宗教一个简单、明了但通俗的定义，即宗教

---

① 麦克斯·穆勒：《宗教学导论》，陈观胜等译，上海人民出版社，2010，第10～11页。译文略有修正。

② 麦克斯·穆勒：《宗教的起源与发展》，金泽译，上海人民出版社，2010，第16页。

是人对神灵的信仰。①

宗教人类学的另一位先驱詹姆斯·弗雷泽则定义道，宗教"指的是对被认为能够主导和控制自然与人生进程的超人力量的迎合和信仰。"②

著名神哲学家施莱尔马赫认为，宗教是个体的人被永恒的无限者唤起之后，与无限者保持活生生的关联的状态。宗教是"对神绝对依赖的状态的意识，或是对与神关联状态的意识。"③

宗教心理学创始人威廉·詹姆斯认为，宗教可以分为个人宗教和建制性宗教两种，前者涉及人神关系、人对神的信仰等宗教的核心内容，而后者主要表现为教义、神学、教会组织和仪式等外在形式；前者先于后者，是后者的核心、立身之本和得以产生的来源，因而是真正意义上的宗教。由此他将宗教定义为"个人在孤独中感受到自身与他所认为神圣者的关系中所发生的情感、行为和经验。"④ 这一观点不仅得到诸如卡尔·荣格、查尔斯·泰勒、W. C. 史密斯和 A. N. 怀特海等许多著名学者的认同，还得到诸如李亦园、杨庆堃等近现代著名华裔学者的发挥运用。

著名德国宗教学家鲁道夫·奥托认为，宗教是对超自然之神的体验，表现为"人对神圣既敬畏又向往的感情交织"。他"直白地说，宗教只是历史的产物，因为历史一方面发展了我们认识神圣的倾向，另一方面它本身便不断地在表现神圣。"⑤

著名英国宗教哲学家约翰·希克将宗教定义为人类在不同的文化背

---

① 爱德华·泰勒：《原始文化》，连树声译，上海文艺出版社，1992，第412页。

② 詹姆斯·弗雷泽：《金枝》，姚育新等译，中国文艺出版社，1987，第77页。

③ 弗里德里希·施莱尔马赫：《论宗教》，邓安庆译，人民出版社，2011，第23~78页。

④ William James. 2002. *The Varieties of Religious Experience*：*A Study of Human Nature*，Routledge，Taylor & Francis Group，pp. 29 – 30.

⑤ 鲁道夫·奥托：《论神圣》，成穷等译，四川人民出版社，1995，第209页。

老子指真

景下形成的对同一的终极实在的不同回应，即将其认识为上帝、梵、道、神、天等，并对其做出回应，原因是"绝大多数宗教形式都肯定超越于人类和世界的拯救性实在，人们把这个实在不同地想象成人格的上帝或非人格的绝对者，或者想象成宇宙的普遍有序的结构、过程或基础。"①

乍一看来，以上这些宗教定义五花八门，学者们几乎是各执一词。但深入对比考察，却会发现这些定义概念本质上是等同或趋向一致的，不同之处仅在于谈问题的角度、用词和表述方法。分析归纳这些定义，可以得出以下的一致之处。

其一，尽管学者们使用了诸如无限者、绝对者、神圣、神圣者、神、神灵、上帝、超人力量、超自然、超越者、实在、终极实在等不同的术语称谓，但究其本质，这些称谓所指称的对象是相同的。这不仅可以从各家定义的上下文中看出，而且可以从同一位学者使用多个不同称谓指称同一神圣对象的事实得到证实。其实，人类历史上对于超越者曾经有过无数的不同称谓，学者们使用的充其量只是这无数称谓中的一小部分，不同称谓并不令超越者变得不同。如果将上述不同称谓统一简称为神，则所有这些学者的宗教定义就有了共同的核心要素或公约数。所谓神，就是指超越自然和人类的神圣者或神秘力量。

其二，以上列举的宗教定义和论述看似各不相同，但却都含有或隐含三个基本要素，就是神、人和人神关系。宗教的核心是信仰，而信仰的对象是以上定义的神，故神是所有宗教信仰的核心要素；宗教信仰必须有行为者，有此行为者只有人类，故人也是宗教的必有要素。因此，人和神，是任何有见识的宗教定义必有的两个基本要素。宗教事关人和神的关系，至于该关系如何表述，是相信、感悟、依赖、向往、信仰、崇拜，还是畏惧、交换、交往，等等，则因强调面和用语不同因人而异。以上各名家的宗教定义都含有这三个基本要素，因此在本质上是相

---

① 约翰·希克：《宗教之解释》，王志成译，四川人民出版社，2003，第 7 页。

同的。

其三，宗教信仰的内涵归根到底就是人对神的相信、崇拜、依赖、信仰等行为以及有关于此的理念、经验和感情，其外延则可能有与此相关的教义、教规、仪式和组织建制，等等。其中内涵是本质的、内在的、不可或缺的，而外延则是形式的、外在的、有改变余地的，甚至可有可无的。特别应该指出的是，被许多近现代人当作宗教必要和最重要条件的建制性组织结构其实对于宗教来说是可有可无的，多数宗教原本并无此建构，以上多数名家在其宗教定义中甚至没有提到建制性结构。哈佛大学著名宗教学家 W. C. 史密斯经过大量考证研究证明，宗教的建制性结构是 16 世纪以后基督宗教因辩教护教而产生的，此前和在其他宗教中并无此结构。

其四，所有宗教都是有神论或事实上有神论的，声称有无神论宗教只是出于对宗教的误解或浮浅认识。此结论既可以从以上所有学者的观点中看出，也不难从考察分析每个宗教直接得出。神灵观及对神的敬畏信仰，是所有宗教的核心要素，故"人与神的关系"乃是一切宗教的根本。反过来说，凡是涉及对神或超越者信仰的理念、经验、感情和行为都是宗教行为，都具有宗教性。对此，麦克斯·穆勒在宗教学创始之初就指出："一切宗教的基本要素之一，就是承认有神灵的存在。"① 我国著名宗教学家吕大吉先生在考察各种类型的宗教定义后也指出："如果要把握宗教的本质，规定宗教的定义，看来还是要返回到以神观念为中心的第一种主张上去。把宗教确定为信仰和崇拜神的体系，从总体上看仍是正确的。至于使用什么样的概念或术语来表述更为恰当，那是可以继续讨论的另一个问题。不管宗教学者使用何种术语，它所指的仍是那超人的、超自然的、神圣的对象。'比人更高的力量'不是'神'又是什么！自然界中至今并未发现什么比人更高的存在。所谓'比人更

---

① 麦克斯·穆勒：《宗教的起源与发展》，金泽译，上海人民出版社，2010，第 15 ~ 16 页。

　　　　　　　　　　　　　　　　　　　　　　　　　　老子指真

高的力量'、'神圣者'，仍然是超越于当时人所理解的自然律之外的超人间、超自然的力量。"① 针对有人以佛教为例宣称有无神论宗教，吕先生一针见血地指出，佛教从创始之初就是有神论的，而且"释迦牟尼之后，成佛越来越神格化，佛徒心目中的佛与其他宗教的神本质上并无差别。"②

根据上述宗教定义概念判断《道德经》，则老子的宗教性显而易见。在《道德经》中，老子反复展示的是对超越之道的感悟、尊崇、信仰、效仿和修行体验。道则显然是"超自然而又能主导自然和人类的神秘力量或神圣实在"，与人们称为神、神灵、神圣、神圣者、造物主、上帝、上天、无限者、超人力量、超自然、超越者、实在、终极实在的形而上本体是同义词。换言之，道只不过是老子对终极神的一种称谓。老子在《道德经》中展示的对道的信仰及相关的认识、行为、情感和经验，充分显示了他的宗教性。

有神论是宗教的基本特征，凡是涉及人神关系的经验、认识、感情和行为都是宗教行为，都具有宗教性。如果能够证明老子是有神论者，其言论多与神有关，则老子的宗教性不证自明。老子是有神论者，本章第二节已有较为详尽的论证，老子在《道德经》中的相关言论足以对此充分证明。特别是在厘清道就是至上神之后，《道德经》围绕道的通篇论述就都成为老子宗教性的强有力证明。老子的宗教性还可以从其修道的言行得到进一步证实。"以本为精，以物为粗，以有积为不足，淡然独与神明居。古之道术有在于是者，关尹，老聃闻其风而悦之。"③可以说是庄子对老子有神论和宗教性的进一步确认。

宗教信仰有别于世俗事物的重大特征是其超越性、神圣性和精神

①　吕大吉：《宗教是什么？——宗教的本质、基本要素及其逻辑结构》，《世界宗教研究》1998 年第 2 期。

②　吕大吉：《宗教是什么？——宗教的本质、基本要素及其逻辑结构》，《世界宗教研究》1998 年第 2 期。

③　《庄子》，孙海通译注，中华书局，2007，《天下》，第 377 页。

性。这本是宗教信仰独有的特征，现代社会也常用这些特征形容世俗事物，其实只是对宗教特征的借用或滥用。究其实质，超越性、神圣性和精神性就是宗教性。换言之，任何真正具有超越性、神圣性和精神性的事物就具有宗教性。如果以超越性、神圣性和精神性这三重标准去检验《道德经》，就会轻而易举地发现，《道德经》中充满了对道的超越性、神圣性和精神性的表述，可以说俯拾即是。由此可见，《道德经》是典型的宗教性著作，作者老子具有显著的宗教性。

宗教学诸学科的研究表明，凡是人都有宗教性，只不过其表现形式不同。对此，宗教学家伊利亚德提出了"宗教是人类学常数"的著名论断。宗教心理学家弗洛姆则指出："凡是人都有宗教需要，即需要一种定向构架和信仰目标……问题不在于是不是宗教，而在于是哪一类宗教。"① 老子的宗教性，本来是不证自明的，但现代社会强烈的世俗化倾向和宗教边缘化语境使得证明老子的宗教性成为必要。其实，如果从有真知灼见的宗教学研究成果来看，老子不仅有宗教性，而且其在《道德经》中所展示的是比时代和常人更真实、更深刻的宗教性。

现代人否定老子的宗教性，或者看不出老子的宗教性，主要原因是出于对宗教的误解或混乱认识。由于受以近代基督教建制性宗教定义模式的影响，现代人一提宗教，就想到有组织仪式的建制性宗教，甚至把建制性等外在形式当作宗教的全部，反而忽视了宗教的信仰核心和内涵。根据威廉·詹姆斯等一流宗教学者的见解，与作为宗教核心的个人信仰相比，建制性宗教仅仅是宗教的外在表现形式，对不同人来说可有可无、可此可彼，并不是宗教的必要条件。将宗教的建制性当作宗教的核心要素和首要条件，是近代人盲目接受西方人以基督宗教为唯一范式定义宗教的结果，其实质是以外延替代内涵，以形式替代本质，舍本求末。根据 W. C. 史密斯等学者的研究结果，建制性宗教结构是 16 世纪

---

① 铃木大拙、弗洛姆：《禅与心理分析》，孟祥森译，中国民间文艺出版社，1986，第 23～24 页。

　　　　　　　　　　　　　　　　　　　　　　　　　　老子指真

以后基督教因传教护教而创造的产物，并非宗教的必备要素，不应当与宗教信仰的核心与内涵等量齐观。

老子实践的其实正是一种不重建制和外在形式，直指信仰核心内涵的宗教信仰。《道德经》中丝毫没有论及宗教建制，而是用大量篇幅论述了对超越者道的认识、感悟、体验、崇敬和信仰，以及循道的修炼、实践和行为准则。按照詹姆斯、史密斯等人的定义，这正是宗教的核心内涵，是最本真的宗教，也是宗教信仰的最高境界。然而，正是因为老子的宗教信仰太本真了，不具有认识浮浅者视为关键要素的宗教建制和外在浮华形式，所以反而被认为没有宗教性。现代社会认为老子没有宗教性，在很大程度上是这种宗教认识偏差传播的结果。

看不出老子宗教性的另一原因是出于对道的曲解。受近代科学主义和世俗化思潮的影响，老子所论之道被广泛曲解为形而下的道理、准则、规律、规范、大自然等，其超越性、神圣性和精神性被完全抹杀，其作为万物之母的至上神身份被完全忽视。神则被近代社会做了低层次的狭隘理解，被模糊定义为仅指有形的偶像神，像道这样无形无状的大神反而被排除出了神的范畴。道的超越性、神圣性和精神性被完全否定，《道德经》被武断判定为唯物主义无神论著作，老子的宗教性因此遭到彻底抹杀。

否定老子的宗教性还有其他原因，就是《道德经》有相当篇幅论及政治、社会、军事和为人处世等世俗层面。这些论述在现代语境中被过分强调，以致掩盖其神圣超越维度之后，《道德经》就变成了纯世俗的著作，老子也变成了纯世俗的人。其实，神圣与世俗并存正是所有宗教的普遍状况。著名宗教学家伊利亚德经过广泛考证后指出："神圣与世俗的共存正是任何宗教的核心问题。"① 基于一种错误认识，许多现代人，包括学者，普遍以为宗教经典和宗教行为都必须是完全围绕神圣

_____

① 米尔恰·伊利亚德：《神圣的存在》，晏可佳等译，广西师范大学出版社，2008，第24页。

的；如果涉及世俗，就成为世俗著作或世俗行为。这其实是一种错觉，尤其对中国传统社会是如此。从有传说的远古以来，中国社会就始终是人神杂糅，神圣与世俗并存，宗教与政治军事、思想学说、家庭社群、文化生活不分的社会，既没有纯粹的宗教，也没有纯粹的世俗。颛顼"绝地天通"，其实只起到让皇王垄断与至上神关系权利的作用，而从未消除过人神杂糅、神圣与世俗并存的状况。《道德经》虽然有神圣与世俗的混合现象，但其论述理路始终是以超越的道作为主干，对于政治、军事、社会和为人处世等世俗方面的论述都是围绕超越之道展开的，是从属于道的。这种情况赋予了老子和《道德经》比其他古代经典更高的神圣和超越维度，而不是相反。只有客观看待神圣与世俗的辩证关系，避免本末倒置，才能在更深层面认清老子的宗教性。

综上所述，如果能真正认识宗教的本质和内涵，如果能客观承认老子之道的超越性和神圣性，如果不故意忽视老子的有神论言论，则老子的宗教性显而易见。与中华民族神圣与世俗交融的传统一致，老子的宗教理念具有天人不二、道器如一、人神交融、内外贯通，由天道及人道的整全式特色。中华民族天人合一的宗教文化理念可能在很大程度上就是在老子宗教理念的影响下形成的。老子的宗教理念不注重建制性等宗教外在形式，而是直指宗教的核心内涵，其实代表一种最本真的宗教。《道德经》作为中华民族有史以来最早从理性和超理性维度阐发对形而上超越者的认识、感悟、信仰、体验和遵从的著作，贯通世俗与神圣、有限与无限、现实与超越，不愧为一部达到至高境界的宗教教义经典。老子超凡脱俗的宗教性在《道德经》中得到充分的表现。

第四章　《道德经》在现代社会的真实意义

　　《道德经》作为一部完成于约两千五百年前的古代经典，历经时代的沧桑变动，是否已经过时？对于现代社会是否仍有现实意义和运用价值？是否如一些近现代学者认为的那样，只是一部问题多多可以把玩批判的古籍？

　　对于这些问题，答案似乎显而易见。如果其已经过时，已经没有现代意义和价值，为什么举国上下乃至海外的现代人仍对其崇敬有加。对于《道德经》的真诚崇信者，这当然不成其为问题。甚至连一些对其持批评态度的近现代主流学者也不得不在评判之余对其加以美言。如果它真如这些学者所认为，是伪经、历代俗人的拼凑之作、过时的古董或批判的对象，已无现代意义和价值，以上现代人对其的态度就难以理解。至少就态度而言，大多数现代人仍认为《道德经》有不可否认的现实意义和价值。

　　更确切的问题或许是，如果《道德经》仍然有现代意义和价值，那么主要体现在哪些方面？怎样才能真正发挥它的现代意义和价值？纵观现代人对《道德经》的推崇宣扬，其价值意义似乎主要集中在权谋、养生、丹道、军事、管理、经商等方面。但深入考察，就会发现这些并非《道德经》的主旨，其中有些与《道德经》毫不相干，甚至与其观点完全背反。例如，经中根本没有提到过丹道，把老子描绘成炼丹的老君是后来的炼丹道士所为。又如，《道德经》被有些现代人阐释为养生学经典，但经中凡提到养生之处其实都报以否定批判（见本章第一节相关举证）。再如，《道德经》被有些现代人当作军事典籍，但经中凡涉及军事之处都展示强烈的反战、厌战、避战取向，并未教授过任何杀敌略地之术。《道德经》即便正面涉及以上有些内容，也只是作为旁枝末节，显然并非其主旨，因而亦非其在现代社会最重大的意义所在。将这些方面当作《道德经》的主旨而忽略其真正主旨，其实是舍本求末。本书并不反对从多方面、多维度发掘《道德经》的现代意义和价值，但片面强调以上次要内容，则可能加深现代社会对《道德经》主旨及其真正意义的忽视，以致喧宾夺主。

那么，《道德经》主要的现代意义究竟何在？深究其根本，《道德经》的形下论述主要集中在精神信仰、品格修养（即传统所谓求道、养性、修身）、政治治理与社会和谐四大方面，因此这也应是其主要的现代意义之真实所在。特别是在精神信仰迷茫缺失、道德水准普遍衰落、品格修养广遭忽略、社会关系严重失和、生存环境遭到严重破坏、各种政治治理方法陷入困境的现代社会，其在以上方面的指导借鉴意义就更加凸显。因此，要真正发挥《道德经》的现代意义和价值，首先需要正确理解和阐扬其真正主旨和洞见，参照人类其他文明的发展成就和洞见，从而寻找到医治上述现代社会痼疾的良方。本章的目的就在于做出这方面的初步尝试。

《道德经》为什么仍具有重大的现代意义，没有也不会过时？原因在于老子所论之道是超越时间和空间的永恒超越之道。《道德经》作为精辟论述永恒之道的经典著作，其意义和价值也是普世永恒的，不会因时间的流逝或地域的改变而降低。大凡有过时之虞的作品都是赶时髦的浮浅应时之作，越是时髦，则越是浮浅，过时也越快。《道德经》的论述主要集中于永恒超越之道及宇宙和人间本质性的深层次问题，以"处其厚不居其薄，处其实不居其华"为原则，故而其意义和价值没有因为岁月的流逝和时代的变迁而减少，对于现代和未来的人类仍有不可磨灭的指导借鉴意义。

老子指真

第一节 《道德经》的现代人生意义

《道德经》虽然是产生于春秋时代的古代经典，但对于现代人的人生仍具有深远的指导借鉴意义。其人生意义不局限于单一向度，而是具有多重维度，可以涵盖现代人的精神、信仰、宇宙观、价值观、人生观、品格修养和精神修炼。其人生指导意义不仅对中华民族有效，对其他民族同样有效；不仅适用于古人，同样适用于现代人和未来人。从这重意义上讲，《道德经》是一部跨越时空和人生多维度的伟大著作。

一　老子精神信仰和宇宙观的现代人生意义

《道德经》的人生意义首先在于其精神信仰。这既是其最重大的人生意义所在，也是最广受忽视的维度。特别是遭遇近代世俗化和物质主义冲击之后，《道德经》的精神和信仰层面的意义几乎被完全忽视或否定，其世俗和物质层面的意义被畸形夸大，以致其被诠释成一部纯世俗、形而下、缺乏精神信仰维度的著作。其实，《道德经》的通篇主旨是道，经中随处可见对道的敬畏崇信，充满了信仰道、效法道的精神信仰主张和教诲。在《道德经》里，道被称为天地万物之母、"众妙之门"、"天地根"、"万物之宗"、"万物之奥"、"独立而不改，周行而不殆"，亦即人类其他文明中所谓宇宙主宰、造物主或至上神，而信奉循顺天道、"尊道而贵德"、"保此道"、"同于道"、"法道"、守道、勤而行道、"惟道是从"、"执古之道，以御今之有"，等等，则不仅展示了对终极超越者的崇高信仰，而且将此作为信仰实践和为人处世的基本准则。经中还精练阐述了致虚守静（第16章）、打坐冥修（第10章）和通过冥修内观获得至上知识（第16章、第21章、第47章）等宗教神秘主义的精神修炼方法。就宗教学意义而言，《道德经》可以说是一部高层次的宗教信仰经典，体现了对超越者高深的认识和崇信。

宗教学研究证明，凡是人都有精神信仰需要，都有对于人生意义和超越自身有限的追求，都有终极关切和信仰定向的自然倾向，因此都是宗教性的人，只不过其表现形式各有不同。这是人有别于普通动物的一个重要维度，也是人类能脱离野蛮，构建和维系文明社会的重要因素。困扰现代社会的价值虚无、道德沦丧、社会失序，现代人所罹患的信仰缺失、精神空虚、心态浮躁，其实都是近百年来全盘接受西方物质主义思潮，盲目破除传统精神信仰体系的后果。伴随物质文明的高度发达和精神文明的严重衰败，人们深陷名利与物欲泥潭，迷失了自我，无法理解生命的超越意义与价值，以致心灵空虚苦闷而不能自拔。显然，解救之道就是重新建立自然合理的精神信仰，摆脱形器世界中世俗名利的束缚，从而获得心灵的超越、寄托和平静。而《道德经》所倡导的正是这样一种达到至上境界的精神信仰，堪为医治现代人精神痼疾的良药。海德格尔说："它（《道德经》）有一种魅力，给在世俗世界压迫下疲惫的人们以一种神奇的力量。"[1]德国前总理施罗德甚至号召"每个德国家庭购买一本中国的《道德经》，以帮助解决人们思想上的困惑"。可见这不仅是中国人的认识，国际社会的有识之士对此也有共识。

自东汉以来，道教发展中就出现一种倾向，就是将《道德经》解释为一种形而下的养生延寿经典，而忽视其作为精神信仰经典的本质。这种倾向在现代物质社会中得到异乎寻常的响应和扩张，以至于有人甚至逐字逐句将《道德经》做了养生学解释，并在此基础上主张将养生作为道教的主要发展方向。仔细研读《道德经》，却从头至尾找不到一句提倡养生的话语。相反，《道德经》中多处反复表达的乃是对养生的明确否定。例如，第七十五章中说："民之轻死，以其上求生之厚，是以轻死。夫唯无以生为者，是贤于贵生。"其中求生之厚就是贪生厚

---

[1] 转引自葛荣晋《21 世纪是〈道德经〉回归的伟大时代——外国人眼中的〈道德经〉》，载《老子与华夏文明传承创新——2012 中国鹿邑国际老子文化论坛文集》（上），社科文献出版社，2013。

老子指真

养，贵生亦是指重养生，而"贤于贵生"的"无以生为"则是指不以养生为务。可见老子反对养生的态度明确而坚决。第五十章又云："人之生生，动之死地，亦十有三。夫何故？以其生生之厚。"显然认为厚自养生是造成早夭的一种主要原因，对之持批判态度。第十三章的"吾所以有大患者，为吾有身。及吾无身，吾有何患"，则表达了将身体视为累赘，视死如归的超然境界，与求生厚养的追求背道而驰。其下句"故贵以身为天下，若可寄天下；爱以身为天下，若可托天下"更表达了圣人贵爱天下而将自身身体置之度外的意境。此外，第五十五章中"益生曰祥"的意思是贪生厚养就会有灾殃；第七章中举"天地所以能长且久者，以其不自生，故能长生"为榜样，既否定了求生厚养，又彰显了圣人"外其身而身存"的效法模范。

主张以养生为业的道学家们一般认为《道德经》中最为明显提倡养生的语句是第五十九章末的"是谓深根固柢，长生久视之道"。但细读此章，可以明显看出此章的通篇主旨是"治人事天"，亦即治理人民，侍奉上天，而丝毫没有提及个人养生。而"是谓深根固柢，长生久视之道"紧随"可以有国。有国之母可以长久"之后，显然"长生久视"与上句末的"长久"相互呼应，用以形容国家治理的长久及其根基的牢固，意思是邦国长治久安，与养生毫不相干。

由此可知，将《道德经》当作养生理论是对老子本意的严重歪曲，据此忽视和否定《道德经》的精神信仰主旨则是舍本求末。精神信仰是人类思想、意识和行为的最高境界，养生健体充其量只是一种生活技巧，况且道教养生难以与日新月异的现代医学匹敌，发展前途有限。将崇高的精神信仰降格为一种形而下的养生学，无异于喧宾夺主。所谓"儒教治世，道教治身，佛教治心"①，其实是俗人对道教的偏见和矮化，实在不值得道教引以为荣。道教作为一种宗教应当重在其精神信仰

---

① 此论原出自南宋孝宗《三教平心论》，原文是"以佛治心，以道治身，以儒治世。"后被世人作为定论广为引用。

主旨，而非形而下的养生技巧。本文据《道德经》原文勘正其关于养生的本义，并非意在反对养生。养生作为道教立教后逐渐发展出的一种特色，有一定的存在价值。但道教养生最多只能作为其精神信仰的一种附属品，而不应取代精神信仰，更不应因此歪曲《道德经》本义，忽视其信仰真谛。

与《道德经》所倡导的精神信仰相应的是一种以道为世界本原和宇宙本体，以天地万物和人作为其被造物和效法者的宇宙观，以及尊道贵德、以人道配天道、以人德配天德的人生观。就宇宙观而言，西方哲学中最重要的是本体论、发生论和价值论三大范畴，分别通过连篇累牍的大量文字论述，尚不能言说清楚。特别成问题的是，在哲学尚未从宗教神学中分离出来之前，西方宇宙发生论是以基督宗教的上帝七天创世为基础，本体论则是以上帝为宇宙本体，而启蒙运动以后科学亟欲取代宗教成为宇宙发生论和本体论的解释权威，由此引发二者间的尖锐矛盾对立，至今难以全面调和。更有甚者，由于科学不能解决伦理问题，也不能产生价值论，所以西方人通常将价值论划归宗教主导的人文领域，由此造成本体论、发生论与价值论的二元分裂和对立，反映为自然科学与宗教人文的二元分裂和对立。相比之下，《道德经》虽然只有区区五千言，却精练地阐明了西方本体论、发生论、价值论所涵盖而未尽的主旨内容。更加神奇的是，在西方人那里如此严重的二元对立等问题，在《道德经》宇宙观框架下都不成其为问题，都有自然合理的答案。《道德经》中的道，既等同于西方哲学中的宇宙本体，又等同于西方宗教中的上帝，既相当于西方科学中世界产生的本原，又相当于西方宗教中的造物主，由此自然无为地弭平了科学与宗教在此类问题上的二元对立。作为世界本原和宇宙本体的道，同时是人类效法的楷模和价值伦理的上流源头，由此解决了科学本体论、发生论与宗教人文价值论的矛盾对立。

作为人类共有的精神智慧财富，《道德经》还可以用来打通中西方哲学理念的隔阂，跨越传统与现代的天堑、弭平宗教与科学之间的鸿沟。《道德经》不愧为中国有史以来最伟大的宗教哲学经典。就此，牟钟鉴先生认为："道的学说兼具宗教、哲学、科学的三重优点，而又无三者的偏失，很可以成为现代社会人们树立信仰的最佳选择之一。"①也许老子从未听说过哲学和宇宙观这样的西方舶来词汇和概念，但《道德经》却带给人们最智慧、最深刻的哲学，赋予人们最富洞见、最符合天理的宇宙观。这种宇宙观绝非应时之作，而是可以横跨过去、现在和未来而历久不衰的真知灼见。在经历了近百年的思想动荡和混乱之后，现代国人的宇宙观和人生观普遍混乱迷惘，也许最需要的就是从《道德经》这样的传世经典中汲取智慧和洞见，在其指引下重新树立自然合理的宇宙观和人生观。

二　老子人生观和品行原则的现代人生意义

人生观是指对人生的看法，就是人对于其生存的目的、价值和意义的看法和态度，其中包括生死观、苦乐观、荣辱观，等等。人生观是由宇宙观决定的，所以《道德经》所展示的宇宙观决定了相应的人生观。现代社会典型的人生观有享乐主义、禁欲主义、厌世主义、个人主义、集体主义等不同类型。究其根本，这些人生观多失于偏颇，各有其弊端。例如，享乐主义人生观放纵动物低级本能，缺乏精神追求；禁欲主义人生观则无视人的自然生理需求，难以普遍推行；个人主义人生观以自我为中心，无视群体和社会的利益；而来自苏俄的集体主义人生观具有违背人之本性的乌托邦色彩，无视个体的存在和需求。现在大多数国人的人生观还有一个共同的重大缺陷，就是偏执于物质、现世和有限事物，缺乏精神、超越和恒久的意义维度，因而不能妥善安顿凡是人都不能避免的生死福祸，因此也不能让人建立恰当的苦乐观和荣辱观，更不能合理解决个人和群体社会的关系问题。《道德经》所倡导的人生观是

---

① 牟钟鉴：《老子新说》，金城出版社，2009，第 300 页。

一种循顺天道自然，以人道合天道、以人德合天德的中庸和合、超脱飘逸的人生观。这种人生观没有享乐主义、禁欲主义、悲观主义、厌世主义、个人主义、集体主义等人生观的各种偏颇和弊端，既有精神超越维度，又顾及现世物质世界的各个方面，既有贵以身为天下利民济世的取向，又无绝对禁欲、厌世离世等违背人类生理和本性的主张，可以作为现代人重新建立合理人生观的宝贵借鉴。至少，中国传统文化中圣贤人生观的形成受《道德经》的影响极大。鲁迅说"不读《道德经》一书，不知中国文化，不知人生真谛"。这可以说是对《道德经》在中华文化和中国圣贤人生观形成中所起作用的一种独到认识。当然，这种人生观对许多普通人来说可能过于高深，需要达到一定的个人修养水平和精神思想境界之后才可能企及。

《道德经》不仅从理论上阐述了合于天道的人生观，而且提出了这种人生观指导下的一系列品行原则，奠定了老子价值观的基础。这些原则没有时代和种群的限制，对现代人仍然具有重大学习借鉴意义，归纳起来大体可以划分为如下十类加以深化理解。

1. 自然无为的基本原则。自然和无为是《道德经》中最受强调的两个原则理念。从"道法自然"和"道常无为"等表述来看，自然和无为首先是道的特性，然后才是人应当效法道的基本原则，从天道到人道有传承关系。自然、无为原则贯穿于《道德经》的通篇始末。论及自然的例如：第二十五章"道法自然"，第六十四章"以辅万物之自然，而不敢为"，第十七章"功成事遂，百姓皆谓我自然"，第二十四章"希言自然"，等等。论及无为的例如：第二章"是以圣人处无为之事"，第三章"为无为，则无不治"，第十章"爱民治国，能无为乎"，第三十八章"上德无为而无以为，上仁为之而无以为"，第四十三章"吾是以知无为之有益"，第四十八章"无为而无不为"，第五十七章"我无为而民自化"，第二十九章"为者败之，执者失之。是以圣人无为，故无败；无执，故无失"，等等。

老子所说的自然不是自然界，而是自然而然、本来如此、本性使然，因为老子时代还没有自然界的概念。老子所说的无为也不是完全无所事事、无所作为，而是不违背自然本性强行作为、不任意妄为而滋生事端；深层的含义是通过循顺万物的自然本性，顺势而为以达到目的。第37章云："道恒无为而无不为，侯王若能守之，万物将自化。"意指道自然无为但却没有什么事做不成，侯王如果能够效法道之无为，也可以达到万物自化的目的。可见老子提倡的不是无所作为，而是效法道的自然无为从而达到万事可为的境界，其实是一种最为高明的有为。从第48章"无为而无不为。取天下恒以无事，及其有事，不足以取天下"更可以看出，此处的无为、无事绝非无所作为，而是通过循顺自然、无为无事的高明道法以完成"取天下"这样的大作为。如果老子主张完全无所事事、无所作为，就不会提出"为而不恃"（第2章）、"为而不争"（第81章）、"政善治，事善能，动善时"（第8章）这样有为的行为原则。尤其是其中的"动善时"，提示了在适当时机行动，顺势而为的意境。此外，无为不是没有价值，而是大有益处的。"不言之教，无为之益，天下希及之"（第43章），就是老子对不言和无为之价值意义的阐述。

自然和无为，看上去像是两个概念，其实却相互密不可分。自然是无为的循顺原则，而无为的实行必然导致和加强自然的效果。自然和无为作为道的两个主要特性，彼此相生相长，相辅相成，浑然一体。自然必然导致无为，无为则必然成全自然，二者难分难解。

道的自然无为还延伸为效法者的自然少言或不言原则。对此，《道德经》中有多重表述。如"圣人处无为之事，行不言之教"（第2章）、"多言数穷，不如守中"（第5章）"犹兮其贵言"（第17章）、"不言之教，无为之益，天下希及之"（第43章）等。老子为什么主张不言、少言？原因是人类应当效法的"天之道，不争而善胜，不言而善应"（第73章），而且"希言自然"（第24章）。中国古代圣贤的品行标准之一是少言重行、重实效，源头可能在《道德经》。

现代社会中人们虽然表面上普遍对《道德经》示以尊重，但对

《道德经》倡导的原则却鲜有人真正理解和遵循。看看充斥这个世界的改天换地、政令繁复的现象，听听困扰这个星球的环境生态破坏、战争纠纷不断的报道，轻易可知现代社会奉行的基本原则与老子的自然无为法正好相反，是反自然的有为法。而实施这种法则的后果也不断显现：巨大的行动代价换来得不偿失的成果，短期的成功伴以长期的失败或败亡，看似的成就却孕育着危机或灾难。老子"希言自然"的价值则可在其《道德经》与现代人的文风对照中得到淋漓尽致的彰显。现代学者动辄著书若干册乃至数十册，撰文以千百万字计，以数量为资本，但与老子《道德经》区区五千言在人类文明史上的重要地位相比，其价值几乎可以略去不计。对比之下，言简意赅的《道德经》可以说一言至少抵万言。这些都值得现代人深刻反思。

2. 柔弱不争的处世态度。柔弱在世人看来代表软弱无力，但在老子看来却是最坚韧有力的，是法道者应取的基本处世态度。对此，《道德经》中有反复的表述。如果说"柔弱胜刚强"（第 36 章）是提纲挈领的表述，更进一步的阐发则有："故坚强者死之徒，柔弱者生之徒。是以兵强则灭，木强则折。坚强处下，柔弱处上"（第 76 章）；"天下之至柔，驰骋天下之至坚"（第 43 章）；"强梁者不得其死"（第 2 章），等等。老子为什么这样崇尚柔弱？原因在于"弱者道之用"（第 41 章），柔弱是道发挥作用的方式。作为被造物的人，老子认为，应该效法造物主道的这一属性特征。

与柔弱密切相关的处世原则是不争。老子曰："以其不争，故天下莫能与之争"（第 66 章）；"夫唯不争，故天下莫能与之争"（第 23 章）；"圣人之道，为而不争"（第 81 章）。可见老子认为"不争"既是一种高超的处世智慧，更是人法道的处世原则。老子认为水是有形世界里可用以阐释柔弱不争概念的最佳范例，故曰："上善若水。水善利万物而不争，处众人之所恶，故几于道。……夫唯不争，故无尤"（第 8 章）；"天下莫柔弱于水，而攻坚强者莫之能胜，其无以易之。弱之胜强，柔之胜刚，天下莫不知，莫能行。"（第 78 章）水既以其滴水穿石的柔弱体现了胜刚强的道理，又展示了"天之道，不争而善胜"（第73章）的天性，还能"处众人之所恶"的卑下地位而"善利万物"，是有形世界中最像道的物质，因而被老子奉为直接效法的"上善"。中西交流之后，不仅国内好道者从老子那里学习水的柔弱、不争、处下、利物、善胜，西方有识之士也将老子的处世之道奉为圭臬。例如，俄国文豪托尔斯泰曾写道："做人应该像老子所说的如水一般。"

老子认为，刚强代表阳刚，柔弱代表阴柔；阳刚表面看来强大有力，但终不敌看似软弱的阴柔，像水所展示的阴柔其实是最强大的力量。所以老子提出"知其雄，守其雌，为天下溪"（第28章），"天门开阖，能为雌乎"（第10章），以此作为个人修炼追求达到的境界。

作为柔弱不争原则的延续，老子还提出"圣人方而不割，廉而不刿，直而不肆，光而不耀"（第58章），"揣而锐之，不可长保"（第9章）、"挫其锐，解其纷"（第56章）等品行要求，将低调做人、谦和待人、外圆内方、挫锐解纷作为待人处事的基本原则。

柔弱与不争看似两个概念，其实是同一特性的两个不同表现面。柔弱的重要特点是不争，而不争必然导致或表现为柔弱。二者只有放在一起才能有效地阐释老子欲表达的那种境界。也许正因为如此，老子将能同时体现柔弱与不争的水作为应当效法的上善。

在受西方理念主导的近现代社会，人们始而热衷于斗争哲学，继而崇尚竞争取胜，都是以"争"为纲，以阳刚强硬为荣。这与老子的"不争"、"柔弱"、"和"、"容"的理念完全背道而驰。从进化角度来看，竞争、斗争都源自你死我活的原始丛林规则，是人类文明发展低级阶段的处世规则。随着人类文明的提高，这种丛林规则已经越来越不适合人类共生的文明要求。从实际效果来看，争斗不仅毒化人际关系、破坏社会和谐，而且对逞强好胜者来说也未必就是好事。尚争的"强梁者"或者可能"不得其死"，或者即便一时得益而长期受损，或者小处得益而大处受损，实乃不智。而柔弱不争既可以避免争斗必然带来的反作用力和负面效果，而且可能不战而屈人之兵，取得利而不害甚至多赢的良好效果，以至于"天下莫能与之争"，不愧为有深邃智慧的处世之道。如果现代社会能将柔弱不争作为处世指导原则，那么大多数的人间纠纷就会消失，社会文明水平就可得到极大的提升，相互争斗所产生的巨大破坏和毁灭就可能被避免。当然，要真正做到柔弱胜刚强、不争而善胜，尚需深入体悟，巧思善用和身体力行老子的柔弱不争之道，而不可能浅懂就化为自觉有效的行为方式，否则老子就不会说："弱之胜强，柔之胜刚，天下莫不知，莫能行"（第78章）了。

3. 致虚守静、抱朴归真的精神境界。"致虚极，守静笃"（第16章）是冥修要达到和持守的极度虚静状态，亦即通过修炼可能达到的高超精神境界。《道德经》第四章云："道冲，而用之或不盈"，意指道是虚空的，但其作用却无穷尽。可见老子认为虚空是道的存在状况。道教的打坐修炼原理是逆行还原，其至上功夫是"炼神还虚"，可见虚代表道教修炼的至上境界。静在老子看来也具有特别重要的意义。"清静为天下正"（第45章），就是将静确认为宇宙的主正。因而才有"无欲以静，天下将自定"（第37章）和"我好静而民自正"（第57章）等进一步阐述。"归根曰静，静曰复命，复命曰常"（第16章）则是将静确认为万物必然回归的道之本原状态，而回归静的天命归宿是宇宙万物的恒常法则。

与致虚守静密切相关的精神境界是抱朴归真，即持守大道回归道之本真。老子倡导的"见素抱朴"，被许多现代注家释译为"保持朴素"，很像是近代宣传中老红军的传统。其实，此句中的素朴指的是道的本色本真，其中的朴是道的体现。第三十七章中的"吾将镇之以无名之朴"、第32章中的"道恒无名朴，虽小，天下莫能臣"，其中的朴都是指道。因此"抱朴"有守道的含义，与"圣人抱一为天下式"（第23章）中的"抱一"意思相同。"归真"之"真"则是指道之本真。印度吠檀多宗教理论认为，人被名利欲望和愚昧无明等幻象（maya）所遮蔽，不能认识并远离了真实自我阿特曼，因而备受世间痛苦煎熬。阿特曼即梵，通过冥修等途径可以祛除幻象回归阿特曼神我，进而与本真之梵合一。此论

　　　　　　　　　　　　　　　　　　　老子指真

与抱朴归真的含义大同小异，其中的阿特曼略同于营魄，梵则与道同义。

致虚守静、抱朴归真不仅是冥修想要达到的精神境界，也是现代人在生活中应该不时追求向往的精神状态。在这个物欲横流、喧嚣嘈杂的现代社会里，人们不停地被各种物质欲望和世俗利害等忧患所困扰，远离了自我本真和宇宙本原，心灵难得有片刻安宁，以致许多人都罹患了精神因素所致的身心疾患。如果能够效仿老子的精神修养，在一定程度做到摆脱世俗利害的困扰，回归道之自然本真，保持心灵清静，对于医治现代人的精神困扰和疾患可能比任何医药措施都有效。

4. 贵和知常的循道理念。《道德经》第五十五章云："和曰常，知常曰明"，就是将"和"作为宇宙恒常法则，而知道恒常法则才能叫做明智。此章同时指出，"含德之厚"的赤子之所以能"终日号而不嗄"，就是因为"和之至也"。可见"和"是一种合道自然的状况。"和"之所以被称为"常"，是因为"万物负阴而抱阳，冲气以为和"（第42章），阴阳交冲以达到和谐状态，既是世间万物产生的条件，又是万物在自然状况下的正常状态。显然，"和"与"知常"都是老子倡导追求的循顺大道的理想状态。"和"系指自然和谐，包括天道自然的和谐、人与自然的和谐、人自我身心的和谐，人际关系和社会的和谐等，与《易传》中的"太和"意义略同。"和"理念在此后中国传统社会中备受推崇，引申发展出诸如和谐、和平、和睦、和善、和好、和合等丰富内涵。老子乃孔子之师，由此看来儒家和中国传统社会崇尚的"和为贵"理念，终极源头可能在老子。

《道德经》另一处提到"知常曰明"的是第16章，原文是"归根曰静，静曰复命，复命曰常，知常曰明。"可见回归本原天命是另一种恒常法则。知道事物的恒常法则为什么如此重要？对此老子分正反两面加以阐述。其反面是"不知常，妄作，凶"，就是说不知恒常法则而肆意妄为，就会遭遇凶险。而正面则是"知常容，容乃公，公乃王，王乃天，天乃道，道乃久，没身不殆。"（第16章）意思是知道恒常法则就能宽容大度，宽容大度就能公正无私，公正无私才能为王治国，这样为王治国就能符合天命，符合天命就能合于大道，合于大道就能历久不衰，终生没有危险。显然，合于大道是老子为圣人设定的品行要求，也是他认为合格的执政者应遵守的基本法则。要想合于大道，首先需要知道恒常法则，然后需要遵循道法。第二十五章中"人法地，地法天，天法道"其实阐述的是同一道理；倘若略去中间环节，"人法道"岂不正是《道德经》通篇力图倡导的主旨？

现代社会中，不知恒常法则、不恪守天命、不遵循道法、肆意妄为破坏自然和谐的人和事比比皆是。随之而来的是，宽容大度、公正无私、尊道贵德的人越来越少，社会也越来越不自然和谐。不知常妄作者成为社会主流，就会给个人和社会都会带来凶险，过早结束其生命。例如，滥伐森林造成水土流失和严重饥荒；工业无度发展造成严重污染进而危及人类生命健康；大规模杀伤性武器的发展加速族群和人类的灭亡；等等，其例证不胜枚举。现代人也许应该不时从繁忙浮华的生活中静下来对老子的提示做一些深思，接受其智慧洞见从而及时纠正其违反道法自然的错误，总比败亡发生之后努力补救代价小得多。将尚和、知常、法道作为人生品行修养的有机组成部分则会受益更多。

既然谈到万物归根复命，不妨就此考察老子的生死观。《道德经》中对此没有长篇大论，只有几处言简意赅地表达了老子的基本观点。从第十三章"吾所以有大患者，为吾有身。及吾无身，吾有何患"看，老子不仅不贵重其身体的存在，反而在一定意义上将其视为累赘，表达了视死如归的超然态度。这与第十六章"夫物芸芸，各复归其根。归根曰静，静曰复命，复命曰常"的论述一脉相承，都是将死视为归根和复命，将归根复命视为恒常法则，正所谓视死如归，对肉体之死毫无忌惮。如果对老子不贵肉体存在的态度仍有怀疑，还可玩味类似这样的表述："夫唯无以生为者，是贤于贵生。"（第75章）肉体的死是否意味着生命的结束？对此老子的回答是"死而不亡者寿。"（第33章）就是说，肉体的死并不带来生命的终结，人如果能循道修炼以致肉体死后还能"不亡"，则可以称"寿"。如果进一步追问肉体死后还有什么存续不亡，回答除"营魄"或同义的灵魂、精神之外，没有更好的答案，否则这句话就无法合理解释。其实，灵魂的存在符合人类历史上大多数智者圣贤的超越洞见，而不是空穴来风。对于视死如归的圣人来说其现世身体的意义是什么？"贵以身为天下，若可寄天下；爱以身为天下，若可托天下"（第13章）是老子的明确答案。

5. 啬、俭为本的治人事天理念。老子说："治人事天，莫若啬"（第59章），将啬作为治理人民和待奉上天得以"深根固柢"的根本。啬的现代含义是吝啬小气，一般做贬义理解，故此章此字令现代人感到费解。但啬在古代同稿，有收获储存之意，转指农业，还有爱惜、收敛之意。啬在《道德经》中的含义主要指珍惜，不滥用资源。与啬密切相关的是老子所持三宝中的第二宝：俭。俭与啬意思接近，指节俭，不滥用。"俭故能广"（67章）意思是节俭就能资源广足，其实给啬做了良好的补充注释。老子如此看重啬、俭，绝非偶然。他在第29章中提出"圣人去甚、去奢、去泰"，表示了对奢侈过分的否定；在第53章中更是对"服文彩，带利剑，厌饮食，财货有余"的奢侈浪费生活方式发出强烈的谴责。

如果说啬、俭的理念在物质匮乏的古代社会非常重要，在人类即将通过滥采滥用耗尽地球资源的现代社会其意义就更加重大。虽然没有证据证明老子在2500年前就预见到现代人穷奢极欲加速耗尽地球资源的具体现状，但现代社会日益加剧的资源枯竭、生态破坏等生存危机却不能不说是实行反啬俭原则而招致的报应性惩罚，也彰显了老子以啬俭为本治人事天的真理智慧和超凡洞见。啬不仅是一种人类社会可持续生存发展的必要治理理念，而且应该是事天和个人生活的指导原则。地球资源的节约和保留有赖于每个个人的啬俭。有人经过调研证明，现代人大多数的消费都是由广告和社会攀比等因素制造出来的多余"需要"，而非生存的真正需要。如果人类个体都无视老子的洞见，继续现在穷奢极欲的生活方式，超出实际需要消费或浪费物质资源，暴殄天物，那么"大威至"的时代就会加速到来。

6. 仁慈容善信的待人原则。老子的待人原则大体可以概括为仁、慈、容、善、信五个字，兹分而述之。老子曰："我有三宝，持而保之。一曰慈……"（第67章），可见慈在老子那里有很重要的地位。因此，本处也首先讨论作为第一宝的慈。对于普通人来说，慈只涉及对人的态度，而老子则认为："夫慈，以战则胜，以守则固。天将救之，以慈卫之。"就是说慈超过了对人的态度而成为决定战争胜负和生存的法宝，其源头在天。《说文》曰："慈者，爱也。"慈的现代字典解释是仁爱、和善，包括了仁、爱、和、善四方面的含义，不仅包含中华民族传统美德的主要旨趣，而且涵盖了人类各民族道德金规则中最重要的普世价值内涵。

近现代学者大多认为，"仁"是儒家崇尚的理念，而老子对仁持反对态度。仔细研读《道德经》，就会发现此论明显有误。首先，老子主张"与善仁"（第8章），就是说待人要善于体现仁，将仁作为一种价值标准予以提倡。一个对仁持反对态度的人不可能自相矛盾提出这样的主张。其次，老子高度崇尚的慈，主要含义就是仁爱。仁、慈二字在一定程度上是同义词。所以提倡慈而反对仁同样是自相矛盾，只可能发生在思维混乱的近现代学者们身上，而不可能发生在高度智慧的老子那里。人们认为老子反仁，所举主要证据有二。一是多数版本的《道德经》第十九章中有"绝仁弃义，民复孝慈"一句，二是第三十八章中的"失道而后德，失德而后仁"。就证据一而言，竹简本此句作"绝伪弃诈"，与《道德经》中其他章节的文义前后一贯，相互呼应；而世传本的"绝仁弃义"则与其他章节的意思相悖，同时也与下半句的"民复孝慈"直接矛盾。有注家考证后认为："绝仁弃义"乃庄子后学中的激烈派为与儒家对抗而篡改所致。根据"绝仁弃义"版本的出现时间和《道德经》前后文义对比等分析判断，此论甚为可信。如据竹简本将此句勘正为"绝伪弃诈"，则老子反仁的主要依据不攻自破。就证据二而言，问题出在对"失德而后仁"的错误理解。注家多将此句解译为"失去了德然后才有仁"，是误将此句作为老子反仁证据的根本原

　　　　　　　　　　　　　　　　　　老子指真

因。此句的正确理解应该是失去德之后就剩仁为重，故仁和德二者并不相互排斥或排除。如果此句是老子反仁的证据，那么"失道而后德"（第38章）岂不成为老子反德的证据。由此可见，老子不仅不反仁，而且崇尚仁，甚至可能是儒家尚仁的主要师承来源。

与仁、慈密切相关且意思相近的待人原则是善。老子曰："和大怨，必有余怨，安可以为善"（第79章）；又曰："善者，吾善之；不善者吾亦善之；德善"（第49章）。可见善不仅是其崇尚的道德标准，也是其处人的品行原则。与世人不同的是，老子善的标准更高，不仅善良和不善良的人都要善待，而且善待别人后如果还有余怨留存，都认为还没有达到其善的标准。老子的善，不限于善待他人，还要将自己的财物施予别人或为他人而花费。"圣人不积，既以为人，己愈有；既以与人，己愈多"（第81章），可以说是与人为善的更高要求。有趣的是，近现代主流学者多谓老子是无神论者，老子之道是非神性的大自然、自然规律，但"天道无亲，恒与善人"（第79章）这类的表述却不啻于给这些人当头一棒。此句意思是天道虽然作为超越者对人无亲疏之分，但却总是与善人同在。这不仅与其他宗教的善恶报应、善有善报说基本一致，而且明示扶助支持善人的正是不分亲疏的"天道"。显然，老子认为"善"有相当于其他宗教中至上神的天道作为其来源、基础和支撑。

老子待人原则的另一个重点是容，即包容大度。"知常容，容乃公"（第16章）既说明懂得恒常法则才能包容大度（如何才能做到"容"），又指出包容大度才能公正无私（"容"能产生什么效果）。老子的包容也远远高于世人的标准。"大小多少，报怨以德"（第63章）比起儒家的"以直报怨"容忍度要高得多。"善者，吾善之；不善者，吾亦善之；德善。信者，吾信之，不信者，吾亦信之；德信"（第49章），则不仅展示了更高程度的包容，而且指明这种超凡的宽宏大量可以换取对方和社会善信水平的提高。第七十九章云："圣人执左契而不以责于人。"能够执持债权契约而不向债务人讨债责罚，这样的宽容对现代人来说是不可想象的。由此可见，老子将与人为善和包容大度推向了空前绝后的高度和宽度。

"言善信"（第8章）是老子待人以诚的原则表述，即修道者的自我要求是讲话要善于恪守诚信。老子指出："信不足焉，有不信焉。"（第17章）这不仅是对诚信和获得信任二者关系的一般性阐述，而且特指统治者诚信不足是造成人民不信任的原因。但对于他人是否诚信，老子则采取高度宽容的态度。"信者，吾信之，不信者，吾亦信之，德信"（第49章），通过对讲诚信和不讲诚信的人都予以信任，致使对方乃至社会的诚信度得以提高。至于如何辨别可信之言，老子提出"信言不美，美言不信。"（第81章）即真实的言论不华美，华美的言论不可信。在一个严重丧失诚信的社会，老子的这些教诲具有特别重大的现实意义。

老子曾为孔子之师，其仁慈容善信的待人原则可能在儒家仁义礼智信等理念的形成中发挥过重大作用，故二者有重大的相似之处。但深入对比二者，可以发现老子的待人原则更多注重内涵实质，更少关注外表形式，而且有更高的标准。由此可见老子"处其实，不居其华"的原则是前后一贯的。

老子的仁慈容善信的待人原则在现代社会是否过时？现代社会是否已经发展出更高明、更先进的待人原则？对社会现状的任何客观考察都会让人发现，现代社会不仅没有更高明先进的待人之道，而且在很大程度上丧失了传统的人际关系美德，离老子倡导的高标准仁慈容善信原则更是差之千里。仁慈容善信不仅在老子时代是高尚的待人原则，在现代社会弥足可贵，应该是人类社会超越时代的普世原则。经历过阶级斗争和市场竞争熏陶的现代社会，道德沦丧、奸诈成风，人际关系高度紧张，难以维持起码的社会伦理，可能比任何历史时期都亟须传统美德的滋养。如果仁慈容善信的处世理念能得到重视和推广，每个社会成员都将是受益者。此风能否盛行，在当今官本位的社会取决于政要能否认识重振社会道德的重要性和巨大益处，进而认真加以推动，并以身作则。如果有足够多的社会要人主张和坚持以仁慈容善信的原则对待他人，世风可能在此影响下会逐渐转而向善。

7. 公而废私为天下的胸怀。公而废私是传统中国社会崇尚的一种高贵品格，其重要来源溯及《道德经》。第十六章云："知常容，容乃公，公乃王，王乃天，天乃道"，就是把"公"作为合于大道的个人品格。第七章云："是以圣人后其身而身先，外其身而身存。以其无私，故能成其私。"寓意将个人身家利益置于天下利益之后或置之度外，公而废私为天下，反而成全圣人自己。"孰能有余以奉天下？唯有道者"（第77章），就是将无私"以奉天下"作为有道者的必要品行。第十三章"故贵以身为天下，若可寄天下；爱以身为天下，若可托天下"则强调愿意为天下利益献身的人才能将天下托付给他，重申了公而废私为天下的意境。第五十四章的"修之于身，其德乃真；修之于家，其德乃余；修之于乡，其德乃长；修之于国，其德乃丰；修之于天下，其德乃普"展示，即便是修道这样非常个人化的行为，老子也主张超越个人得益，为家、为乡、为国、为天下而修，使之德余、长、丰、普。这是一种更高境界的公而废私。

受中华传统文化影响，20世纪还有人提倡天下为公、大公无私、公而忘私等理念。如今，这类理念随同其用语早已从现代社会销声匿迹，这些用语的反义词似乎成为现代社会的通行标准，社会道德风尚也因此降到一个超低的水平。天下为私、私而废公，作为社会风尚已经贻害无穷，身负"天下之托"的国家公务管理者也将此作为行为准则，必然腐败成风，社会严重失序。因此，公而废私为天下的理念不仅没有过时，反而有更加重大的现实意义。在此严重形势下，从中华民族智慧始祖老子学习公而废私，至少应该是公务人员的必修课。要求社会所有成员都做到大公无私、天下为公，有违人的本性，故而过于理想化，难以落实。但要求公务人员等执政管理者在处置对待公务时大公无私、公而废私，却不仅合理可行，而且应该是硬性标准。

8. 少私寡欲、知足不殆的财富欲望观。作为圣人的老子，其财富欲望观清晰而明了，就是"少私寡欲"（第19章）、"欲不欲，不贵难得之货"（第 64 章）、"为腹不为目"（第 12 章）。因为"五色令人目盲，五音令人耳聋，五味令人口爽，驰骋畋猎令人心狂，难得之货令人行妨"（第 12 章），所以超出温饱所需的声色犬马、财宝珍奇之类的欲望追求有害无益，应在排拒之列。显然，老子的观念是只要满足衣食温饱等真实需求即可，既不鼓励超过基本需求的欲望，也不追求奢侈荣华。对于奢靡的生活方式老子批判道："服文彩，带利剑，厌饮食，财货有余，是为盗夸，非道也哉。"（第 53 章）

在老子看来，"罪莫大于多欲，咎莫大于欲得，祸莫大于不知足。故知足之足，恒足矣。"（46 章）这种少私寡欲、知足常乐的心态不仅有助于避免社会争执，也是高超的人生智慧，足以让人以最少的财富获得最多的幸福感。

值得注意的是，老子主张"少私寡欲"，而不是完全无私无欲，从而具备了现实的可行性。在现实生活中，人做到"少私寡欲"是完全可能的，但只要还活着，做到连饮食温饱等基本欲望都没有即完全无欲则是不可能的。即便是圣人也不例外。由此可见，老子的主张是切实可行的，而不是不着边际的高谈阔论。

老子提倡少私寡欲，除了是对圣人和执政者的要求之外，更重要的作用在于政治治理。通过"不尚贤，使民不争；不贵难得之货，使民不为盗；不见可欲，使民心不乱"（第 3 章），可以达到"恒使民无智无欲，使夫智者不敢为也。为无为，则无不治"（第 3 章）的治理效果。如果执政圣人能够成为少私寡欲的表率，就可以达到"我无欲而民自朴"（第 57 章）的民风淳朴状态，进而具备无为而治的条件。

对于财富的积蓄，老子主张"圣人不积"（第 81 章），原因是"为者败之，执者失之。是以圣人无为，故无败；无执，故无失。"（第 29 章）世人皆以家财巨万为毕生追求，但老子却洞若观火地指出"金玉满堂，莫之能守。富贵而骄，自遗其咎。"（第 9 章）根据"甚爱必大费，多藏必厚亡"的规律，贪婪厚积只能给人带来更多的烦恼和丧失的痛苦，"故知足不辱，知止不殆，可以长久"（第 44 章），是最为智慧的财富欲望观。人生是否富足，多数情况下不在于财富的数量多寡，而在于自我的主观感受。"知足者富"（第33章）是最明智的财富标准，否则无论拥有多少财富，总会感觉不足。对于财富的追求永远难以满足，就永远不会有富足感和幸福感。世人的财富欲望无穷无尽，随之而来的追求、烦恼和罪孽也无止境。

老子的财富欲望观产生于经济不发达、物质稀缺的古代社会，但在经济发达、物质充裕的现代社会，其意义价值不仅没有丝毫减弱，反而更显重要。人类现代社会，无论其政治制度如何，在经济体制上都基本奉行源自资本主义而行之有效的市场经济。市场经济的基本动力是人的私欲这只看不见的手，所以在市场经济笼罩下的社会，人的欲望在体制和攀比的双重推动下无限制地空前高涨，欲望之多之强与老子时代相比都达到天文数量级。市场经济下，物质极大地丰富，老子时代只有王侯豪强、上流阶层可以涉足的声色犬马、财宝珍奇等现在也进入一般民众的视野，"服文彩，带利剑，厌饮食，财货有余"越来越成为社会常态。但物质的普遍丰裕并没有给人们带来比老子倡导的简朴生活更多的满足和幸福感。相反，这种以加速耗尽地球资源为代价的纵欲生活却使更多的人落入欲壑难填、烦恼不断的火坑。社会治理也因人们的多欲贪婪而异常困难，陷入政令繁杂多变，越管越乱、越乱越管的恶性循环，与老子的无为而治理念背道而驰。现代社会也许已经到了一个需要止步反思的关口，是汲取老子智慧开始营造一种节欲简朴，节约资源以满足真实需求，追求幸福感最大化为指向，可持续的生活方式，还是继续现在纵欲奢华、铺张浪费、无视真实需求和幸福感，难以持续的生活方式。答案未必要等到穷途末路那一天再寻求。

9. 知荣守辱、被褐怀玉的荣辱观。老子的荣辱观与世俗社会截然相反，是"知其荣，守其辱"（第28章），而不是像世人那样见荣誉就上，避耻辱犹恐不及。老子认为知荣守辱才能"为天下谷。为天下谷，恒德乃足，复归于朴。"（第28章）就是说甘居人下人后，才能像水那样恒德充足，回归道法，也才能反而居于人前人上。老子提出这种观点绝非偶然，而是有反复表述。例如，第 78 章云："受国之垢，是谓社稷主；受国不祥，是谓天下王"；第六十六章云："江海，所以能为百谷王者，以其善下之，故能为百谷王。"认为只有屈居人下，忍辱负重，才能为王，负起治理天下的重任。与此荣辱观相应，老子提出圣人的行为规范是"圣人抱一为天下式，不自见，故明；不自是，故彰；不自伐，故有功；不自矜，故长"（第 23 章），"是以圣人自知不自见，自爱不自贵"（第 72 章），"是以圣人为而不恃，功成而不处。其不欲见贤"（第 77 章），"不敢为天下先"（第 67 章），"处其厚，不居其薄；处其实，不居其华"（第 38 章），"是以圣人被褐怀玉"（第 70 章）。换而言之，圣人总是不自我表现，不自我标榜，不自以为是，不居功自傲，不出人头地，不为亲疏、利害、贵贱所动，而是胸怀大道，敦厚朴实，自知自爱，甘居世人所不喜的低下辱暗地位，因此反而能明、彰、长、有功，从而居于人前人上，"为天下贵"。

显然，老子的荣辱观及其行为规范是针对有道圣人而言的，其标准太高，非普通人都能达到。但这并不意味着普通人不能从这样的荣辱观中汲取智慧，进而深获其益。在老子的洞见中，事物的发展方向总是与世俗常识相反：如予之导致取之，强之导致弱之，兴之导致废之，居下导致居上，皆此类也。据此而论，知荣守辱也许正是获取殊荣的高明途径。至少，传统中华文化中所崇尚的忍辱负重、含而不露、居后退让等优秀品质，其理念可能就源自《道德经》。这样的优秀品质，无论在任何时代都不会完全丧失其价值。

10. 守道者的特别能力和品格。老子提示，长期精进修道者会获得一些常人没有的超凡能力和品格，故而"古之善为道者，微妙玄通，深不可识"。（第 15 章）这些能力包括"不出户，知天下；不窥牖，见天道"，"不行而知，不见而明，不为而成"（第 47 章），"执古之道，以御今之有"（第 14 章），"无为而无不为"（第 48 章），"死而不亡者寿"（第 33 章），等等。对于高度世俗化、科学主义化的现代人来说，这些超凡能力乍一听像是故弄虚玄，缺乏"科学依据"。但若摆脱物质主义的定势思维，超越科学的有限认识，深入《道德经》等人类伟大精神信仰经典的精神境界，这些不能被科学证明的体证性超越能力就成为可能，就有其存在的合理性，至少不应在缺乏证据的情况下被武断否定。其实，科学的作用有限，一般只在形而下领域有效，对于形而上的精神信仰等领域几乎没有任何作用，故而不应被用作这些领域的判断标准。老子提示这些超凡能力的存在，并非孤立一人，人类其他民族的精神修炼高端也展示类似的超越能力。例如，印度吠檀多和瑜伽冥修的目的就是寻求梵我合一，从中获得终极知识和超凡能力。佛教始祖释迦牟尼通过坐禅冥修得以开悟，从而悟得解脱之道而成佛。其实，老子对于其所言超凡能力的获得方法在《道德经》中是有提示的。例如，老子在第十六章提示其"万物并作，吾以观复"和"不行而知，不见而明"的超能力来自"致虚极，守静笃"的冥修内观；而第二十一章"孔德之容，惟道是从。道之为物，惟恍惟惚。惚兮恍兮，其中有象；恍兮惚兮，其中有物；窈兮冥兮，其中有精；其精甚真，其中有信。自今及古，其名不去，以阅众甫。吾何以知众甫之然哉？以此"，也提示其对万物所以然的知识来自冥修悟道。

上述的超凡能力，显然不是世俗大众的普遍追求目标，只能是少数对精神境界有高度委身，立志精进修道者的追求。由于人类现代社会对于其安身立命的精神信仰热情不减，精神信仰精英的数量伴随知识和教育水平的提高而增加，关注和钟情于此道者人数还是非常可观。就此而言，老子的相关论述仍具有不可忽视的现代意义。

此外，老子还将其他一些在常人看来较易理解但仍难以具备的能力和品行作为有道者的必备。这些能力和品行包括"居善地，心善渊，与善仁，言善信，政善治，事善能，动善时"（第8章），"知人者智，自知者明。胜人者有力，自胜者强。知足者富。强行者有志。不失其所者久"（第33章）"去甚，去奢，去泰"（第29章），"塞其兑，闭其门，挫其锐，解其纷，和其光，同其尘"（第56章），"方而不割，廉而不刿，直而不肆，光而不耀"（第58章），等等。归纳来看，就是要求修道者具备高超的择居、做事、政治、深沉、伺机而动等能力，有知人自知之明，有强大的自制力，能自胜胜人，知足自强，不失其所，不走极端，不做过头事，善于挫钝锋芒，化解纠纷，和光同尘，具备大德大能却含而不露，廉正光明却不显头露角，不放肆伤人。这些能力和品行更容易被现代人理解和接受，也更容易被现代人认同，所以被现代人效法实践的可能性较之上述的超凡能力要大得多。

为便于理解和探讨，本节将《道德经》中涉及人生观、价值观、品行修养的主要内容归纳为以上十类品行原则加以论述，可能忽略一些相对次要的内容理念，还可能会在无意中造成各项原则相互独立的错觉。《道德经》各章节之间虽然大多没有紧密的逻辑顺序，并不说明《道德经》的内容理念相互之间没有逻辑关联。事实上，《道德经》中的大多数论述之间都存在相互印证、相互支持、相互强调、前后一贯的内在关联，因此本文归纳的十类原则之间当然也存在这样的密切关联。例如，自然无为必然导致不争，不争则不仅显得柔弱，而且强化了自然无为。致虚守静、抱朴归真的目标都是回归和持守大道，而自然无为和柔弱不争都是道的基本特性，因而也是致虚守静、抱朴归真达成的条件。少私寡欲、知荣守辱必然减少绝大多数有为和可争的动因，故会令人更加守合无为和不争。如此等等，不一而足。最重要的是，以上十类品行原则的最终根源都是道，都是道法在人世间的延伸，所以道是贯穿于上述所有十类品行原则，并将其紧密联系在一起的核心。

显而易见，《道德经》的这十类品行原则在人生观、价值观、道德规范、行为实践、品格修养等各方面都树立了远远高于世俗的标准。读者如果足够仔细，可以看出《道德经》通篇都提到"圣人"。由此不难看出，这些品行原则中的多数其实就是圣人的思想品行标准。所谓圣人，就是按这样的高标准修行得道的人，是传统中国社会中思想品行最高尚、最神圣的人。无独有偶，人类各大宗教也都有类似于圣人的人，也都有类似于以上标准，被称为"圣洁"的思想行为规范。圣洁一词原是宗教用语，意思是神圣而纯洁，特指经修行具备了美善品格，实现了从自我中心向神为中心的内在转化，达到崇高精神境界和道德水平的超凡脱俗状态，其外在表现为平和、安详、自制、仁慈、博爱、无私、宽容等。将以上十类品行标准与圣洁标准相比，就会发现二者不仅非常相似，而且在许多方面老子的圣人标准高于其他宗教的圣洁标准，提供了更丰富、更深刻的价值行为理念。就此而言，老子的这些思想品行标准跨越中外古今的时空约束，大多可以用作人类精神修行者的普世圣洁标准，或至少可以用来丰富人类圣洁标准的内涵和外延。

具有崇高精神境界和道德品格的圣人，是中华文明几千年来始终最为崇敬和追求的人格楷模，也是人类其他文明自古以来崇尚敬仰的对象。然而，近百年以来在西方激进思潮和世俗主义的冲击下，圣人的崇高地位已经荡然无存，圣人的高尚道德和精神境界也被弃若敝屣，中国社会由此进入了一个精神和道德双沦落的时代。经历百年动荡之后，如果痛定思痛，反思传统中华文化的价值和新文化运动以来对其的急剧抛弃乃至全盘否定，可能会得出这样的结论：博大精深的传统中华文化必有其内在价值，盲目抛弃否定传统中华文化的运动令中华民族丧魂失根，是中华民族有史以来最大的悲剧。在此背景下重新审视圣人及其精神品行在中国社会的作用，就会发现凡是强烈推崇圣人及其精神品格的时代，世风和社会治理就清明和谐，凡是圣人及其精神品格受冷落的时代，世风和社会治理就昏暗失和。中华民族先人数千年来崇尚圣人原来有深刻的道理和智慧。中华民族在其民族复兴的进程中是否应当将圣人及其精神品行隆重迎回中国社会，可能不需要太高的智慧就能认识清楚。

第二节 《道德经》的现代政治意义

《道德经》是一部横跨形而上和形而下的著作。就其形而下部分而言，最主要的关注面之一就是政治治理。经中无论是形而上的超越认识还是形而下的圣人品格修养和行为原则，都与政治治理息息相关。甚至在专论打坐冥修、精神修炼的章节中也不失时机地提到从中悟出的

"爱民治国，能无为乎"（第10章）。除政治治理在人类社会的重要地位之外，老子在周朝的史官身份也让他不仅具备了深刻的政治洞见，而且发展了对政治的强烈关怀和改良意识。

许多人认为《道德经》是主张消极遁世的著作，这其实与老子的本意正好相反。老子不仅有强烈的社会和政治关怀，而且有一整套法道自然的政治理念，只不过与世人习以为常的理念不同而已。还有人认为"儒教治世，道教治身"，老子学说与儒家思想是有分工的，老子不问政治，只关心修身养性。这也是道听途说，不求甚解的结果。认为老子学说消极遁世，最早可能是出于对老子和庄子思想理念的混淆。庄子虽然是老子思想的优秀继承者和发扬者，但二者的最大差别在于老子学说有强烈的政治关怀，而庄子则明显有离弃政治、逍遥遁世的倾向，不可不作区分。此后许多道家、道教的代表人物是逍遥遁世者，更强化了老子学说消极遁世的错误印象。其实，如果对中国传统文化做过深入研究，不难看出儒家的一些主要政治理念就源自老子。例如，作为儒家招牌的内圣外王理念，就源自老子的圣人治天下理念；儒家的"修身、齐家、治国、平天下"，就源自老子的"修之于身，其德乃真；修之于家，其德乃余；修之于乡，其德乃长；修之于国，其德乃余；修之于天下，其德乃普。"误信者显然是不知或忘记了儒家祖师孔子曾就学于老子，儒老有师承关系。由此可见，老子不仅高度关心政治，而且是以治世见长的儒家政治理念的主要来源；在政治治理上，老子既不消极，也不遁世。事实上，在老子和孔子时代，老学和儒学学派尚未形成，因此二者不仅不对立，而且本质上是师承一体的。儒道对立始于庄子后学和儒家后学之间，此是后话。因此，要真正认识了解老子的政治主张及其现代意义，必须摒弃先入为主的成见，深入研读《道德经》，以老子本人的有关论述为依据。

一　无为而治的现代政治意义

《道德经》的最基本原则是自然无为。在老子看来，自然无为既是道的基本特性，也是人类应该效法道的最主要法则。因此，人类社会的政治治理也应该遵循这一法则。这就是《道德经》无为而治原则的神圣来源和基础。这项原则在《道德经》五千言的简短篇幅中从不同角度得到反复的强调，其例证随处可见，故不一一列举。

无为而治是与世间通行的有为而治截然相反的治理理念，其治理效果如何？老子给出的答案是"为无为，则无不治。"（第3章）"侯王若能守之（指道），万物将自宾。"（第32章）"侯王若能守之（指道），万物将自化。"（第37章）"无为而无不为。取天下恒以无事，及其有事，不足以取天下。"（第48章）"故圣人云：'我无为而民自化，我好静而民自正，我无事而民自富，我无欲而民自朴。'"（第57章）以上几句中的"侯王"和"圣人"都是指当时政治体制下的执政者，因此也可以泛指不同政治体制下的执政者。这几句话的意思综合起来，就是说执政者如果守道法道，循顺自然而不滋事妄为，不放纵欲望，万物都会自然顺服，万事就会自然化解，人民就会质朴纯正，富裕教化，就没有什么是做不到的，因而达到"无不治"的大治境界。执政者无须劳心烦神，只需循顺道法自然，无为而治，就能取得远比事无巨细都操心治理更好的效果，这显然是比有为而治更加高明的治理理念。

《道德经》中的理念大多与世俗常识相悖，因而常被人以将信将疑，或者完全怀疑否定的态度看待。无为而治的治理理念当然也不例外，否则有为而治就不会仍然大行其道了。是老子的治理理念更高明，还是世间通行的治理理念更有效？无为而治能否行得通？其效果真有老子说的那么好吗？仅仅用归纳、推理、分析的方法不能得出压倒性结论，还是用能够检验真理的实践来做判断。中国历史上真正认真实行过无为而治的是汉文帝、汉景帝、唐太宗和唐玄宗，当然其实行到位的程度各有不同。实行的效果则造就了文景之治、贞观之治和开元之治三个中国历史上最开明昌泰的盛世，其间百姓安居乐业，得以自由生息发展，以至民富国强，经济贸易发达，文化艺术繁荣，相对于其他朝代来说显然是社会治理最佳的朝代。无为而治的可行性和效果也从中得到说明。

那么，反无为而治之道而行之，效果又会怎样呢？57 章给出的答案是："天下多忌讳，而民弥贫；民多利器，国家滋昏；人多伎巧，奇物滋起；法令滋彰，盗贼多有。……其政闷闷，其民淳淳。其政察察，其民缺缺。"就是说，天下禁忌越多，人民就越贫穷；民间的利器越多，邦国就越混乱；人们的智巧越多，邪恶的事情就越常发生；苛法峻令越彰显，盗贼就越多有；政治越是无为沉闷，民风越是朴实敦厚；政治越是有为苛察，民风越是虚伪狡诈。对比社会的现实状况，老子此论可以说虽然违背世俗常识，但却洞悉本质，符合实际状况。例如，改革开放以前，任何自主发展经济和贸易的行为都被视为投机倒把，复辟资本主义而受到严厉禁止和打击，致使全体人民极度贫困，食不果腹、衣不蔽体成为常态。又如，改革开放以后，人们摆脱此前的忌讳限制，在市场经济中充分发挥聪明才智，物质生活很快得到改善；但随着人们"智巧"爆发而来的是先前闻所未闻的各种邪恶丑陋之事以几何级数增长，社会道德空前衰败。

无为而治是怎样的状态？怎样才算做到无为而治？《道德经》中没有集中阐述，只能从相关章节中收集汇总。第六十章云："治大国，若烹小鲜。"烹制小鱼不能多翻动，否则鱼就会碎，这是厨师的常识。老子认为治理大国道理同此，也应避免有为生事、不停搅动，否则效果适得其反。与此相应的治理效果是"犹兮其贵言。功成事遂，百姓皆谓我自然。"（第 17 章）执政者应该无为而且慎言。这样民事功成顺遂，百姓都会说我们本来自然就是这样的。由此可见，让百姓感不到被治理，就是政治治理的最高境界。衡量是否做到无为而治还可以根据百姓对执政者的反应判断。"太上，下知有之；其次，亲而誉之；其次，畏之；其次，侮之。"（第 17 章）就是说，最高明的执政者，百姓只知道有他存在；次一等的执政者，百姓亲近并赞誉他；再次一等的执政者，百姓畏惧他；更次一等的执政者，百姓轻侮他。其实，这也完全可以作为任何时代执政者水平和治理效果的客观判断标准。

怎样才能做到无为而治？老子给出的答案是"不尚贤，使民不争；

　　　　　　　　　　　　　　　　　　　　　　　　　　　老子指真

不贵难得之货，使民不为盗；不见可欲，使民心不乱。是以圣人之治，虚其心，实其腹，弱其志，强其骨；恒使民无智无欲，使夫智者不敢为也。为无为，则无不治。"（第3章）"古之善为道者，非以明民，将以愚之。民之难治，以其智多。故以智治国，国之贼。不以智治国，国之福。知此两者亦稽式。恒知稽式，是谓玄德。玄德深矣，远矣，与物反矣。乃至大顺。"（第65章）概括来说，就是满足民众的衣食温饱、身体健康等真实需要，使其安居乐业，而消除和不鼓励可能招致对名利、财宝等非必需事物追求、争夺、盗抢的欲望、心志和智巧，使民心淳朴，民风敦厚，人不思犯罪作乱，自然能做到无为而治。执政者越是用智巧治世，就越是激发民间欲望智巧的增多，国家就越难治理；因此以智治国是国之大患，不以智治国才是意义深远的"玄德"。为实践这一理念，"圣人在天下，歙歙焉，为天下浑其心。百姓皆注其耳目，圣人皆孩之。"（第49章）即圣人在位于天下，要善于收敛心志欲望，让天下人心都归于淳朴。百姓都会竞相用其耳目聪明，圣人则使他们回归孩童的纯真。

老子的"愚民治国"可能是近代西方民主思潮进入中国以来遭到最严厉批判的理念之一。特别是他的"恒使民无智无欲"和"非以明民，将以愚之"都被作为其通过"愚民治国"进而鼓励专制暴政的证据。公平而论，这些结论的做出其实都出于对《道德经》的断章取义和不求甚解。老子愚民治国的本意是消除能导致对名利、财宝等非必需事物获取、争夺的欲望和智巧，使得民心淳朴，民风敦厚，从根本上消解社会动乱难治的因素，从而以无为而获大治，而不是让人民变得愚蠢，便于被执政者专制、愚弄和欺压。此处的愚，应作质朴敦厚、不要心计智巧理解，而非愚蠢。其目的是制止统治者以苛政多事扰民，防止因人为因素造成社会动乱不安，让人民能自由自在，安居乐业，从中获益。这是比其他方式更有效的利民惠民的治理方式，与专制独裁者为自身利益蒙骗愚弄人民，滥用权力欺压人民，以维护其专制暴政有天壤之别，不可不明辨。为此，本章将专辟一节讨论《道德经》政治理念的利民惠民本质。

在现代社会治理日益复杂、政府管控不断膨胀的背景下，老子的无为而治是否作为古代小农社会的政治理念已经过时？老子小国寡民的政治理念是否如批评者所言，只不过是愚昧落后的乌托邦思想，没有任何现实价值？与老子的无为而治理念相比，现代社会大多采用了完全相反的治理理念。现实世界中，政府及其职能无限膨胀，政令繁冗多变，政出多门，政府无所不管，人民不胜其烦扰。在其推动怂恿下，民众的欲望和智巧无限增长，对非必需品的刻意追逐、巧取豪夺甚至盗抢骗取成为常态，以致人们忘记了自己原本真正的需要是什么，幸福感却不升反降。其后果是地球资源被巨量浪费，加速耗竭，转化成污染而严重破坏生态，政治治理则随着人们欲望和智巧的无限增长而陷入越管越乱，越乱越管，政府规模无限膨胀的恶性循环。可以说，政府越来越大，治理效果越来越差，人民的自由和幸福越来越少，正是反无为而治理念的必然后果。从有为而治这个潘多拉盒子里释放出来的欲望、智巧及其后果是无法通过扩大政府职能而得到治理的。

天不变，道亦不变。只要人类社会还存在，无论其是农业社会、工业社会还是其他任何经济形态的社会，老子无为而治的深层理念和智慧就仍然有效，值得执政者在日理万机的百忙中止步深思。也许花一些时间学习借鉴《道德经》的政治理念，可以让执政者以少得多的代价和努力取得好得多的治理效果，还可以将执政者自己从百忙中解放出来。当然，在人类社会高度复杂的现代，无为而治不可能以忽然放手不管的形式实现，而应通过深入研究各项治理工作的作用机制，主动放弃管而有害的管理，尽量减少人为管理，让自然趋势发挥作用，以循序渐进的方式让无为在一切可能的领域取代有为，以取得更好的治理效果。

至于老子小国寡民的理念，从人类现代社会的发展形势来看似乎确实如某些专家学者所言，"乃是激于对现实的不满而在当时散落农村生活的基础上所构幻出来的'桃花源'式的乌托邦"①，没有任何现实意

---

① 陈鼓应：《老子注译及评介》，中华书局，2009，第346～347页。

义。但如果将人类社会的发展放到地球物种生灭规律和长远发展趋势的视野中观察思考，可能会得出不同的结论。考古学发现，地球上曾发生过五次物种大灭绝、多次较小规模的物种集体灭绝和经常性的个别物种灭绝，最先灭绝的一般都是经高度发展达到强势的物种。这似乎体证了"物壮则老，是谓不道，不道早已"（第55章）的洞见。人类社会以目前远高于自然的速度发展，人为迅速达到壮老的阶段，是否有"早已"的忧患？人类在高速发展中创造出来的种种"奇物"，如大规模杀伤武器、生物科技、智能科技、现代化战争、生态破坏等，是否可能造成人类的过早毁灭？这些已经不再是"远虑"，而逐渐成为人类共同的"近忧"。假设人类在一场自己造成的核战争中毁灭，侥幸余生的人们痛定思痛，可能会认识到，老子的小国寡民虽然没有那么"先进"，但却是让人类能够自然幸福地持久生存的更好方式。

二　《道德经》政治理念的利民惠民本质

如前所述，《道德经》不仅没有像批判者所言鼓励专制暴政，维护统治阶级利益，而是展示了强烈的利民惠民，限制执政者苛政滥权的取向。第十章云："爱民治国，能无为乎。"此句一语点明了老子无为而治的根本目的是"爱民"。老子认为最好的政治就是让人民安居乐业，不受统治者的压迫烦扰，甚至感觉不到统治者的存在，能够"甘其食，美其服，安其居，乐其俗"（第80章），生活在自然自在之中。为此，老子明确指出："民之饥，以其上食税之多，是以饥。民之难治，以其上之有为，是以难治。民之轻死，以其上求生之厚，是以轻死。"（第75章）他把人民饥饿、难以治理和轻生冒死等重大问题，都归因于统治者征税太多，多事有为和自求厚生奢养。因此告诫统治者对于人民应"无狎其所居，无厌其所生。夫唯不厌，是以不厌"（第72章），"信不足焉，有不信焉。犹兮其贵言。"（第17章）就是不要挤压民众的居住空间，不要压榨民众的生活资源，要言而有信。只有不压榨民众，慎言重信，民众才不厌恶统治者。对于统治者"朝甚除，田甚芜，仓甚虚，服文彩，带利剑，厌饮食，财货有余"（第53章），只顾自己积财奢靡，不顾民生凋敝的行为，老子做出最强烈的抨击。从这些表述可以清楚看出，老子明确站在人民一边，为人民利益仗义执言，努力消除苛政对人民利益的侵害，强烈反对扰民害民。

为了做到利民惠民，老子更进一步提出执政者应该达到全心全意利民惠民的圣人标准，或者说达到圣人标准的人才是合格的执政者。例如，第四十九章提出："圣人恒无心，以百姓心为心。善者，吾善之；不善者，吾亦善之；德善。信者，吾信之，不信者，吾亦信之；德信。"执政圣人要做到了无私心，凡事以百姓为重，对百姓尽善尽信。第57章提出，执政圣人应当做到"我无为而民自化，我好静而民自正，我无事而民自富，我无欲而民自朴"，通过严以律己、以身作则以达到人民自化、自正、自富、自朴的境界。第六十六章提出，执政圣人应做到"处上而民不重，处前而民不害"，不增加人民负担，不损害人民利益。第七十七章则提出"圣人为而不恃，功成而不处。其不欲见贤"，对待民众要施予成全而不自恃有恩，功成事遂而不自居有功，不自我炫耀贤德。可见老子掌握的原则是对人民宽，对执政者严，执政者应达到圣人的高标准和严要求，通过自身的修为和榜样让人民自然教化、淳朴富裕、正气盎然。更有甚者，第七十八章还提出："受国之垢，是谓社稷主。受国不祥，是谓天下王。"意谓执政者不应是骑在人民头上作威作福者，而应是为国为天下忍辱负重者。只有能无私忘我为天下的人，才配做执政者，也才能将天下托付给他。故曰："贵以身为天下，若可寄天下；爱以身为天下，若可托天下。"（第13章）显而易见，老子所谓的圣人，就是能尊道法道，大公无私，符合以上高标准、严要求的执政者。这种圣人－执政者标准的设立体现了《道德经》深度的利民惠民取向。

老子虽然还将执政者称为"侯王"、"社稷主"、"天下王"，但对其设置的要求却是圣人的高标准。执政者不仅需要少私寡欲、仁慈容信

　　　　　　　　　　　　　　　　　　　　　　　老子指真

公，不欺压人民，不横征暴敛、不享乐厚养，不积攒财富，以身作则，还要忍辱负重，受国之垢和不祥。相比之下，老子认为人民百姓应该享受的是"甘其食，美其服，安其居，乐其俗"，没有压迫剥削，社会秩序良好，和平富裕，淳朴自然，无忧无虑的生活，甚至感觉不到统治者的存在。对于人民来说，最有利、最美好的政治制度可能无过于此。《道德经》的利民惠民本质也由此表露无疑。

与《道德经》的政治理念相比，现代社会的各种政体虽然自我标榜为民主、民有、民治、民享、为人民服务、做人民公仆等，但却往往反老子执政圣人之道而行之，事实上成为老子抨击的那种骑在人民头上作威作福、奢靡腐败、扰民害民者。因此对于真正将维护增进人民利益作为执政目标的执政者来说，《道德经》的政治理念显然具有巨大的价值可以挖掘和借鉴。老子主张的侯王政权为什么反而能最大限度地利民惠民，现代社会标榜为民主制的许多政权为什么反而扰民害民，根本原因在于执政者的品格、取向和素养不同。如果执政者具备老子倡导的圣人精神、思想、道德、品行、修养和执政理念，那么无论在任何政体下执政，都会成为利民惠民的典范。

有论者花费大量篇幅论证《道德经》倡导的就是民主政治思想，甚至声称老子早就提出过共和国理念。如果实事求是，民主制和共和国都是近代才从西方舶来的概念，不仅老子闻所未闻，直到19世纪以前国人都对此一无所知，老子显然不可能是民主制和共和国的提出者和倡导者。论者意在为老子脸上贴金，用心可嘉，但不仅枉费笔墨，而且画蛇添足。其实，无论用于民主、共和还是任何其他政体，老子主张的圣人治国都能最大限度地利民惠民，防止滥用权力扰民害民，让人民自由自在，安居乐业，获得更多的幸福。老子的圣人治国理念不仅能避免和治愈现代民主制的诸多弊病，而且能达到更好的利民惠民效果，因此在许多方面优于现代民主制，可以作为民主制改良的有效方式。对于一种比现代民主制更高明的政治理念，正无须攀附民主共和以彰显其高明。

三 圣人治国的现代意义

内圣外王，是儒家两千多年来始终持守的重要理念，也是中国传统社会修身为政的最高理想。就其本意而言，内圣就是修身养德，内在地成为有高尚精神品德和深厚学养的圣人；外王就是内圣者成为治国之王，从而实现德治。儒家倡导的"格物、致知、诚意、正心、修身、齐家、治国、平天下"① 理念，就出自内圣外王的追求，其中"格物、致知、诚意、正心、修身"是"内圣"的养成，"齐家、治国、平天下"则是"外王"的实现。内圣与外王并非两个独立概念，而应是有机的统一，其中内圣是外王的前提和基础，外王是内圣的目的和延伸。只有通过道德、品格、学识、心性、能力的充分修养，内在地成为圣人，才能具备安邦治国的条件，进而达到外王的目的。如果没有外王的实现，内圣的努力就成为徒劳。因此，内圣外王的统一是儒家追求的理想境界。

内圣外王虽然是中国传统社会始终奉为圭臬的修身治世理念，但事实上却很少被付诸实施。原因是古代社会在精神、思想、道德、品行、才能上修炼到圣贤水平的人总是得不到掌权为王、实现其德治理想的机会，而掌权为王的人多是靠残暴奸诈夺得政权并传给子孙后代。这些人的思想理念重在世俗实用，道德品格则低于常人，与圣人境界格格不入，甚至截然相反。此外，已经成为王的统治者总是埋身于世俗事务和享乐奢靡，难以静下心来克己修身，真正成为圣人。这种政治体制的障碍造成内圣与外王总是脱节二分，内圣外王的理念因此在实践中被束之高阁，难以落地生根。尽管如此，以儒家为代表的传统士人学子却从未

---

① 出自《礼记·大学》："物格而后知至，知至而后意诚，意诚而后心正，心正而后身修，身修而后家齐，家齐而后国治，国治而后天下平。"载《四书五经》，华文出版社，2009，第3页。

放弃内圣外王的追求，以致其成为一个崇高但难以实现的中国梦。辛亥革命推翻专制皇权之后，内圣外王的主张更是在各种近代西方思潮的冲击下全线崩溃，除牟宗三、唐君毅等极少数新儒家学者仍心有不甘外，几乎完全被人抛弃。抛弃内圣外王理念的原因，除了新文化运动以来对传统中华文化全面否定的思潮以外，主要是其中的"圣"、"王"都被看作是封建社会特有的标志性概念，随皇权王朝的终结已经完全没有现代意义。

由于儒家在中国传统社会的官方主导地位，内圣外王一般被认为是儒家创立并独家守持的基本理念和传统。然而，这种认识并不符合事实。事实上，首先提出内圣外王概念的不是孔子，也不是儒家的任何先贤，而是道家的大师庄子或其门下。《庄子·天下》云："是故内圣外王之道，暗而不明，郁而不发，天下之人各为其所欲焉，以自为方。"①此即"内圣外王"表述的最早出处。对于内圣外王，《庄子》还阐释道："圣有所生，王有所成，皆原于一（道）。"② 由此可见，内圣外王这一表述不仅是由道家首先提出，而且其本原超越儒家所言之德，根源于形而上之道。内圣外王理念的崇奉者则除道家、儒家之外，还包括因偏好不同而对其持不同见解的"天下之人"。

如果进一步深究内圣外王的来源，还会发现《庄子》虽然是内圣外王这一表述的始作俑者，但并不是这一理念的创始者。线索有二。其一是《庄子》"是故内圣外王之道，暗而不明，郁而不发，天下之人各为其所欲焉，以自为方"这段话本身就显示其并非初次提出内圣外王之道，而是感叹内圣外王之道在庄子时代得不到彰显乃至蜕变，可见此道早于《庄子》。其二是庄子乃老子学说的继承和阐扬者，其主要理论和概念基本来自老子，其中显然包括内圣外王之道。仔细研读《道德经》，不难看出其中不仅已有内圣外王理念的完整论述，而且其详尽程

---

① 《庄子》，孙海通译注，中华书局，2007，《天下》，第375页。
② 《庄子》，孙海通译注，中华书局，2007，《天下》，第374页。

度远超过《庄子》和儒家的早期经典。只不过老子将其表述为圣人之治或圣人治国（天下），而非内圣外王。其实，圣人治国和内圣外王只是提法不同，实质则完全相同，所谓内圣外王只不过是老子圣人治国理念的翻版。只有五千言的《道德经》中30余处提到圣人，几乎通篇都在谈论圣人的精神、思想、品格、行为原则和政治理念，其中所谓圣人被明确表述为尊道贵德，修己奉公，少私寡欲，具有高尚精神品格情操，能够效法大道治理邦国或天下的人，就是所谓的"王"。而经中提到王或侯王时则无不以圣人的标准对其要求和衡量。"圣人"与执政者"王"的二而一关系由此清晰可见，其例证良多。例如，"故圣人云：'我无为而民自化，我好静而民自正，我无事而民自富，我无欲而民自朴。'"① 如果讲这话的圣人不是"王"或治国者，这段话就无法合理理解，更何况此章的主题在章首就点明是"以正治国"。又如，"朴散则为器，圣人用之，则为官长。"② 其中善于运用道法的圣人则能为官治世，圣人与治世官长的二而一关系显而易见。再如，"侯王若能守之（指道），万物将自化。"③ 其中的"侯王"若能守道，无为而治以致万物自化，则显然就是圣人。

概括《道德经》中关于圣人的各种论述，老子认为"可以托天下"的治国圣人的品行标准大体可以归纳如下：尊道贵德、大公无私、仁慈博爱、包容大度、超凡脱俗、清心寡欲、忍辱负重、自知自制、诚信守善、不积累个人财产、不追求个人名利、不贪图享乐、不居功自傲，"居善地，心善渊，与善仁，言善信，政善治，事善能，动善时"④，即具备崇高的精神信仰、高尚的思想品行、深邃的智慧洞见、优异的学识和治国理念、高超的行事和治理能力、仁善的处人处世能力。老子所言圣人的宇宙观、人生观、精神思想境界、道德品行标准，本章第一节有

---

① 李存山注释《老子》，中州古籍出版社，第57章，第76页。
② 李存山注释《老子》，中州古籍出版社，第28章，第37页。
③ 李存山注释《老子》，中州古籍出版社，第37章，第48页。
④ 李存山注释《老子》，中州古籍出版社，第8章，第11页。

专题论述，因篇幅所限，此处不再展开讨论。

无独有偶，与老子同为轴心时代代表人物的古希腊先哲柏拉图也以与圣人治国相似的哲学家国王（或称哲学王、哲人王）理念而闻名于世。柏拉图在其名著《理想国》中提出，最理想的政治体制是由具备卓越的理性智慧、美德和才能，掌握终极真理的哲学家做王治理国家，或者国王应具备哲学家的理性智慧、美德和才能，能掌握终极真理；"除非哲学家成为我们这些国家的国王，或者我们目前称为国王和统治者的那些人物，能严肃认真地追求智慧，使政治权利与哲学智慧合而为一；那些得此失彼，不能兼有的庸庸碌碌之徒，必须排除出去。否则的话……对国家甚至我想对全人类都将祸害无穷，永无宁日。"① 为此，柏拉图认为应该选拔最优秀的人才，通过从儿童起至中年以上的长期系统修养，包括全面优秀的教育、训练、考核、工作锻炼、生活磨难，等等，最终造就符合以上条件的哲学王。其理念在一定意义上类同于老子的圣人修身悟道。

柏拉图所谓的哲学家被近现代社会普遍误解为现代意义的哲学家。其实，在柏拉图时代，哲学是包罗万象的学问，与现代狭义的哲学完全不同，故柏拉图所谓哲学家系指有高尚精神品格，有卓越智慧能力，有深厚学养修持的人，与老子所谓圣人的概念非常接近。由于社会背景不同、文化习俗不同、语境和表达方式不同，关注强调面不同等原因，致使老子的圣人和柏拉图的哲学家之间有一些可以理解的差异。但究其实质，二者却大同小异，都是指精神品行高尚、德才兼备的圣贤之士，二者实质上的共同之处远多于不同之处，其例证不胜枚举。试举几例以资证明。其一，老子认为圣人应该"少私寡欲"②、"欲不欲，不贵难得之货"③、"五色令人目盲，五音令人耳聋，五味令人口爽，驰骋畋猎令人

---

① 柏拉图：《理想国》，郭斌和、张竹明译，商务印书馆，1986，第221页。
② 李存山注释《老子》，中州古籍出版社，第19章，第25页。
③ 李存山注释《老子》，中州古籍出版社，第64章，第85页。

心狂，难得之货令人行妨"①。柏拉图则认为哲学家"会参与自身心灵
的快乐，不去注意肉体的快乐，如果他不是一个冒牌的而是一个真正的
哲学家。……这种人肯定是有节制的，是无论如何也不会贪财的。"②
其二，柏拉图认为具备理性智慧是哲学家最重要的品质。他所谓的理性
智慧，就是能够认识和把握永恒不变的终极知识或真理，即来自宇宙之
神的理念。其实这也正是老子所知守的道法。在老子那里，道是造物主
至上神，而他所感悟理论的是关于形而上之道的终极知识，他所推崇的
所有理念都是对形而上之道的效法。二者的理念不仅实质相同，而且还
造成老子和柏拉图二人都成为世所公认最具有理性智慧和超越洞见的智
者。其三，老子和柏拉图都具有崇高的精神信仰和显著的形而上维度。
老子尊道贵德，认为圣人之道效法的是天道；而柏拉图敬仰上帝（或
称神），认为哲学家的智慧和知识理念都源自上帝。道和上帝的区别只
是名称和认识的不同。世俗化的现代人以相同的态度对待老子和柏拉
图，即完全忽视二者的精神信仰和形而上维度，致使丧失这一重大共性
的圣人和哲学家显得差别很大。其四，柏拉图通过苏格拉底的口反问
道："（哲学家）眼界广阔，观察研究所有时代的一切实在，你想，他
能把自己的一条性命看得很重大吗？……一个性格和谐的人，既不贪财
又不偏窄，既不自夸又不胆怯，这种人会待人刻薄处世不公正吗？"在
老子的圣人准则中，"圣人后其身而身先，外其身而身存"③，同样将自
己的生命利益置之度外；圣人"知常容，容乃公，公乃王，王乃天，
天乃道"④，由于知晓道法之"常"而把包容、不刻薄、公正作为其品
行原则；"圣人自知不自见，自爱不自贵"⑤，则与柏拉图的"不自夸又
不胆怯"意境相同。柏拉图在《斐多篇》中更进一步将哲学家表述为

---

① 李存山注释《老子》，中州古籍出版社，第 12 章，第 16 页。
② 柏拉图：《理想国》，郭斌和、张竹明译，商务印书馆，1986，第 238 页。
③ 李存山注释《老子》，中州古籍出版社，第 7 章，第 10 页。
④ 李存山注释《老子》，中州古籍出版社，第 16 章，第 21 页。
⑤ 李存山注释《老子》，中州古籍出版社，第 72 章，第 96 页。

　　　　　　　　　　　　　　　　　　　　　　　　　　老子指真

渴望摆脱肉身回到纯粹不朽的灵魂世界的神秘主义者。老子则曰："吾所以有大患者，为吾有身，及吾无身，吾有何患？"① 对比之下，老子的圣人标准和柏拉图的哲学家标准虽然表述不同，各有侧重，但实质却相当接近。

不仅如此，柏拉图的哲学王治国理念与老子的圣人治国理念，本质上也是一致的。二者都是将最理想的政体认定为由具有高尚精神境界，卓越智慧能力、优异思想品行的圣贤治理的社会，其目的都是惠民利民，达到天下大治。在柏拉图那里，这是一个真、善、美相统一，公正的理想国，在老子那里，这也是一个人民安居乐业，自由自在，不受统治者压迫欺扰，真善美的理想国度。甚至在治理境界和具体问题上，二者也有高度相似之处。例如，老子认为，圣人应当无为而治，其最高境界不是专权以获取人民的拥戴，而是达到大治而不自我彰显，热衷玩弄权力而获民亲誉、畏惧、辱骂者则依次为下。故曰："太上，下知有之；其次，亲而誉之；其次，畏之；其次，侮之。"② 柏拉图则认为："在凡是被定为统治者的人最不热衷权力的城邦里必定有最善、最稳定的管理，凡是与此相反的统治者管理的城邦里其管理必定是最恶的。"③二者都认为执政者不应热衷权力，而应将权力仅当作服务社会、达到大治的工具，其对权力和善治的理念如出一辙。由此可见，有充足理由在柏拉图的哲学王治国理念与老子的圣人治国理念之间画等号，而将二者的差异作为互补完善该理念的资源。

柏拉图的哲学王治国与老子的圣人治国不仅理念非常相似，甚至连被认为是乌托邦的命运也相同。在近现代西方，柏拉图的哲学王治国几乎被当作乌托邦的代名词。近现代的许多中国学者则紧步西方的后尘将老子的治国理念也称为乌托邦。人类历史上公认最有灵性智慧的两位圣

---

① 李存山注释《老子》，中州古籍出版社，第 13 章，第 17 页。
② 李存山注释《老子》，中州古籍出版社，第 17 章，第 23 页。
③ 柏拉图：《理想国》，郭斌和、张竹明译，商务印书馆，1986，第 289 页。

人提出的政治理念竟然都是虚幻愚蠢的乌托邦，这似乎与二人的智者身份大相径庭。果真如此，二人都应该被称为人类历史上最愚蠢的人，而将二人的政治理念批判为乌托邦的人才配得上智者的称号。事实却恰好相反，人类社会历经两千多年的考验仍不能抹去老子与柏拉图的智者身份，反而持续不断地从其精神思想中汲取智慧营养；批判者却如过眼烟云，没有人真心认为他们的批判有任何智慧的含量。二位智者的政治理念被浅见者草率地认定为乌托邦，正是因为二人的智慧洞见远远超过这些人的理解能力。人类历史上西方的首席智者和东方的首席智者不约而同地提出相似的政治理念，既非偶然，亦不可能皆为真愚，必含真知灼见。大智若愚，用以形容老子和柏拉图这样的超级智者正恰如其分。故将这样的大智当作愚蠢的人才是真正的愚人。也许，承认自己的智慧不如老子、柏拉图，虚心学习研究二位智者的治国理念，争取从中获益，才是不以愚蠢为傲的现代人应取的态度。

其实，如果将"圣人"或"哲学家"还原为具有高度精神、思想、道德、品行、学识和智能修养的人，将"王"还原为执政者，老子和柏拉图的政治理念就不仅没有过时，而且可能具有更重大的现实意义。无论任何时代，只要人类还存在，还有政治治理的需要，社会由具备高度的精神、思想、道德、品行、学识和智能修养的人治理就比由这些方面严重欠缺的人治理更健康合理，这是浅显易懂且颠扑不灭的硬道理。为方便论述起见，下文中将这种具有高度精神、思想、道德、品行、学识和智能修养的人，统称为圣人，其实称为贤人、圣贤、哲人、精英或任何认为适当的名称都无不可。圣人治国在传统社会难以实行，原因并不在于该理念本身的缺陷，而在于当时的政治体制阻止其实现。换言之，如果能够消除让圣人执政的体制性障碍，中国社会仁人志士世代追求的内圣外王理想就能够实现，人类社会就可能因此获得最优秀合理的政治治理。

之所以有必要深入研究探讨圣人治国理念的现代意义，是因为人类社会迄今为止尚未找到合理完善的政治治理体制，因而不得不在各种弊病丛生的政治体制间彷徨游移，承受其弊病恶果。近代以来，人类社会实行的政治体制从形式上主要有君主制、君主立宪制、共和制、总统制、议会制等或其中间体及混合体，从体制上则主要有直接民主制、代议民主制、独裁专制、寡头专制、政教合一专制等。从政治学角度划分政治体制，分类方法和类型更是名目繁多，莫衷一是。但就权力分布实质而言，人类政治体制大致可以分为专制和民主两大类别以及介于两者之间的各种变体和混合体。名义上的政体往往名不符实，故此处只讨论实质上的政体。各种形式的专制、独裁政体大多都剥夺损害多数人的权利而提升维护少数人的权利，所以其不合理性显而易见。近代以来由于遭到严厉批判，各种类型的专制政权都不得不披挂上民主、共和的外衣，自我标榜为民主制，以掩盖其实质。显然，这不是人类理想的政治体制。相形之下，20世纪以来在民主化浪潮推动下大行其道的民主制政体则被认为是人类社会政治治理的最佳体制，大有最终取代其他政体的势头。至少，除沙特等极少数国家外全世界各国都宣称自己是民主制国家，可见民主制理念已经深入人心。

民主制的最大优点，是至少在原则上和形式上承认全体人民的天赋人权，给予全体人民自由平等的生活权、所有权、言论权等基本人权，一般设计为民有、民治、民享的政体，旨在维护和提升全体人民的权利、尊严和社会公正。显然，民主制如果能真正实现其原则和目标，当是人类社会最正当合理的政治体制。但随着时间推移，现代民主制的种种缺陷或弊病也暴露出来，因此受到甚为广泛的质疑和责难。归纳起来，现代民主制的主要弊病或缺陷如下。

1. 民主制的决策原则是以多数人的意志为准，但多数人的意见和选择并不总是对的，甚至可能错多对少，所谓"真理往往在少数人手里"。特别是现代政治决策高度复杂而专业，需要普通民众所没有的多种高度专业的知识、训练和长期经验才能合理做出。让民众通过表决来决定他们不懂的国家大事或选择政治领导人，犹如让他们通过表决来选定专业医生的治疗方案或在懂医和不懂医的各色自称良医的人中选择主治医生，结果并不比随机抽选更好。"普遍存在的选民无知，似乎不可避免地意味着运转失灵的民主。"① 民主政治还可能受到从众心理的负面影响，以致严重扩大错误理念和决策的效应。其极端发展的结果是暴民政治，而暴民政治往往比专制独裁更恶劣。

2. 通过现代民主制选出的未必是最好的执政者，而可能仅仅是善于操纵舆论民意的哗众取宠者。事实证明，许多民主选举产生的执政者缺乏治国所需的专业知识和经验，治理水平低下，道德品行恶劣，严重损害国家和人民利益。在此背景下，一些国家的民主制被权势或利益集团操纵，沦为名不符实的虚假民主。

3. 相对于中国传统社会内圣外王、以德治国的理念，现代民主制缺乏内在的道德根基，企图单靠法律和制度维持社会道德，结果是世风衰败，道德沦丧，损害了全民的利益。尤其是因为缺乏对执政候选人的严格道德要求，造成道德有严重缺陷的人当选，从执政理念和示范效应等各方面负面影响社会，造成社会道德进一步沦落。权力本身就是腐蚀剂，道德水平低下的人与权力结合，造成更加严重的腐败，成为现代民主制无法铲除的毒瘤。

4. 各种不同利益团体的代理人在议会政治中相互博弈，明明是最符合全社会利益的最佳方案不能获得通过，得到通过的方案往往是多方意见折中的次佳方案，甚至不伦不类的恶劣方案。民主制决策往往忽视民主制为全民利益追求最佳决策的本意，而成为各种利益集团为谋求私利而明争暗斗的机制。由于是公众决策，无人承担具体责任，还容易造成不负责任的决策。

5. 现代民主制一般表现为党派政治，由两党或多党通过选举竞争掌权。政党通常代表和维护部分社会群体或阶层的利益，因而其本质是偏颇自私的。结党必然营私，所以政党掌权，无论是一党或多党，都违

---

① 布莱恩·卡普兰：《理性选民的神话》，刘艳红译，上海人民出版社，2010，第6页。

老子指真

背民主制全民共有、共治、共享国家权利的初衷，是民主制政治腐败、不公、决策拙劣、效率低下、社会分裂等多种重大问题的重要根源。

6. 民主议会制决策的程序冗长复杂，许多决策方案久议不决，错过最佳实施时间，误国误民，致使决策和施政效率低下、行动软弱成为民主制的显著特征。

7. 现代民主制缺乏对国民的凝聚力。由于其鼓励和纵容各种群体的意见和利益申张，自然导致各种群体和集团立场和观点的对立。各种利益集团的角逐可能升级，造成国民的严重分裂，但又缺乏自行弥合的机制。这种状况严重削弱国家力量，破坏社会稳定，进而损害全民的利益。有学者通过专著论证得出结论："高度的选民政治分裂导致严重的政治冲突，而离心型民主政体无法塑造有效的国家能力，两者的结合倾向于导致民主政体的崩溃。"①

8. 现代民主制通过竞选轮换执政，每期的执政者都有各自的执政理念和政策优先，可能与其前任完全不同甚至截然相反，由此造成国家政策缺乏延续性和稳定性。执政者的执政年数有限，在任期间随时迫于政绩表现、兑现承诺和眼前事务等的压力，主要关注短期目标的实现，造成其高度短视，从而忽视国民的长期和根本利益。

9. 以多数人意见为准的现代民主制决策可能忽视和损害少数人的利益，造成实际的不公平，从而违背民主制原本的公平原则。

尽管有以上的严重缺陷，与其他政体相比，民主制仍然是现代社会不得不公认的最正当合理的政治体制。因此，人类面临的选择不是要不要民主制，而是如何改良民主制，通过修补其缺陷，发挥其优点，使之成为完善有效的政治体制。就此而言，已经有许多哲学家、政治学家、政治家和社会贤达做过大量思考和探讨，但迄今为止尚未找到任何合理可行的根治民主制各种弊病的方法。其实，如果能够摆脱禁锢思想智慧的定势思维，如果肯从古代圣哲那里虚心学习，汲取智慧，最完善可行

① 见包刚升《民主崩溃的政治学》，商务印书馆，2014。

的解决方法就近在眼前。这个方法就是圣人治国（亦即内圣外王或哲学王治国）与民主制的有机结合。为方便论述，以下将这种结合方式称为圣治，以别于传统的圣人治国。

圣人治国与现代民主制乍看来自不同的时代，似乎风马牛不相及，但仔细研究就会发现，二者并不相互排斥，其间也并无任何阻碍其有机完美结合的障碍。其实，圣人治国犹如优秀的接穗，既可以嫁接在专制的砧木上，也可以嫁接在民主制的砧木上。与前者嫁接可以削弱乃至消除专制对人民的危害压迫，与后者嫁接则能有效消除民主制的所有主要弊病。因为老子圣人治国和现代民主制的宗旨都是利民惠民，此二者的兼容性更强。二者的有机结合可以有多种不同的形式。为论述方便，本节假设以下的结合方式，分五部分构思。

1. **圣人群体的培养**。要实现圣治，首先需要培养出圣人群体。实施办法是国家鼓励天资聪颖、品行良好、身体健康的少年在完全自愿的原则下立志发展成为圣人，经选拔后给予合格人选特别的德智体全面良好教育、在职锻炼和生活磨炼机会，使其在成年之后具备卓越的学识、经验、智能、精神思想和道德品格，成为治理国家的储备人才。这些人通过几个阶段的全方位的严格教育、训练、考核、筛选，最后通过考核评选，认定合格者即获得圣人资格，进入圣人群体。经考核没有通过的人可以经努力学习修炼后再申请考核，或转而从事其他行业。为保证圣人按标准和要求有效养成，国家可设立专门的圣人教育指导机构，由资深圣人任导师，负责受训者的教育、指导、培训与考核。从现状出发，圣人群体的养成需要经过从无到有的过程，这可能是一个相对漫长的过渡期。在此期间需要社会，尤其是执政者和社会上层，对该理念的高度认同、积极推动和鼎力支持，还需要有笃行该理念但尚不完全符合圣人标准的实践者作为过渡和逐步完善的动力。在圣治启动初期，这些人选可能是高度认同圣治理念，品行优异，学识渊博的身体力行者。

2. **圣人的思想品行标准**。圣人的思想品行标准可以参照《道德经》《理想国》等中外经典中圣哲的要求，结合民主制理念和实际需要制定，并在实践中逐步完善。为适合高水平治国的要求，圣人可能需要具备以下条件：崇高的精神信仰境界、高尚的道德品行、优异的学识和治国专业水准、敏锐的思维能力、深邃的智慧洞见、超强的行事和治理能力、充分的政治经验和磨难、高超的处人和沟通能力、健康的身心、稳善的性格，并达到以下的标准：尊道贵德、大公无私、公正廉明、仁慈博爱、包容大度、超凡脱俗、清心寡欲、敦厚朴实、忍辱负重、自知自制、诚信守法、不积蓄个人财产、不追求个人名利、不贪图享乐、不居功自傲。这些条件或标准绝大多数远超过世俗标准，有些还违背人的自私等本性，故只有经过从小以来长期的刻苦修炼才能成为其圣人品行素质的内在构成。

3. **圣人的生活待遇和准则**。治国圣人按照老子的定义应该是为天下人利益无私奉献的人。为保证其公正廉明、无私无偏，圣人及其配偶、家庭都应经宣誓并做到"不积"，终身没有薪金和任何私有财产，没有个人名利、欲望和享乐的追求，也不以任何方式与任何个人或群体结党营私。其所有的生活所需，包括住房、饮食、交通、日用、家政等，都由国家终身免费供给，但应简朴适用，不事奢华。因其重要的社会地位和价值，国家负责为其提供最好的医疗和安保服务。柏拉图在《理想国》中提出的共妻制，事实证明难以实行，即便是柏拉图本人也在其后来的《法律篇》中放弃了共妻制，改变为哲学家"各有其家室"。故圣人仍可按常俗结婚成家，避免不必要的违反人性的苦行。圣人的配偶可以是圣人，也可以是经审查品行端正的常人。无论圣常，婚后均享受圣人的同等待遇，对其要求也同于圣人。如系常人，结婚成家之后应努力向圣人的思想品行标准靠拢，并不得干政，不得以任何方式负面影响圣人的工作。如果想进一步消除圣人循私腐败的潜在可能，还可以考虑圣人家庭所生子女一律由国家按较优标准统一抚养、教育，直至其就业自立，而圣人及其配偶则放弃对亲生子女的监护抚养权。这样，圣人不仅能免去伴随自己抚养而来的操劳、偏爱和利益追求，更能保持对所有民众及其子女一视同仁和博爱。此外，圣人还应做到不拉帮结派、不徇私偏向，主动消除和回避所有可能造成其亲友或其他任何利害关系与其所行使的公权力冲突的因素。

4. **民主制的改造及圣人在民主制中的作用**。为消除现代民主制政体的各种弊病，实行圣人治理的民主制政体需要做出一些相应的局部改造。一种可能的方案是：保留现代民主制通行的立法、行政和司法三权分立和上、下议院（或称参议院、众议院等）体制，而通过宪法规定国家领导人、政府及其各部门的首脑、上议院的所有议员及国家其他要害岗位必须由具备圣人资格的人担任。其中政府各大部门的首脑和关键职位由普通资格的圣人担任，这样既可提高管理和廉政水平，又可提高圣人的综合执政能力，为更高层的决策治理提供成熟的后备人才。成功担任过部门首脑或以其他形式具备相应资历的圣人经过圣人群体内的提名选举，再经过选民投票通过后，可以担任上议院议员。上议院议员全部由资深圣人担任，下议院的议员则全部从民众中选出。改革后的上议院应更多发挥其专业、精深和廉明等优势，而下议院则更多代表民间意向。为提高议案质量和决策效率，可对议会的议事程序和职责分工等做相应改革，如上院对议案的质量和时间负责把关，根据轻重缓急限定议案的议决时限等。国家元首从资深圣人中选出，程序可以先由上议院酝酿提名，表决产生数位候选人，再经举国全体圣人投票从中选定供全民选举的候选人，然后经全民投票最终选定。经全国圣人选出的候选人在全民投票选举前可以组织竞选活动，但竞选活动内容基本限于让选民充分了解候选人本人情况及其施政理念、纲领和主张等，不做夸张不实的宣传，不玩政治游戏，不对任何社会群体做特别承诺，更不与任何社会群体达成政治交易。竞选的费用全部由国家按相关法律规定为每位候选人等额提供，原则是不铺张浪费，不接受任何个人或群体的捐赠，从而保证候选人完全清廉，与任何个人或群体都没有利益关联和偏向隐患。

5. **对圣人的监督考核**。圣人亦人，是人必有缺点、弱点和失足的可能。为确保圣人治国的廉洁清明，除保留三权分立，相互制约和民主法制体系之外，还应设立专门针对圣人的监察制度和机构。该机构由经

老子指真

选举的资深圣人和德高望重的民众代表组成，独立于任何权力机构行使其权力，负责监督考核所有圣人的品行、资格、廉政和执政成效等。发现任何圣人有品行不端、利益冲突、营私腐败、拉帮结派、玩忽职守、工作严重失误或任何其他违反圣人准则的行为，轻者该机构委员会经核实后可直接做出警告、记过等处分。重者可交上议院或其他高级权威机构提出弹劾动议，经表决通过后，取消其圣人资格；违法者还应交由司法部门追究其法律责任。圣人监察机构应全面掌握每个圣人与其亲戚、朋友及关系密切者的关系状况，以及任何可能导致利益冲突、偏向或腐败的潜在因素，并对此跟踪监察，以确保万无一失。

上述形式的圣治，旨在消除现代民主制所有的重要缺陷和弊病。与上文中列举的现代民主制政体的缺陷弊病逐一对比，可以证明其有效性。

其一，对于民主制下多数民众所作政治选择未必明智、从众心理效应和暴民政治等问题，圣治提供了有效的消除办法。圣治之下，所有上议院议员、国家和政府及其各部门的首脑都由精通治国之术、道德品行高尚的圣人担任，从而保证所有的法案和政策都高度专业明智、公正无私，符合全民利益。水平低下、谬误不智、徇私偏向的法案和政策不可能由圣人们提出，也无法被圣人们通过，更不可能被圣人们执行。民众或其代表只是在圣人把关的最佳议案之间选择，即便选择水平不高也不会造成重大失误，更不会走向暴民政治的极端。

其二，民选的执政者可能存在专业知识、施政能力和道德水准低下等问题，实行圣治后将不复存在。圣治提供的所有执政候选人都是圣人，按其培养选拔标准都具有高超的专业水平、施政能力和堪作世人典范的道德品格，因此将从根本上消除执政者素质低下的问题。所有获选执政的圣人都秉公执政，与任何权势或利益团体均无瓜葛，杜绝了一切徇私偏向、虚伪民主的可能，由此确保民主制的真正施行。

其三，民主制缺乏道德根基和腐败等问题，圣治能从几个方面予以根治。首先，圣治的本质就是德治，因此执政的圣人们自然会按照严格的道德和清廉标准施政，指导和要求下属，推动和监督政务，从而实现道德和政治的有机统一。重德清廉因此将内在地成为政治和社会的基本规范。其次，大公无私的圣人取代有道德隐患的俗人担任政府首脑，本身就消除了腐败失德的主要岗位来源。上行下效，作为执政者的圣人以自身的高尚道德品格作为典范感召下属和世人，公众必然受其影响而自然效法，由此将导致吏治和社会风尚从根本上改观。最后，道德品格高尚的圣人将以群体的方式自上而下全面影响政治和社会，而非作为个别人的孤立行为，故对于政风和社会风尚的影响将会全面而彻底。

其四，民主议会体制下的利益群体博弈造成立法决策拙劣等问题，在上议院全体议员由圣人担任后将无从发生。圣人按其立身准则既不代表，也不偏向任何利益群体，只图为全民利益做出最佳决策。利益群体在上议院、国家和政府高层都没有了代理人，也就没法继续为自身利益博弈。特别是上议院对议会所有的议案质量和公平把关之后，所有议案都将是事关全民利益的高水平议案，偏向群体利益的拙劣议案得以产生和通过的几率遂降为零。民主议会制也将因此摆脱利益集团博弈乱局，回归到为全民利益决策的初衷。

其五，至于民主制下的政党竞选掌权及随之而来的弊病，圣治实施后将自然消失。执政者和上议院议员完全从圣人中选出，既不依靠也不偏向任何政党。政党失去了左右和影响政治的能力，就失去了存在的意义，可以就此寿终正寝。政党政治的所有弊病也将随之消失。

其六，民主议会制决策效率低下的问题，实现圣治后也会基本解决。议案久议不决，大多因为政党或利益群体博弈扯皮。该现象消失，全体议员关注全民共同利益的正气确立，并有上议院负责监控提升议会效率之后，民主议会制的立法决策效率将大幅提高。议会还可以制定议事法则，根据轻重缓急限定法案议决期限。

其七，同理，民主制缺乏内在凝聚力，易于造成国民分裂的问题，也会随圣治的实行而消解。圣治取代政党和利益群体博弈政治之后，造成立场对立的党派、群体或团体及其角逐动力消失，国民的分裂从此无由产生。

其八，现代民主制缺乏政策延续性、稳定性和短期眼光等问题，将随圣治的实行而自然消除。圣人治国的基本宗旨就是维护和提升全民的根本和长远利益，故而圣人群体的连续执政可以消除短期眼光的问题。圣治取代党派竞选轮流执政后，造成政策缺乏延续性和稳定性的大部分原因随之消失。此外，圣人群体都是以维护全民根本和长远利益为宗旨，很大程度上对于政策的取向和优劣有长期共识，政权在志同道合的圣人之间继承接任，可以充分保证政策的延续性和稳定性。

其九，民主制下少数人的利益可能受到损害的问题，实行圣治后随着多数派当选掌权机制的取消将自然消失。

由此可见，圣治对于现代民主制的种种弊病不是头痛医头，脚痛医脚，做表面的治疗处理，而是从根本上清除所有这些弊病及其滋生根源。此外，与以往认为的内圣外王或哲学王治国观念不同，圣治不是由单一圣人或哲学家为王执政，而是由源源不断的众多圣人形成的群体执掌国家、政府、上议院和其他最高权力。这不仅保证从根源上和整体上消除现代民主制的各种弊病，而且还从体制上保证执政者随时有充足的合格备选者和后备继承团队，彻底消除了困扰人类各种政体的继承延续问题。同时，圣人的少私寡欲、知荣守辱准则和素养还能防止备选者野心膨胀，为掌权而恶性竞争。这些都为圣治的长期稳定性奠定了牢固的基础。

圣治的优势和作用显而易见，尚需审视的是圣治是否可行。一种理念如果不具可行性，那么再好也是没用的。圣治的可行性可以分以下几个方面来考察：圣人或圣人群体是否可能培养产生？现代社会是否能够允许圣人执政？圣治是否也会被视作乌托邦而遭冷落？

首先，圣人及其群体是否可能产生，取决于是否有足够数量的合格者愿意为此无私奉献。人类历史上，古今中外为某种崇高理想而放弃世俗利益，无私献身者大有人在，如佛教、基督教等宗教的虔诚僧侣、修士和传教者、中国共产党的早期先驱先烈、为保卫祖国而英勇献身的爱国者，等等。内圣外王虽然被一些人视为乌托邦，但直至近代其精神思想却始终作为崇高的理念深入人心，是许多仁人志士毕生追求的理想。有理由相信，在成为圣人的崇高理想鼓舞下，在执政为民的高尚职责感召下，自愿牺牲一己之私而为此委身者应该大有人在。何况圣人需要做到的只是终身大公无私，寡欲无产；与上阵士兵相比，既无丧命之虞，也无致残之险，自我牺牲程度其实小得多。只要仍有人愿意为国参战牺牲，就没有理由相信无人愿意为圣治国。此外，实现圣治只需要为数有限的圣人担任国家和政府首脑等要职，绝大多数公务员还是由普通人担任，故需要做此牺牲的人数也十分有限。

圣人群体是否可能产生，还取决于现代社会是否愿意为此提供培养的条件。圣治的得益者是全民、全社会，圣治符合全社会的最大利益，故从理论上讲，现代社会没有理由不全力支持和推动圣治，并为圣人群体的产生提供一切需要的条件。其实，社会需要为此付出的代价非常有限，而得益却大到难以用数字衡量。如果现代社会对此踌躇不前，可能的原因是仍困在定势思维的藩篱中，没有认识到圣治及其优越性，或者仍在现行政体的弊病泥潭中挣扎，无暇他顾。

圣治能否实现，关键在于现代社会是否能够允许圣人执政。要合理回答这个问题，首先需要了解为什么古代社会不能让圣人执政。古代社会改朝换代一般都是靠暴力奸诈夺得政权，继而通过世袭制传给后代；政权被视为私家所有，所以绝不可能让给圣人执掌。人类经文明进化以后，近现代情况已完全改观：民主制的实行意味着抢到天下就是王的时代已经终结，从而消除了政权由暴力取得和家族世袭传承这些阻止圣人执政的主要障碍。民主制下政权更迭靠民主选举，其初衷原则是德才兼备，无私为民者当选执政，而事实上这一原则往往并未得到恪守。圣治所能做到的正是真正实现民主制的这一原则，消除民主制难以治愈的种种弊病，使政治治理臻于完善。因此，现代社会没有理由不让圣人通过民主选举执政。当然，尽管已经没有任何重大障碍，但现代社会能否最终选择圣治，还取决于其对圣治优点的充分认识和接受。这可能需要一个过程。

既然圣治优势明显，为什么老子的圣人治国和柏拉图的哲学王理念均被视作乌托邦而遭冷落？圣治是否也会落到同样的命运？为防重蹈覆辙，有必要考察圣人治国被视作乌托邦的原因及其与圣治的差异。本质上讲，圣治就是圣人治国理念与现代社会相适应的改进型产物。二者最大的差异是，本文的圣治特指圣人治国与现代民主制的结合，而现代民主制具备了允许圣人通过选举执政的条件。主要是这个差异，即古代社会不具备让圣人执政的条件和可能，使得圣人治国看起来像遥不可及的乌托邦。此外，对于"哲学家"或圣人的一些要求过于苛刻或难以实行，也是造成其被束之高阁的原因。再就是圣人和哲学王以往都被理解为单数，单人执政必然引发对选择何人、如何选择、是否会导致独裁以及继承延续等一系列问题的质疑，增加其实现难度，令其看起来更像乌托邦。这些问题在本文第二节假设的圣治框架下都可得到完全解决。由此可见，圣治不仅完全可行，而且舍其不能完善人类的政治治理。现代人如果仍秉持对圣人治国和哲学王理念的偏见，草率地将圣治视为乌托邦而不肯正视和尝试，就无异于"大愚若智"。

民主制等现代政体无不倡导和推行为政清廉，公平高效，为何只有圣治可以真正消除腐败、低效、无能、不公等弊病？关键在于圣治不仅倡导，而且从体制和执政者素质上彻底消除了执政者营私腐败、低效、无能、不公的根源。通过圣人准则和制度规定保证执政的圣人不积蓄资产、不追求个人名利、不拉帮结派、品行高尚、无私寡欲，其工作、生活、行为、资产状况都公开透明，自愿接受全面监督，就从根本上切断了权钱色利对执政者的侵蚀，消除了徇私腐败、偏向不公的可能。通过毕生的优秀教育、严格训练、刻苦磨难、选拔淘汰等过程保证执政的圣人都是最优秀、最有治国能力的精英专家，就从根本上消除了无能、低效等政治顽疾。没有这些体制上实质性的根本措施，廉政公平、专业高效就可能永远流于空谈，腐败、低效、无能、不公就永远不能根除。

究其根本，圣治就是通过少数社会精英自愿做出一定的自我牺牲，为全民无私服务，以换取政治治理的高质、高效和清廉，从而走出现代民主制的弊病陷阱，实现全民利益的最大化。这些牺牲是有限的，自愿做出的，也是人类社会政治以最小代价换取最大利益的有效途径。从另一方面讲，对于甘为圣人者来说，为圣治国未必就是一种痛苦的选择。更可能的是，成为最受公众尊重敬仰的圣人，从事无私治国的高尚工作，将成为杰出青少年梦寐以求的至高愿望，也是圣人们毕生追求的实现自身生命意义的最佳方式。当然，这并不是说实现圣治轻而易举，没有任何障碍，而是说圣治经过社会的认同和努力是可能实现的。人类社会如果不实行这样的改革，不付出这样的最低代价，就只好在现有政体的弊病泥潭中挣扎，永无出头之日。

以上只是圣治的一种构想，当然还可以构想其他的实现形式。圣治还可能采取对圣人要求限制更低，也更容易做到的其他方式实现。但需要衡量取舍的是，对圣人的要求越低，越容易做到，圣治的专业、效率和道德水平就越低，圣治达不到其既定目标的可能性就越大。许多现代政体可以看作是对"圣人"要求过低的案例，其执政者因远达不到预期的素质、道德和专业水准而致使其政治弊病重重。一般来说，对圣人的要求高低与圣治目标的实现程度呈正比关系。这是决策者不得不考虑的现实问题。

以上的讨论主要围绕圣人治国与现代民主制的结合，忧国忧民的本国精英可能更关心的是圣人治国是否可能与我国现行政治体制结合，从而改进我国的政治治理。如前所述，圣人治国犹如优秀的接穗，可以嫁接在任何政治体制的砧木上而改进其治理。事实上，圣人治国与我国现行政体结合，有许多他国没有的天然优势。其一，圣人治国和内圣外王的理念都源自我国古代经典，并始终作为我国社会政治治理的最高理想而深入人心，有天然的国民接受基础。在近代西方思想替代华夏传统以前，中国传统教育的基本理念就是圣贤德治教育，而传统政治理念就是圣贤执政或辅政。所以圣人治国对国人来说并非创新，而是传统理念的复兴。其二，新中国成立初期，其政治治理在许多方面其实仿效了圣人治国的理念，其表现不胜枚举。例如，党政工作的宗旨被标示为"为人民服务"；官员被称为"人民公仆"；官员的守则是"全心全意地为人民服务，一刻也不脱离群众，一切从人民的利益出发，而不是从个人或小集团的利益出发。"① 周恩来之所以在民间获得巨大威望，正是因为其品格形象是依照传统圣人的标准宣传塑造的，与上文中的圣人标准高度相近，故而与民众的预期产生共鸣。因此，实施圣人治国，对于执政党来说并非标新立异，而是恢复运用早期获得民心的治理经验。其三，我国现行政体也面临严重的官场腐败问题。反腐倡廉、政纪整顿从未停止过，但因治标不治本，腐败问题却越来越严重，亟须找到有效的根治方法。而圣治就是最合理可行的从体制和根源上彻底消除腐败的方法。其四，我国现行的执政者培养和政权交替方式在很多方面与以上设想的圣治方式相似，故从现行体制向圣治过渡不需做重大的变动。实行圣治所需的主要改变是对远期执政后备人选设置更高的精神品格和学养才能要求，并要求其放弃一切可能造成腐败不公的根源性因素，真正成为大公无私、全心全意为人民服务的共产主义精英，而这原本就是中共的执政理念和口号。因此，这样做不仅不会丝毫有损于执政党的宗旨、地位和利益，而且可以令现有难以解决的各种政治问题，包括腐败问题，迎刃而解，并且大幅提高执政党的治理水平和声望，让执政党获得其亟须的民心及政治合法性。此外，这些改变只要求未来执政的后备群体从小接受培养伊始就自愿放弃对个人名利的追求，不影响现行执政群体和近期接班团队，故应该没有重大阻力。执政党将来如果有意进一步向民主制过渡或增加民主因素，也会因候选人员全部来自其内部长期培养的圣人团队而保持可控性，并能因此保持政治理念和政策的稳定性和延续性。

---

① 《毛泽东选集》第三卷，人民出版社，1960，第1094页。

四 《道德经》的反战维和思想

战争是政治的延续，这是普鲁士军事家克劳塞维茨的旷世名言。深度关心政治治理的老子，当然也没有忽视战争，只不过对战争持强烈的否定态度。老子的反战维和思想，可以说溢于言表。《道德经》第三十一章一针见血地表明："夫兵者，不祥之器。物或恶之，故有道者不处。"指出用兵打仗违反道法，凶险不祥，遭人厌恶，所以为有道者所不齿。因此他对用兵打仗的态度是，"兵者非君子之器，不得已而用之，恬淡为上。"（第31章）古今中外战胜者总是得意洋洋，大肆庆功，而老子却说："胜而勿美。若美之，是乐杀人也。夫乐杀人者，则不可得志于天下矣……杀人之众，以哀悲莅之；战胜，以丧礼处之。"（第31章）显示了老子对好战杀人的极度厌恶及对战死者的悲悯情怀。第46章再次指出："天下无道，戎马生于郊"，认为战争本身就是尤道的行为。在老子的理想国里，"虽有甲兵，无所陈之"（第80章），百姓因而得以和平幸福，安居乐业。

老子在第三十章还教诲说："以道佐人主者，不以兵强天下。其事好还。师之所处，荆棘生焉。大军之后，必有凶年。善者果而已，不以取强。果而勿矜，果而勿伐，果而勿骄，果而不得已，是谓果而勿强。"要求有道的襄政者以道德服人，不以武力征服天下。在指出兵燹总是带来重大灾难之后，要求在不得已诉诸武力时，要有节制，不骄不耀，适可而止。并对喜欢"以兵强天下"者警告说"兵强则灭，木强则折"（第76章）；"勇于敢则杀，勇于不敢则活"（第73章）；"抗兵相若，哀者胜矣"（第69章）。对于参战的将士，老子主张："善为士者，不武；善战者，不怒；善胜敌者，不与"（第68章），将不尚武、不怒而战、不战而胜树立为用兵水平的最高境界，借以避免开战。老子知道，在诸侯纷争，各以兵强天下的年代，指望天下完全罢兵息武是不现实的，故转而提倡只有在不得已时才诉诸武力，尽量避免开战，并且要慈悲为怀，怯以用兵，适可而止，以尽最大可能减少战争带来的生命丧失和灾难。可以看出，老子如此主张，并非赞成有限战争，而是不得已而设法尽量降低战争的危害；他的根本主张还是反对一切战争的，因为他明确指出"兵者"是"有道者不处"的。由此可见，老子是彻底且有策略的和平主义者。

一些现代人将《道德经》视为兵书或军事著作，企图从中学到攻城略地、歼敌致胜的韬略，实乃缘木求鱼。《道德经》确有多处提到用兵打仗，但都是以强烈的反战态度提及，都劝人免战、厌战或少战，而没有一处是教人如何攻城略地、破敌杀人的。有人指出，《孙子兵法》是在老子思想影响下形成的。此言虽有据可查，但二者的取向完全不同，更不说明《道德经》是兵书。归纳起来，老子对《孙子兵法》的影响主要体现在以下几个方面。其一，孙子的"不战而屈人之兵，善之善者也"，是老子"不争而善胜"、"善胜敌者，不与"思想的翻版。其二，《孙子·兵势篇》中"凡战者，以正合，以奇胜"云云，是从老子"以正治国，以奇用兵"思想而来的。老子以何为奇？《道德经》中除了"柔弱胜刚强"、"吾不敢为主而为客，不敢进寸而退尺"、"抗兵相加，哀者胜矣"、"夫慈，以战则胜，以守则固"之外，实在找不出更多涉及兵法而可称奇之术。但这些都是教人退让、柔弱、仁慈，而非攻击的，与世人期望的杀敌制胜术正好相反。至于"将欲歙之，必固张之。将欲弱之，必固强之。将欲废之，必固兴之。将欲取之，必固予之"一段，虽然对孙子兵法有重大影响，但并非专门针对用兵，同样可以运用到政治、社会、人生等各个方面。其三，《孙子·虚实篇》中"微乎！微乎！至于无形"、"故形人而我无形，则我专而敌分"、"故能而示之不能，用而示之不用"等思想是在老子"行无形，攘无臂，执无兵，扔无敌"思想影响下形成的。其四，孙子"主不可以怒兴师，将不可以愠致战"，直接就是老子"善战者，不怒"的另一种说法。总而言之，虽然孙子从老子那里获得大量灵感，学到深邃的思想，但二者还是有本质的区别。孙子以战争为业，所以必欲有战争胜敌才能腾达；

老子坚决反对战争，所以其涉及战争的言论都是教人如何免战、厌战、退让、少战、不战的。如果说老子确实教过人任何用兵制胜的诀窍，那么主要的就是避免战争。战争，是老子极其厌恶的事情，因此老子绝不可能专门撰写一部教人如何杀人略地的兵书。为此，将《道德经》视为军事著作，同样是一种一厢情愿的歪曲。

老子反对战争，不只是一种简单的表态，而是有其深刻的根源和内涵的。老子反战，根源于效法道的不争。不争当然包括不要战争，因为战争是最剧烈、危害最大的争，所以遭到老子的坚决反对是必然的。法道不争因此赋予反对战争更丰富的内涵，其中包括"以其不争，故天下莫能与之争"（第 66 章）、"夫唯不争，故无尤"、"善利万物而不争"（第 8 章）、"不争而善胜"（第 73 章）等。对老子来说，秉持不战的态度，并配以高明的策略，就可使天下没有人能与之战争，从而居于不败之地。不战还可以不结怨恨，不留引起战争的隐患。不战而胜敌更是一种效法道的高明策略和境界。此外，老子的不争不只是消极的不战，而是要做到善利万物，其中甚至包括敌人。这种博大包容的胸怀可能产生彻底消解战争冲突根源的终极力量。老子这种善利万物的态度绝非偶然，"夫慈，以战则胜，以守则固"（第 67 章）从另一个角度显示了老子仁慈为怀、普利万物的根本态度。如果有人用仁慈作为战争的武器，那就不再是战争，因为仁慈不会杀人。但以仁慈为武器却未必不能取胜，甚至可能取得完胜。

老子反战维和，绝非限于口头，而是深深植根于他的循道理念以及他的世界观、人生观和价值观。第五十五章云："和曰常，知常曰明。"第十六章曰："知常容，容乃公，公乃王，王乃天，天乃道。"在老子看来，和是这个世界的常数，故而他的主和有着深厚的根基。知道和才能算作明智，也因此而能包容大度、公而废私、为王执政，符合天意，进而合于大道。反过来讲，维护和是符合天意与大道的行为，而知和明智、包容大度、公而废私、符合天意都可看作是维护和的手段。此外，老子认为圣人应当"贵以身为天下"、"爱以身为天下"（第 13 章），作为这样具有博大胸怀，为天下无私奉献的圣人，其反战维和理念不可能出于浅表，必然发自深层的精神信仰和价值观。

战争，是人类最残暴、最具毁灭性、最愚蠢的行为。世界范围的现代战争，更会以其毁灭全人类的潜在后果将其残暴、毁灭性和愚蠢体现到极致。文明的对立面是野蛮，而战争则是天下最野蛮的行为。进入21世纪，人类的文明程度，尤其是在物质领域，已达到相当的高度；但战争的手段，即行使野蛮的能力，也随着大规模杀伤性武器的不断升级达到登峰造极的水平。鉴于两次世界大战等现代战争的惨痛经验，现代社会中绝大多数人至少在口头上都是反对战争的。但正是一些口头主张和平、反对战争的政治家却往往是发动战争、穷兵黩武的人，心口严重不一。明知战争的巨大危害与风险，表面反战维和，却积极备战，企图以武力压服对方，满足己方的愿望，原因在于其反战维和只是权宜之计，没有植根于深层的精神信仰和价值观。要从根源上彻底消除战争的威胁，只有让"爱以身为天下"，反战维和，以天下大同为己任的圣人执掌政权，或者让执政者普遍具备这种圣人的境界、眼光和品行。能否实现，取决于人类能否最终觉醒。

第三节 《道德经》的现代社会意义

从前两节的讨论可以看出，《道德经》虽然是历经两千多年的古代经典，但历久弥新，对于现代人的人生和现代政治仍具有重大的借鉴和指导意义。现代的人生和政治都与现代社会息息相关，所以《道德经》的现代人生和政治意义都不可避免地对现代社会产生重大影响，转化为社会意义。如果现代人经过百年动荡和数典忘祖之后，意识到仓促抛弃否定的传统精神文化仍有重大价值，愿意重新从《道德经》这样的经典中汲取洞见智慧，如果现代人为精神信仰的缺失和价值道德的沦落而困扰，愿意仿效老子重塑精神信仰、道德品格和宇宙观、人生观，那么就会通过国民素质的提高和政治的改良而正面影响现代社会，进而改良现代社会。尤其是如果圣治得以实施，将会通过执政圣人的政策性推动和榜样带动而对社会道德风尚产生全面而深远的影响。除此之外，《道德经》还可能以更加直接的方式影响现代社会，在社会和谐、精神文化和环境生态等方面作为宝贵的学习借鉴资源而发挥重大作用。

一 《道德经》可用以促进现代社会和谐

社会和谐，秩序井然，民风敦厚，公正善信，人民安居乐业，是中华民族几千年来始终追求的理想社会状态，也与人类其他民族判断社会优劣的标准相似。就此而言，我国传统社会不仅有一个不具建制性结构的精神信仰体系作为社会和谐的基础和精神支撑，而且有和为贵的理念作为其社会认同的价值观念。和的理念有着丰富的内涵和外延，在我国传统社会得到广泛的认同和尊崇。和的理念涵盖和谐、和平、和睦、和善、和好、和合等丰富内容，其中无一不是社会和谐的优秀构建元素。和的理念不仅有以儒家为主导的传统伦理体系作为其支撑，而且有超越之天或老子所言天道作为其本体来源和神圣权威基础，故而在传统社会深入人心，得到普遍认同和尊崇。以儒家为主导的传统中国社会的道德观是以德配天，因此和作为德的重要构成从来源到实践都具有神圣性和权威性。儒家作为一种形而上认识较为薄弱的体系从孔子开始就努力向老子学习其超越洞见，故老子"万物负阴而抱阳，冲气以为和"与"和曰常，知常曰明"等洞见及尚和理念不仅可能对儒家中和理念的形成产生过重大影响，而且是中华民族贵和理念的重要直接来源。由此可知，和不是排他性的独家理念，而是传统中华文化中具有普世价值意义的理念。和不仅在传统中国社会中体现过重大价值，而且对现代社会的和谐构建仍具有重大意义。

构建和谐社会，是中共十六大以来党政工作的重大目标和战略任务。这个口号的提出本身就代表了与改革开放以前完全不同的政策取向，一定意义上可以看作是向传统理念的回归。比起以阶级斗争为纲，与天斗、与地斗、与人斗，一个政治运动接着另一个政治运动，人们始终生活在鸡犬不宁的斗争阴霾中来说，和谐社会的政策取向显然更合理、更文明、更得民心。不足的是，这项政策自提出以来更多停留在浅表层面，难以得到深入落实，致使其"民主法治、公平正义、诚信友爱、充满活力、安定有序、人与自然和谐相处"的内容在提出十多年后看来仍遥不可及。为此，要真正实现和谐社会的目标，有必要总结经验教训，透析社会不和谐的根源，找出该政策难以落实的原因和能够有效实现的途径。

首先探讨社会不和谐的根源。争是和的反义词，社会不和谐大多意味着争斗冲突多，民风刁蛮，动荡失序。现代社会争斗冲突多，从表面来看具体原因各不相同，但从深层来看有两个共同的重要根源。其一是新文化运动至"文化革命"几十年间我国社会主动抛弃了传统的精神文化体系，以斗争哲学取代传统的贵和理念作为全社会的指导思想，这种尚争斗理念经过数代人的实践固化，且从未得到清理纠正，已经成为国人行为的通行法则。其二是主导我国现代社会生活的市场经济，其基本动力就是人各为己利竞争。竞争也是一种争斗，在缺乏包括传统道德理念的社会规范的有效制约下，与已深入人心的尚争斗理念相互促进，发展成利欲至上的恶性争斗。人际关系普遍敌对尚斗，社会自然难以和谐。此外，法治不能替代人治，缺乏有效的价值伦理体系，不能本着公平正义的原则合理平衡处理各种社会群体的利益等，都是造成社会不和谐的根源。前面讨论过，《道德经》中最主要的理念包括"不争"与"贵和"，这两个理念都有天道自然作为其神圣超越的来源和支撑，可以作为消解现代社会争斗风尚，构建和谐社会的有效资源。

其次需要探讨的是和谐社会的目标为何难以落实。除体制和各级政府官员的作风问题等因素外，重要的原因在于缺乏让国人从内心普遍认同该理念的精神文化体系，也没有具有神圣性的精神信仰作为其权威性和感召力的源泉和基础，从而使和谐社会从内容到实践都沦为空洞的口号。从中华先人的经验来看，要想让贵和或社会和谐的理念深入人心，得到人们发自内心的遵循，不仅需要诉诸精神信仰的强大力量，重新彰显其超越性和神圣性，而且需要有强大的精神文化体系作为其认同和实践基础。因此，除改进体制和官员作风等硬件之外，更应着重恢复精神信仰和重建民族精神文化体系，而《道德经》在此当中可以发挥重大作用。

除不争、贵和理念之外，《道德经》还有两组理念能对社会和谐起到重大作用。其一是老子"少私寡欲"、限制物欲和啬、俭的主张。学过经济学的人都知道，经济学就是关于稀缺的资源和产品如何生产、流通和分配的学问，其关键词是稀缺。人的欲望需求是无穷的，而人类面对的所有物质资源都是稀缺的，永远不可能完全满足人们的欲望需求。因此，争夺有限的物质财富就成为人类社会矛盾冲突的最大来源。特别是在人类人口急速膨胀，狂采滥用浪费致使地球大部分资源面临枯竭的现代社会，能否解决无限增长的需求和不断衰减的资源供应之矛盾就成为人类社会能否和谐的最大关键。显而易见，科技发展再快也不可能解决这个矛盾，更不可能指望地球资源随人类的欲望需求而增长。唯一有效且现实可行的解决或缓解方法是效法老子降低人的欲望需求，本着啬俭的原则使用和保存地球资源，以维持人类的长生久视。研究证明，现代人绝大多数的消费都不是生活所必需，而是由广告、促销、攀比、虚荣等人为因素制造出来的虚假需求或称浪费，况且并不给人们带来真正的幸福。因此，通过普遍节制对非必需品的消费和持有欲望，就能减少人类绝大多数的消费，这样不仅能节省绝大多数现有的资源消耗或浪费，而且能降低人类大多数矛盾冲突的动因，人类社会也能因此而变得更加和谐。

其二是老子闷政淳民、无为而治的理念。有关于此最清晰的表述是："不尚贤，使民不争；不贵难得之货，使民不为盗；不见可欲，使民心不乱。是以圣人之治，虚其心，实其腹，弱其志，强其骨；恒使民无智无欲，使夫智者不敢为也。为无为，则无不治。"（第3章）"天下多忌讳，而民弥贫；民多利器，国家滋昏；人多伎巧，奇物滋起；法令

老子指真

滋彰，盗贼多有。……其政闷闷，其民淳淳。其政察察，其民缺缺。"
（第57章）综合来说，就是通过消除导致对名利、财宝等非必需事物
获取争夺的欲望和智巧，使得民心淳朴，民风敦厚，就能从根本上消解
社会争端、盗抢等动乱不安的因素，从而达到无为而治的境界。这里的
治，就是指社会秩序井然，民风敦厚，无争无盗，人民安居乐业，衣食
无忧，自由自在，这正是社会和谐的理想状态。反之，如果执政者采取
政令苛繁、有为多事的治理方法，鼓励民众对名利、财宝等非必需事物
的追求、争夺和获取智巧，那么无论怎样努力治理，都是治标不治本，
社会反而会动乱不安，民风刁蛮，犯罪率高企，人民相对贫困，缺乏自
由感和幸福感，走向社会和谐的反面。相比之下，老子"其政闷闷，
其民淳淳"的治理方法治根及标，既省事效果又好，是通向社会和谐
的便捷途径，值得现代人认真学习借鉴。

二 《道德经》与现代社会的精神生活

人类学研究表明，人类与动物的最大区别，在于人类有宗教信仰，
有精神生活。宗教学创始人麦克斯·穆勒认为："把人与动物区分开的
是宗教"[1]，这与著名宗教学家伊利亚德的著名论断"宗教是人类学常
数"珠联璧合，说明了宗教对人类生活的重要性。著名心理学家和哲
学家弗洛姆则指出："凡是人都有宗教需要，即需要一种定向框架和信
仰目标……问题不在于是不是宗教，而在于是哪一类宗教。"[2] 迄今为
止，社科研究还没有发现过没有宗教信仰的民族。由此可见，宗教信
仰、精神生活是人类自古以来最普遍、最根深蒂固的正常行为。"精
神"一词以神为主干，故人类的精神生活，原本都与神有关，不仅源

---

① 见麦克斯·穆勒《宗教学导论》，陈观胜、李培茱译，上海人民出版社，第10
页。

② 铃木大拙、弗洛姆等：《禅与心理分析》，孟祥森译，中国民间文艺出版社，
1986，第23~24页。

自宗教信仰，而且就其本意来说就是宗教性的。

更有研究证明，宗教信仰是人类文明的起源和基础。自古以来，人类所有民族毫无例外都有其宗教信仰，人类所有文明则无一不是以某种宗教信仰作为其起源和基础。例如，西方文明是以基督宗教为基础的文明，阿拉伯文明是以伊斯兰教为基础的文明，印度文明是以印度宗教为基础的文明等。民国以来，我国一些主流学者认为："中国是个没有宗教的国家，中国人是个不迷信宗教的民族。"[①] 这种观点对我国现代社会的宗教认知产生很大影响。事实上，中华民族与人类所有其他民族一样，也是自古以来就有宗教信仰，只不过作为中华文明基础的中国本土宗教信仰与西方宗教体系不同，不是以单一宗教为主导，也没有建制性结构，而是以儒道佛为主体的多元包容宗教体系。这种特色使得透过西方激进观点和西方宗教观有色眼镜看待中国本土宗教的人误认为中国人没有宗教信仰。由于这些主流学者错误观点的传播影响，许多国人不仅相信中国从来没有宗教信仰，而且以中国人没有宗教信仰为荣。仔细品味，这似乎很难作为骄傲荣耀的理由。如果说中华民族是人类历史上唯一没有宗教信仰的民族，无异于说中国人不正常，与人类所有其他民族不属于同类，这听起来倒像是自我贬损。

如果说人类文明起源于宗教信仰，那么消灭了宗教信仰，就消灭了文明的基础和维系，社会就会向野蛮回归。这正是后"文革"现代社会的状况。"文革"之后，我国社会的物质生活水平大幅提高了，但精神文明和道德水平却大幅下降了，物质与精神严重失衡，威胁到社会的和谐与稳定。我国社会陷入如今信仰缺失、精神空虚、价值虚位、道德沦丧、文化流失的精神荒漠境地，正是20世纪破坏消灭传统精神文化体系的结果。

尽管经历过启蒙运动以来科学主义、无神论政治和世俗化运动等各

---

① 胡适：《胡适文存二集》，亚东书局，1928，《名教》，第91页。

种浪潮的轮番冲击，世界上现在还有约85%的人口是宗教信仰者。① 相比之下，根据官方口径中国的宗教信仰者目前只有一亿多，占全国人口约10%。② 对比两项数据，可以看出两个明显的问题。其一，中国和国际社会的巨大差别，我国的宗教信仰者占人口的比例与国际社会的宗教信仰者比例几乎正好相反。其二，如果以上数据都可信，则世界上没有宗教信仰的约15%的人口绝大多数在中国。众所周知，中国目前的信仰状况是20世纪一系列政治运动的人为结果，而非自然状况。一旦人为打压消灭宗教的动力消失，中国人是否会向人类正常的宗教信仰状况回归？这不仅很容易通过逻辑常识判断，而且已经被改革开放以来我国社会宗教普遍迅速的复兴势头所证实。

如果对以上情况和国人普遍的精神生活需求视而不见，不积极开放空间给予满足和引导，只是主动放弃了对国人精神信仰的主导权，给各种低俗迷信或歪门邪教留下可乘之机，为社会失序留下温床，前者并不因此消失。问题是如果愿意承认国民的正常精神需求，愿意开放空间并加以积极引导，应该提供什么精神信仰资源？鼓励什么？防止什么？如何才能满足现代人的精神需求？如何让宗教信仰发挥其积极功能造福社会？与辛亥革命之前的社会相比，现代社会已经发生了翻天覆地的变化，不仅社会结构、生产和生活方式、知识水平、科技水准和西化程度等都有天壤之别，而且国民已从绝大多数是文盲转变成绝大多数受过教育，很多甚至是高等教育。因此，古代农业社会通行的那种偏于低俗迷信的宗教信仰很难被教育水平更高、理性思维能力更强的现代国人接受。特别是对于经历过几代无神论强化教育的现代人，可能需要一种更加合乎理性、更令人信服、更多精神超越、更适合现代生活方式的宗教

---

① 《国际宣教研究公报》2007年第1期，转引自刘义《全球化背景下的宗教与政治》，上海大学出版社，2011，第49～50页。

② 该数字原出自国务院新闻办1997年发布的《中国的宗教信仰自由状况》白皮书。国家宗教局局长王作安2011年3月9日在人民网强国论坛上说"现在一般讲，中国信教人数有一亿多"，是官方对此数字的再次确认。

信仰。而《道德经》倡导的宗教信仰和修行方式可能更适合现代中国社会的这种精神需求，具体表现在以下几个方面。

其一，《道德经》是一部高度理性和超理性的经典，其中充满从形上到形下的深奥洞见和智慧，故而易于被教育水平更高、理性思维能力更强的现代国人接受和信服。经中没有古代社会常见的低俗迷信，故而不会引起现代人的反感和排拒。

其二，《道德经》具足宗教特有的精神性、超越性和神圣性，不重建制和外在形式，直指信仰核心内涵，阐述倡导的是境界最高、最本真的宗教信仰。以这样的经典作为精神生活的指导，可以让现代人在精神信仰上少走弯路，早成正果。经中那种不重建制教条的个性化信仰修行方式可能更加适合现代社会的理念和生活方式。

其三，在这个浮华嘈杂的现代社会中，许多人开始感到修身养性，借以安身立命，超脱世俗烦恼的重要性，故而对其有很大的社会需求。《道德经》对精神修炼、修身养性的阐述虽然简明扼要，但对以修身养性见长的道教来说却是修炼之法的祖典和最高权威。将其作为指导现代人修身养性的一种主要经典，不仅权威，而且实用。

其四，《道德经》作为人类社会公认的传统精神文化经典，既有民族性，被全中华民族所尊崇，又有普世性，被人类社会广泛接受和认同。现代国人如果以这样的经典作为精神生活的指导，可以消除清末民初以来对民族精神文化的自卑感，充满自信地与国际社会精神文化界交流，成为人类共同精神文明的重要贡献者。

其五，《道德经》不仅代表传统精神文化，又能适合现代社会。其内容超越时空，没有过时之虞，虽历经两千多年，但其中没有与现代科学和理性冲突的内容，仍适合作为现代人精神信仰、价值伦理和品行修养的指导。特别是在中华民族精神文化体系的重建中可以作为重大资源发挥作用。

其六，《道德经》倡导的是尊道贵德的崇高信仰、仁慈容善信的待人原则、贵和不争反战的理念、圣人崇高的品行等可以造福社会的宗教正能量，而完全没有歪门邪道、低俗迷信、个人崇拜、排他对立等宗教负面因素，有利于提高社会精神信仰水平、维护社会道德、净化人心和社会风气，故而应该被现代社会大力提倡。

其七，《道德经》是非排他性经典，开放包容、利他超脱，故而适合中国传统的多元包容理念和多元社会、多种宗教信仰并存的国情。特别是伴随全球化进程的发展，中国和国际社会为避免文明冲突，寻求多元社会的和合共生，都更需要像《道德经》这样的包容性经典作为精神文化的指导。

以上是《道德经》适合现代中国社会精神文化需求的一些主要方面。毫无疑问，如果深入发掘，还会在其中发现更多的适合现代社会精神生活的资源。

三　《道德经》的环境生态意义

环境污染，生态破坏、物种灭绝、气候异变、资源耗尽等人为造成的灾变，使得人类社会面临前所未有的重大危机。随着时间的推移，这些危机将越来越严重，最终威胁到人类的生存。但迄今为止，人类还在忙于加剧这些危机，而没有有效的应对办法。因此，能否找到有效的应对方法，关系人类社会能否持久生存。西方一些有识之士认为，鉴于西方文明中没有足够的思想资源应对这一危机，应当到东方传统文化中寻找资源，其中受到特别注重的是《道德经》。

老子时代人类还没有学会制造严重的环境生态问题，所以如果说《道德经》有关于环境生态的专门论述，是牵强且不符合事实的。但这并不排除现代社会在应对日益严重的环境生态问题时，仍可从《道德经》汲取借鉴具有启发性的智慧灵感，从而找到有效的解决办法。从这重意义上讲，《道德经》具有重大的环境生态意义。事实上，《道德经》的环境生态意义不仅体现在现代社会的利益取舍，而且关系人类长远的生存发展。

有趣的是，首先发现《道德经》的环境生态意义并大加赞赏的不是中国人，而是众多的著名外国科学家。例如，德国著名化学家克诺斯培说："解决我们时代的三大问题（发展、裁军和环保），都能从老子那里得到启发。"美国著名物理学家弗里乔夫·卡普拉说："在伟大的诸传统中，据我看，道教提供了最深刻并且最完美的生态智慧。"[1] 诺贝尔化学奖得主伊利亚·普利高津说："道家的思想，在探究宇宙和谐的奥秘、寻找社会的公正与和平、追求心灵的自由和道德完满三个层面上，对我们这个时代都有新启蒙思想的质。道家在两千多年前发现的问题，随着历史的发展，愈来愈清楚地展现在人类的面前。"[2] 创立自然农学的日本农业学家福冈正坦言："自然农法就是在老子'道法自然'这一伟大命题的启发下提出来的。"又说："如果我们早听老子的话，也不致使科技的发展对人类自然环境造成如此严重的后果。"[3] 美国建筑大师弗兰克·赖特等人倡导的"有机建筑"、"生态建筑"，就是按照老子道法自然的原理，模拟自然生态设计建设，以达到节能环保的效果。《道德经》的环境生态意义，尚未被国人发现，就已被国际社会广泛承认，真所谓墙里开花墙外香。这也许正体现了国人盲目抛弃本民族传统精神文化精髓的悲哀。

《道德经》言简意赅，其中与环境生态有关的论述从篇幅来看相当有限，从内容来看则相对间接，但却蕴含着迄今为止人类对其生存条件暨环境生态的最深刻的洞见。许多国际著名科学家从老子的"道法自

---

[1] 转引自葛荣晋《21 世纪是〈道德经〉回归的伟大时代——外国人眼中的〈道德经〉》，载《老子与华夏文明传承创新——2012 中国鹿邑国际老子文化论坛文集》（上），社会科学文献出版社，2013。

[2] 转引自葛荣晋《21 世纪是〈道德经〉回归的伟大时代——外国人眼中的〈道德经〉》，载《老子与华夏文明传承创新——2012 中国鹿邑国际老子文化论坛文集》（上），社会科学文献出版社，2013。

[3] 转引自葛荣晋《21 世纪是〈道德经〉回归的伟大时代——外国人眼中的〈道德经〉》，载《老子与华夏文明传承创新——2012 中国鹿邑国际老子文化论坛文集》（上），社会科学文献出版社，2013。

然"中获得启示和灵感，认为违反自然规律人为创造的许多事物都是破坏环境生态，有害人类根本利益的，故而应当顺应事物的自然本性，效法自然，回归自然，与自然环境和谐相处。现代社会在科学至上论、科学万能论的思维指导下，对于科技的发展和应用毫无节制，创造发明出种种有明显或潜在危害的"奇物"，严重破坏了环境生态，甚至直接威胁人类的生存发展。为此，许多国际社会的有识之士认为，在科技的发展应用上应该借鉴老子这样的智者的洞见，将科学置于价值伦理的管控之下。老子曰："物壮则老，是谓不道，不道早已。"（第55章）科技无伦理约束的高速发展，人类对环境生态的迅速破坏，人类社会有赖于此的高速发展，是否会让人类迅速壮老，进而走向灭亡，可能是人类不得不止步深思的问题。

上文中谈到老子的啬、俭理念，主要涉及的是其对社会和谐与资源节约的作用。其实，老子的啬、俭原则同时也关系到环境生态。人类为了许多非必需的奢侈需要大量滥采滥用地球资源，从一个角度来看是浪费资源，从另一个角度来看这些被浪费的资源的生产和消费同时是造成环境污染和生态破坏的主要原因。所以，如果践行老子的啬、俭原则，不仅能节省大量的资源，而且能大幅减少对于环境生态的破坏。《道德经》第59章云："治人事天，莫若啬。夫唯啬，是谓早服，早服是谓重积德。……是谓深根固柢，长生久视之道。"就是说，啬的原则不仅关乎人类的行为和社会治理，而且涉及人类与天的关系是否和谐。人类不是宇宙的中心和至上存在，所以其行为必须顾及到天命、周边环境和其他物种的存在权利。人类要想"深根固柢，长生久视"，就必须学会侍奉上天，尊崇天道，奉行啬俭原则，重于积德，就必须保持与天地万物、自然环境和物种生态的和谐关系，否则就会破坏自身生存的基础。这也是老子反对穷奢极欲、反对追求盈满壮老的智慧所在。

与《道德经》的多数理念类似，《道德经》中关于环境生态的理念也与世俗的观念截然相反，也是从短浅眼光来看荒谬，但从深远眼光来看却充满智慧洞见。这也许是人类最有见识的杰出科学家首先领会

《道德经》深刻的环境生态含义的原因。

第四节 《道德经》是构建中华民族精神共同体的重要资源

从"文化革命"结束以来，信仰缺失、精神空虚、价值虚位、道德沦丧，就越来越凸显为困扰中国社会的严重问题。进入新世纪之后，这个清单上又加上缺乏文化软实力、民族凝聚力不足、社会和谐构建受阻等问题。改革开放以来，中国社会的物质生活水平大幅提高了，但精神、文化和道德水平却下降了，物质与精神严重失衡，威胁到社会的长治久安。以上问题多而杂，看似多个互不相关的问题，但如果深入研究，却会发现其不仅相互密切关联，而且有共同的内在原因。因此，解决这些问题的最好方法不是头痛医头，脚痛医脚，而是认清其共同的深层原因，从根本上一起破解。

要认清这些问题的共同原因，方法之一是了解中国传统社会为什么很少有这些问题的困扰。研究表明，两千多年以来，中国社会始终有一个以儒道佛为主体的多元融合的精神文化体系，这个体系不同于西方基督宗教文化体系，没有神圣与世俗二元分立的建制性结构，也没有系统完整的神学教义、教规、信众组织等形式，而是集精神、信仰、价值、伦理、文化等于一体，弥漫于国人的家庭、社区、社会、生活、民俗、政治、学术思想之中。尽管如此，这个非建制性体系却有效地发挥了维系精神信仰、提供价值伦理、整合社会、凝聚人心、维护社会道德和秩序、约束规范行为、净化人心与社会风气、心理调适、文化传承等多种社会功能。① 这个体系，可以称为民族精神文化共同体。中国传统社会少有上述问题的困扰，正是得益于这个体系的实用功能。不幸的是，这个延绵数千年的精神文化体系被新文化运动到"文化革命"的一系列

---

① 参见杨庆堃《中国社会中的宗教》，范丽珠等译，上海人民出版社，2007，第十二章。

政治运动摧毁，中国社会因而痛失精神家园，失根丧魂，陷入精神信仰荒漠。困扰中国现代社会的上述各种问题，其根本原因就在于民族精神文化体系的崩溃及其社会功能的阙如。

宗教社会学和人类学研究证明，迄今为止的所有人类社会都有其宗教信仰，发挥着维系精神生活、提供价值伦理、整合社会、凝聚人心、维护社会道德和秩序、心理调适、文化传承等多种重要社会功能。精神信仰所具有的这些重要社会功能，是无法用其他事物替代的。这不仅解释了我国上述社会问题的根源，而且提示了重建精神信仰体系的重要性。鉴于其不可或缺性和不可替代性，史上明智的执政者都以敬畏的态度对宗教信仰加以维护、调控、引导甚至利用，所谓"圣人以神道设教而天下服矣"，否则不仅错失了凝聚主导民心的重器，而且给各种邪教歪道、蛊惑人心的思潮留下充足的滋生空间。因此，重建中华民族的精神文化体系，既是整个民族的迫切需要，也是一个健全社会的必然需求，符合中华民族的根本利益。中共十七大将"弘扬中华文化，建设中华民族共有精神家园"作为国家战略任务，其实也是基于对民族精神文化体系缺位的感知，应该成为全民共识和共同目标。所谓"中华民族共有精神家园"就是中华民族精神共同体，二者是同义语，其差别仅在于后者是学术性语言。

无论是"精神家园"还是"精神共同体"，其关键都在于"精神"。因此，能否厘清精神的含义，体现精神维度，就成为能否成功重建中华民族精神共同体的关键之一。换言之，重建的民族精神共同体必须真正具有精神，否则就名不符实。什么是"精神"？中文"精神"是"精"与"神"二字的复合词。《说文解字》解"精"曰："精，择也。"又曰："米，粟实也。"故"精"原意指上选好米，引申为维持繁衍生命的精髓物质。《说文解字》解"神"曰："神，天神，引出万物者也。"换言之，"神"原来专指天神，就是造物主、至上神。中国传统文化理论认为：形生于精，精生于气，气生于神；其中形、精、气属于形而下物质层面，而神则属于形而上超越层面。由此可见，无形的神居于上，是气、精、形的产生来源。所以精神一词，无论从词源和词义来讲，"神"都是其主旨。因为有"神"的超越维度，所以精神总是具有一种用世俗理论说不清、道不明的禀赋，至今，也许永远，难以被科学解释清楚。

"精神"的英语同义词"spirit"与中文"精神"有非常相似的来源和含义。Spirit 源自拉丁语 spiritus，指生命的气息、灵魂、神灵，具有显著的宗教含义。其他民族语言中一般都有"精神"的同义词，而这些词也都具有类似的宗教性来源和含义。由此可见，精神与神密切相关，是宗教性概念。精神性、超越性、神圣性是宗教的三个基本特性，也是任何世俗事物可能借用，但自身原本不具备的特性。反过来讲，凡是真正具有精神性、超越性、神圣性的事物都具有宗教性。历史反复证明，精神信仰对于人类所有民族来说都极为重要，缺乏精神信仰就会导致一个社会丧失相关的重要功能，成为有重大缺陷的社会。

综合各民族语言中该词的共性，精神一词原指灵魂、精灵、心神，引申为神志、意识、要旨、活力等。由于对该词引申义的广泛运用和过度强调，特别是经过近代唯物论的强化教育，现代社会已经基本忘记了精神一词的原本含义，而将其当作几乎与物质同义的词使用。这种状况造成许多国人将中华文化当作没有精神和灵魂的纯物质文化，将中华民族共有精神家园当成没有精神的纯物质家园，试图用纯物质的方式加以构建，甚至没有思考精神到底是何含义，因而在构建伊始就陷入困境。因此，能否让"精神"重新回到中华民族精神共同体中，成为其构建的基质，是决定其成败的关键。

其次是对共同体如何定性的思考。有人一谈共同体就认为必须是完全划一的实体，其实这既不符合中华文化多元包容的传统，也不适合全球化时代人类多元共存的整体趋势。中华民族是多元融合的民族，而传统中华精神文化体系最优秀的特质是多元通和、和而不同、和合共生。这种独特的传统既有效解决了多元社会和合共生的棘手问题，又保证了精神文化的丰富多彩，体现了华夏先人的智慧。还应注意的是，传统中

　　　　　　　　　　　　　　　　　　　　　　　　　老子指真

华精神文化体系与西方精神文化体系明显不同，前者没有显著的建制性结构，不注重外在形式，而偏重于实践和功能的有效性，不仅宗教信仰三教合流，多元包容，而且在精神信仰、思想理论、个人修为、价值、伦理、文化、政治之间也界限模糊。这些以往被全盘西化者或者忽视，或者视为缺点。但如客观分析，公正评价，这也许正是中华精神文化体系胜人之处，这种模式也许更加适合全球化时代中国和全球多元社会中不同群体和合共生的需要，值得深入研究发掘。

对于重建中华民族精神共同体的必要性，中国社会已经逐渐形成共识。尚待解决的是建立什么样的精神体系、如何构建、如何体现和利用其精神维度、如何与现代社会相适应、应当从传统中华文化中继承汲取什么资源、以哪些经典为主导等具体问题。事实上，重建精神文化体系的迫切需要近年来已经受到各界人士的关注，并且也有人就此提出各自的重建主张，其中最显著的有新儒家恢复儒家官方独尊地位的主张，复古派全盘回归传统文化的主张，基督宗教热衷者"华夏归主"的主张，以及极左派试图再次以政治替代精神文化的主张等。不需要高深的学识智慧就可看出，这些主张或者失于狭隘，或者食古不化，或者一厢情愿，都难以适合中国现在的国情，也不能得到社会各界的普遍认同，充其量只能算作唤醒国人重建精神文化体系意识的早期讨论。

由此可见，如果没有首先就中国现代社会需要怎样的精神文化体系建立清醒的共识，构建工作就可能迷失方向，陷入混乱，或者被引入歧途。中国现代社会究竟需要怎样的精神文化体系？综合各方面的因素，理想的现代精神文化体系最好能同时满足以下的要求：既能重建国民的精神信仰，提供价值伦理，又能整合社会、维护社会道德和秩序；既能净化人心与社会风气，又能约束规范国民行为；既能立足传统中华文化，适合中国现代国情，又能兼收并蓄世界文明精华，与世界接轨融合；既能化解当前的重大社会问题，又能久盛不衰；既具备精神信仰的超越性，又能与科学和理性相辅相成；既能被绝大多数国民由衷认同，又能被执政者支持；既能保留容纳各宗教传统的特色，又能消除各宗教间的矛盾冲突；既适合中华民族崛起的需要，又不会引起额外的矛盾和问题。这是一个很长的理想清单，但如果执政者和国民真正认识到该体系的重要性，愿意全力以赴精心构建，未必不具备可行性。

为了满足以上的诸多要求，民族精神共同体需要具有权威性的经典作为其精神主导和理论构建基础。什么经典可以满足以上的诸多要求？相比之下，《道德经》作为中华民族两千多年来始终被全民族普遍接受和尊崇的精神文化经典，最可能同时满足以上各项要求，最有条件成为民族精神共同体的首要经典。为此，本节将就其在民族精神共同体重建中的潜在作用和地位做初步探讨。

一 《道德经》具备作为民族精神共同体首要经典的条件

中华民族精神共同体不应是没有理论基础的空中楼阁，需要有经典理论作为其构建基础。什么样的经典适合作为首要经典？考察参照中华民族精神共同体的要求和人类各民族精神文化体系的经验，中华民族现代信仰的首要经典应当至少满足以下要求：具有精神性、超越性、神圣性、权威性、民族性、普世性，既有形而上超越洞见，又能指导人生社会；既能代表传统文化，又能适合现代社会；既能被信仰者普遍接受，又能被主流意识形态认同；既有民族性，又有世界性，能被全球化人类认同。考察古今中外所有可能作为精神信仰经典的典籍，同时符合所有这些要求的似乎只有《道德经》。如果将《道德经》与以上的理想要求逐一对照，可以发现它基本符合其中每一项要求。而其他典籍则由于各种原因，不能同时满足这么多要求。这使得《道德经》成为构建中华民族精神文化体系中一种宝贵的精神思想资源。

逐一考察各种宗教经典作为中华民族精神文化体系首要经典的可能，会有如下发现。儒教虽有以天为至上神的信仰，但其传统经典侧重于社会秩序和道德伦理，缺乏形而上的维度和论述，因而不能单独满足超越性和精神性的需求。四书五经中最具有超越维度的是《易经》，但

　　　　　　　　　　　　　　　　　　　　　老子指真

其只是一部占卜测知天意的典籍，缺乏理论阐述，难以作为民族精神信仰的首要经典。能弥补这些缺陷的《易传》则据信是在《道德经》影响下形成的，一定程度上阐扬和发展了《道德经》的精神思想。况且老子是孔子之师，老子重形上，孔子重形下，老学处上位，孔学处下位，故以老子之作为主，孔子及其后学所重为辅，也合情合理。道教的传统经典虽然庞杂多端，但道教所有派别公认的至上经典就是《道德经》。所以将《道德经》作为民族精神文化的主要经典，对道教所有人士来说是荣耀。佛教经典庞杂而缺乏一致性，况且其原始教义以离世为导向，与民众信仰实践脱节，难以被普遍接受为民族精神共同体的首要经典，作为共构经典可能较为适宜。况且本土化后的佛教经典理论已经援道入佛，深受老子思想的影响，可以说是佛、道、儒精神思想的混合物。

基督宗教、伊斯兰教、印度宗教等世界主要宗教虽然都有系统的经典和深入的神学理论构建，但外来宗教经典缺乏本土性和民族性，不可能被直接当作中华民族精神共同体的主要经典，只能作为精神信仰理论构建中学习和借鉴的宝贵资源。其他经典要么权威性或普世性不够，要么不适合现代社会，要么因为其他各种原因，都难以充当中华民族精神共同体的首要经典。相比之下，《道德经》作为唯一能够满足上述众多条件的传统经典，最适合作为中华民族精神共同体的首要经典。

作为精神文化经典，《道德经》具有显著的超越性和精神性，亦即追求精神信仰者所看重的宗教性。《道德经》的通篇主旨是道，此处的道与通常意义的道不同，是指形而上的超越之道。道的基本性质是天地万物之母（造物主）、形而上的终极超越者、自有永有的无限者、宇宙终极奥秘、宇宙主导（主宰）、无形无状、无声无质、恍惚幽冥、似无而实有、不可全知、不可言说等，这些都与世界其他文明中圣人先知对造物主、至上神圣的宗教认识基本雷同，足以证明老子所论之道就是人类其他宗教中的造物主、至上神，其超越性、精神即宗教性也显而易见。如本书其他章节中论证，《道德经》的超越性、精神性还以其他形式体现。

应当指出，论证《道德经》可以作为中华民族精神共同体的首要经典，并非要将其奉为唯一的经典，也非将其当作僵硬的教条，而是指在民族精神共同体的重建中可以将其当作汲取超越洞见、进入精神境界，体现终极关怀，进而发展完善共同体精神理论构建的一种基础来源。中华民族精神共同体的现代理论构建是一个庞大的工程，不仅需要有《道德经》等儒道佛传统经典作为基础，而且需要借鉴吸收人类其他文明和现代理论中所有的精神文化成果和财富，更应该根据现代社会的特点和需求加以发展完善。

二 《道德经》具有全民接受尊崇的基础

关于《道德经》对宇宙终极奥秘、形上形下世界的洞见以及对人生社会的指导意义，本书其他章节中已有专门论证，此处不再赘述。《道德经》虽然是道教的立教经典，但中华民族对《道德经》的尊崇绝不限于道教。有充分史料显示，从春秋末期开始至近代，华夏社会从帝王将相、诸子百家、文人士大夫到三教九流、黎民百姓，都对《道德经》普遍保持高度的尊崇。战国以来，黄老之学就广为盛行，其实质是借黄帝之名，阐发老子之学。但将老子与中华民族始祖黄帝并列，足见老子及其《道德经》在中华民族的崇高地位从那时起就已确立。诸子百家中庄子、列子、文子、杨子等完全继承老子学说而被称为道家，儒家诸子因孔子师承老子而事实上成为老子的后学，法家、阴阳家、兵家、神仙家、纵横家、名家、医家、杂家等及其诸子几乎都取教或阐扬老子学说，一定意义上也是老子的后学。深入考察就会发现，中华文明自老子以降诸子百家、各种思想学派的形成大多都受到老学的影响。除了近代社会有一些主流学者试图贬低《道德经》的伟大意义，否定老子与《道德经》的关系以外，华夏社会两千多年来对于《道德经》的尊崇几乎是众口一词，鲜有非议者。《道德经》毫无疑问是中华民族有史以来最受尊崇、权威性最高、影响力最大的经典，其神圣性不誉而彰，在一定意义上将其称为中华民族的"圣经"也不算过分。

《道德经》不仅被道教各派别普遍尊崇，而且其理念和精神融入儒教和佛教教义，对儒、佛二教产生了巨大影响，在三教合一的大背景下早已成为三教共同尊崇的经典。历史上，儒教和佛教少数人士曾有过排斥道教的言论，但却仍将《道德经》奉为圣典，尊崇有加。中华文化是以儒道佛为主体的文化，能够被三教共同尊崇的经典必然是传统中华文化的杰出代表，而能够在两千数百年间始终被全民族共同尊崇的经典，必然有强烈的民族性。此外，《道德经》又是人类历史上数一数二最具世界性的传统经典。作为一部几乎与《圣经》流传一样广，影响力一样大的经典，《道德经》不仅赢得了西方哲学大师、文豪、政要们的由衷赞叹，而且令世界科学家们衷心折服。《纽约时报》将老子评为世界十大作家之首，足以说明《道德经》对人类世界的影响之大及其世界性之强。

《道德经》虽然是中国最古老的经典之一，但却比人类其他宗教传统经典更适合现代社会。这首先体现在它与科学、理性的关系上，而这重关系正是其他宗教传统难以跨越的现代性障碍。启蒙运动以来，人类大多数传统宗教经典和教义都受到科学和理性的冲击，陷入不得不为其与现代科学冲突的教义、神话勉强辩护的困境，唯独《道德经》没有这样的尴尬。原因是《道德经》原本就是高度理性的著作，没有其他传统宗教经典中人类早期幼稚的认识和神话。其理论不仅与现代科学没有冲突抵触，而且在一定意义上超越了现代科学的认识眼界，可以给科学发展提供有益的启示。许多世界著名科学家都不约而同地得出这样的结论。例如，英国科学家和科学史家、两次诺贝尔奖得主李约瑟在其名著《中国古代科学思想史》中指出："道家对自然界的推究和洞察，完全可与亚里士多德以前的希腊相媲美，而且成为中国整个科学的基础。"日本物理学家、诺贝尔奖得主汤川秀树说："早在两千多年前，老子就已经预见到了今天人类文明的状况，甚至已经预见到了未来人类文明将要达到的状况。"①耗散结构理论创始人、诺贝尔奖得主普利高津指出："（耗散结构理论）对自然界的描述非常接近中国道家关于自然界中的组织与和谐的传统观点"，"道家的思想，在探究宇宙和谐的奥秘、寻找社会的公正与和平、追求心灵的自由和道德完满三个层面上，对我们这个时代都有新启蒙思想的质。道家在两千多年前发现的问题，随着历史的发展，愈来愈清楚地展现在人类的面前。"②

在重建中华民族精神共同体的前景下，有人呼吁将儒道佛教和基督宗教其中之一立为国教。这不仅与中华民族传统精神文化体系的多元包容性背道而驰，而且违背了民族精神共同体的多元属性和初衷。中华民族精神共同体是海纳百川的共融体，其宗旨就是为多元信仰的各种群体提供和合共生的精神家园，所以从定义上否定了单一宗教独尊的可能。因此，任何唯我独尊、斥异排他，或以任何方式不能包容其他信仰或不能被其他信仰共同接受的典籍、教义或思想，都不适合作为该共同体的构建基础。《道德经》是一部不尚建制结构，海纳百川的开放性精神文化典籍，不仅没有任何排他性，而且特别突出了和、容等理念，与民族精神共同体的和谐包容精神完全适应，因此特别适合现代中国多元社会的共生需求。

中国传统的精神文化体系是一个集精神、信仰、价值、伦理、宗教、文化、政治于一体的体系，在以上各维度之间并无明确的分野，但却有效地承担了中国古代社会的精神信仰、价值伦理、文化传承等重要社会功能。这种体系与现代西方观念下各维度泾渭分明的体系观非常不同，但可能仍然是最适合中国国情的体系，可以作为构建中华民族精神共同体的继承借鉴模式。《道德经》涵盖了从形而上超越维度到修齐治

---

① 转引自葛荣晋《21世纪是〈道德经〉回归的伟大时代——外国人眼中的〈道德经〉》，载《老子与华夏文明传承创新——2012中国鹿邑国际老子文化论坛文集》（上），社会科学文献出版社，2013。

② 转引自葛荣晋《21世纪是〈道德经〉回归的伟大时代——外国人眼中的〈道德经〉》，载《老子与华夏文明传承创新——2012中国鹿邑国际老子文化论坛文集》（上），社会科学文献出版社，2013。

平的广阔领域，开创了集精神、信仰、价值、伦理、宗教、文化、政治于一体的先河，可能是这种整全式体系模式的上流源头。现代社会将其作为民族精神共同体构建的重要资源，可以深得这种体系模式的精华要旨，尽享这种体系模式的便利。

三　《道德经》具备被全人类接受的条件

《道德经》不仅有强烈的民族性，而且有显著的普世性和开放性。有人做过统计，《道德经》是除《圣经》之外被翻译成世界不同语言最多的经典，有近 500 种外文译本，而且还有络绎不绝的新版本出现。《道德经》不仅是中国人最尊崇的传统经典，而且受到人类社会的普遍尊崇；不仅对中华文化的形成有巨大影响，而且对人类文明产生长远影响。1987 年《纽约时报》将老子评选为世界十大作家之首。世界各国的大思想家、大哲学家、文豪政要等也纷纷表达对《道德经》的由衷赞赏和崇信，其例证不胜枚举。例如，尼采赞叹道："老子思想的集大成——《道德经》，像一个永不枯竭的井泉，满载宝藏，放下汲桶，唾手可得。"[①] 黑格尔评论说："老子的著作，尤其是他的《道德经》，最受世人崇仰。"[②] 苏联著名汉学家李谢维奇说："老子是国际的，是属于全人类的。"德国前总理施罗德甚至号召"每个德国家庭购买一本中国的《道德经》，以帮助解决人们思想上的困惑。"[③] 与《圣经》不同的

---

① 转引自葛荣晋《21 世纪是〈道德经〉回归的伟大时代——外国人眼中的〈道德经〉》，载《老子与华夏文明传承创新——2012 中国鹿邑国际老子文化论坛文集》（上），社会科学文献出版社，2013。

② 转引自葛荣晋《21 世纪是〈道德经〉回归的伟大时代——外国人眼中的〈道德经〉》，载《老子与华夏文明传承创新——2012 中国鹿邑国际老子文化论坛文集》（上），社会科学文献出版社，2013。

③ 转引自葛荣晋《21 世纪是〈道德经〉回归的伟大时代——外国人眼中的〈道德经〉》，载《老子与华夏文明传承创新——2012 中国鹿邑国际老子文化论坛文集》（上），社会科学文献出版社，2013。

是，《圣经》主要靠教会和传教士的卓绝努力推广至全世界，而《道德经》则是靠自身的智慧和魅力不胫而走，不为而成，被人类社会普遍接受并尊崇。如果没有强烈的普世性、开放性和感召魅力，这样的奇特现象是不可能发生的。由此可见，无须专门推广，《道德经》已经被人类社会共同接受和尊崇。

在全球化背景下，重建于21世纪的中华民族精神共同体不应该，也不可能是一个封闭、狭隘的民族主义共同体，而应该是一个具有国际视野、普世价值，能够被国际社会广泛接受和欢迎，对全球化的人类社会共同生存发展有重大贡献，为中华民族赢得尊重、影响力和软实力的开放性精神文化体系。因此，其主要经典是否具备以上的禀赋和潜能，能否为这样一个民族精神共同体牢固筑基，就成为该共同体能否成功重建的关键要素之一。值得中华民族庆幸的是，我们有《道德经》这样一部已经被人类世界视为共同精神财富、共同智慧来源的神圣经典，可以作为构建民族精神共同体的牢固基础。

在全球化时代，对人类生存构成最大威胁的危机之一是以宗教排他对立为背景的文明冲突，消除这一威胁是人类面临的最大挑战之一。西方社会对此束手无策。而以《道德经》精神为主导形成的多元包容宗教模式可能是消解宗教对立排他，进而消除这一威胁的灵丹妙药。这一模式在中国古代社会以三教合一、多元包容的形式有力证明了其调和多元信仰的有效性，在全球化的人类多元社会也应该能发挥类似的巨大作用。研究表明，宗教的建制性结构与对立排他性呈正比关系，建制性越强，则排他性也越强。著名宗教学家 W. C. 史密斯教授的研究还证明，建制性结构是亚伯拉罕宗教的近代产物和独特形式，并非人类宗教的普遍形式，包括中国宗教、印度宗教在内的人类多数宗教原本并没有前者那种建制性结构，因而也没有那样强烈的排他性。[1] 统计数据更显示，

---

[1]　参见威尔弗雷德 C. 史密斯《宗教的意义与终结》，董江阳译，中国人民大学出版社，2005，第二章、第三章。

人类的宗教信仰有回归非建制性的倾向和趋势。《道德经》虽然是道教的立教经典，但《道德经》中从没有提倡建立教会、教团组织。老子被奉为道教教祖，但他本人从没有建立教团，只是通过阐扬对道的纯真信仰，用精神信仰和智慧的魅力影响打动古今中外的人心，因而也更深入人心。中华民族多元包容的非建制性精神文化体系就是在这样的精神指导下形成的。这种体系重精神信仰，轻建制形式，避免了建制结构的排他危害，有明显的合理性和优越性，可能比斥异排他的建制性宗教更适合全球化人类多元社会的共同生存发展。

四 《道德经》能够与马克思主义主流意识相协调

中国共产党是中国的唯一执政党，其马克思主义理论和意识形态必定高居于任何其他理论或意识形态之上。在中国，任何与执政党理论或意识形态相冲突的理论构建都不可能被官方接受，也不可能生存发展，所以作为民族精神共同体经典的主要条件是能与马克思主义相协调，获得执政党的认同。马克思主义主张唯物主义和无神论，而宗教的教理教义普遍基于唯心主义和有神论。二者的冲突导致后者在 20 世纪下半叶被当作打击消灭的对象。如今虽然后者在有限范围内被允许存在，但二者在理论和意识形态层面的矛盾冲突却始终没有解决，造成二者在现代中国社会中矛盾对立而又"和谐"共存的尴尬局面。

其实，马克思主义与宗教的矛盾冲突并非不可能妥善解决，之所以久拖不决，困扰现代社会，只是因为缺乏足够的专业知识、智慧和中国传统的多元包容精神。马克思主义是现世性的政治经济理论，其主要关注对象是物质世界，而宗教教义是彼岸性的精神信仰理论，其主要关注对象是精神世界。二者不仅没有必然的竞争对立关系，而且完全可能形成良好的互补。中华民族精神共同体的精神资源，特别是传统中华文化特有的精神资源可以补其不足。解决问题的关键在于如何从传统文化中汲取资源和智慧，在二者间求同存异，以进入和谐大同的境界。

《道德经》正是这样一种传统精神资源，既可以提供解决问题的智慧，又可以作为融通二者达到玄同的载体。造成马克思主义与宗教誓不两立的原因有二，一是唯物主义和唯心主义的对立，二是无神论和有神论的对立。《道德经》作为一种传统宗教文化经典处于两套对立理论的中间，既无二者的极端，也能以类似太极图的圆融形式避免二者的对立冲突，还能作为媾和二者的桥梁。就唯物唯心的对立而言，老一辈马克思主义宗教学家任继愈等人曾经对《道德经》做过大量研究，在其究竟应定性为唯物主义还是唯心主义著作问题上数次摇摆改变立场，最后只得承认其二者皆非，难以用唯物唯心来定性。由此可见，《道德经》超越唯物唯心的对立和争论，是一种更高明的学说。其实，各种二元对立、"唯"X主义、非黑即白等思想建构都是西方世界观的产物，东方传统智慧如《道德经》则认为，所谓二元对立是人类概念的产物，二元相辅相成、相对转化，而非截然对立；世界由物质和精神共同构成，即不唯尊物质，也不唯尊精神，客观中庸则能避免极端；世界并非总是处于黑白两个极端，而是常处于二者之间，只有度的差别。因此，《道德经》能够超越和避免西方观念的偏颇和争端。

　　就无神论与有神论的对立而言，《道德经》同样不执一端，可以作为媾和二者的法门。西方启蒙主义和唯物主义强烈反对的是有形的人造偶像神、基督教等宗教中的人格神及违反科学的宗教教条，而《道德经》从不提倡信仰崇拜人造偶像神，也没有违反理性和科学的教条。启蒙运动的著名代表如伏尔泰、卢梭、斯宾诺莎等人多为自然神论者或泛神论者，其所信仰的神与老子所论之道非常相似。康德就曾指出，"斯宾诺莎的泛神论和亲近自然的思想与中国的老子思想有关。"①许多唯物主义者继承了启蒙运动的传统，主张对超越人类认知的大自然心存

---

①　转引自葛荣晋《21世纪是〈道德经〉回归的伟大时代——外国人眼中的〈道德经〉》，载《老子与华夏文明传承创新——2012中国鹿邑国际老子文化论坛文集》（上），社会科学文献出版社，2013。

敬畏。他们所谓的"大自然"其实与老子之道有异曲同工之妙。著名英国宗教哲学家约翰·希克就曾指出，对于同一的终极实在，既可以作各种宗教解释，也可以作自然主义或唯物主义的解释；由于终极实在的含混性，任何解释都不可能得到完全证实，从而压倒其他解释。① 因此，作为有神论与无神论争议焦点的神，可能只是因认识不同而被称为神、上帝、天主、天、道、梵、终极实在、神圣者、无限者、大自然、自然规律、宇宙奥秘等的同一超越者。要解决无神论与有神论的争议，首先应当确定双方所说的神是指同一的对象，否则争辩其有无就是风马牛不相及的无意义混战。如果搁置易于被证伪的人造神、偶像神、有形神等，而以包容建设性的态度探讨像道这样无形无状、人类难以认知的超越者或宇宙本原，双方未必不可能达成共识。由于道没有强烈的人格神特征和宗教色彩，又是中外传统中普遍被尊崇的至上神圣概念，所以易于被无神论者和有神论者共同接受，可能成为媾和有神无神争论的契机。

此外，执政党对于《道德经》基本没有像对孔子和儒家那样采取过直接批判否定的态度，而是也表现出赞赏、敬佩的姿态。例如，毛泽东就多次正面引用过《道德经》。在那个批判一切、否定一切的年代里这是极为罕见的现象。执政党对《道德经》的这种独特态度使得《道德经》在中华民族精神文化体系构建中的地位更无与伦比。综上，《道德经》和老子之道，对于解决唯物唯心、有神无神的对立争论，调和马克思主义与宗教的矛盾冲突来说，具有独特的有利条件。正因为如此，《道德经》最可能被执政者和国民普遍接受，作为中华民族精神共同体的首要经典。

第五节　道可以作为中华民族的至上信仰

中华民族精神共同体是否需要有共同的至上信仰？如果需要，具备

---

① 参见约翰·希克《宗教之解释》，王志成译，四川人民出版社，2003，第 2 页。

什么条件才能作为中华民族的至上信仰？怎样的至上信仰可能被全民族共同接受并尊崇，起到融汇全民族信仰、提供普世价值、提升社会伦理、凝聚社会等作用？这些都是中华民族精神共同体重建伊始就必须考虑、论证和解决的基本问题。如果连这些问题都没有考虑，构建民族精神共同体就会流于空谈。

中华民族精神共同体虽然是多元包容的精神信仰体系，其中包含多种信仰思想、多神、多派别的各种信仰群体和信仰者，但并不因此就应该是互不相关的各种信仰的散沙盘。如果能够确立全民族共同接受的至上信仰，中华民族精神共同体就有凝聚的核心和坚实的基础，就可能将各种信仰群体和信仰者凝为一体，保证共同体的构建成功及各种预期社会功能的实现。很难想象一个精神信仰共同体没有公认的核心信仰而能凝聚成一个真正的共同体。

中华民族自有文明史以来就是多元社会，全球化和改革开放使得中国社会更加多元多样。要能作为这个多元社会共同的至上信仰，显然需要满足一定的条件，那就是既有形而上的超越维度，又有形而下的义理延伸；既能被各宗教和绝大多数国民普遍接受和尊崇，又能被主流意识形态认同；既有传统的信仰根基，又适应科学与各种现代思想理论；既有民族性，又能被全球化人类普遍接受。显然，这样的至上信仰不可能人为建构，也不可能靠国外引进。考察华夏传统中曾有的所有信仰对象，有两个最有可能的选择，那就是"天"和"道"。本节将先探讨道作为中华民族至上信仰的可能，继而论及天和其他信仰对象。

一 道作为中华民族至上信仰的可能

自商周以来，道就是华夏民族崇尚的一个理念。只不过在老子之前，对于道的认识还停留在形而下的层面，一般指道路、道理、规则、规范、方法等。老子通过《道德经》的精辟论述将道转换提升为宇宙本原或本体的命名，将对超越者的认识推进到极高极深的境界，道从此开始成为华夏民族的至上理念和信仰对象。由于《道德经》跨越形上和形下，涉及精神、信仰、修身、处世、治国、军事、伦理、生态等各个领域，所以形上之道的义理又能延伸到形下领域指导人生社会，道由此成为一种中华民族共同的至上信仰。

道作为中华民族的至上信仰有传统的优势。自《道德经》问世以来，诸子百家无一不深受其影响，致使"儒、墨、道、法各家哲学皆以'道'作为最崇高的概念与最基本的原动力，普遍地追求行道、修道、得道。"① 从此，道就始终作为中华民族共同的至上信仰，受到全民的崇奉。诸子百家、三教九流、各种思想流派，无一不以道为至上理念或信仰主体，道由此具备作为中华民族至上信仰的全民族天然接受基础。

众所周知，道是道教的至上信仰。道教尽管有复杂的多神体系，道教各教派尽管有各种差异，但道教所有教派和信仰者都公认道处众神之上，是其信仰的至上主体。老子曰："神得一以灵"，确定了道居众神之上的崇高地位。自老子、庄子以降，所谓道家、道教、黄老之学、魏晋玄学等各路人士对道的崇敬论述汗牛充栋，不胜枚举。道是道教的立身之本，因此将道作为中华民族的至上信仰，对道教来说是求之不得。

道也是儒教信仰的至上理念。世人皆知儒教始祖孔子尚仁，殊不知他追求的最高理念却是道。孔子曰："志于道，据于德，依于仁，游于义"②，显然将其追求的层次定为道居于最上，其次才是德，仁和义依次各居其后，深得老子"失道而后德，失德而后仁，失仁而后义，失义而后礼"的真传。道对孔子来说如此重要，以致他宣称："朝闻道，夕死可矣"、"吾道一以贯之"。诚然，与老子之道重在形而上超越维度相比，孔子之道偏重于形而下的道德秩序和修齐治平，重在道之所

---

① 余敦康、吕大吉、牟钟鉴、张鉴合著《中国宗教与中国文化》（第二卷），中国社会科学出版社，2005，第 5 页。
② 《论语》，载《四书五经》，华文出版社，2009，《述而篇》，第 63 页。

用。但这并不说明二者之道有任何矛盾对立，而是通过师徒二人对道的互补性体认、尊崇和运用，把华夏民族对道的认识和尊崇推向极致，由此形成了华夏此后两千多年以老子之道为体为上，儒教之道为用为下的互补格局。创立儒教的董仲舒也将对道的尊崇作为他教义理论的核心。他将儒教的至上信仰对象"天"的理念深化为"天道之常，一阴一阳"[①]，将他的理论构建基础《春秋》的基本原则厘定为："《春秋》之道，奉天而法古"[②]；由此认为阴阳之道作为宇宙主导力量，决定着社会兴衰和三纲五常，"国家将有失道之败，而天乃先出灾害以谴告之。"[③] 作为儒教理论后续主流的宋明理学的代表人物如二程、朱熹，都将理作为至上概念。他们所论之理，其实等同于道。朱熹明确说："理也者，形而上之道也，生物之本也。"[④]程颐则说："此理，天命也，顺而循之，则道也。"[⑤] 儒教是华夏社会两千多年来的主导性宗教，对中国社会的精神文化影响巨大。其对道始终如一的崇奉，极大地加强了道作为中华民族至上信仰的根基。

中国现有的佛教是本土化的宗教。其本土化的主要标志之一就是采用了老庄之学的道论、清静虚空、体用合一等概念和思维方法。作为其现存主要流派的禅宗、净土宗等则更是儒道佛三教合流的产物，其中特别受到老子道学的影响。因此道也成为佛教崇尚的至高理念，以至佛教有将佛法称为佛道、将僧人称为道人、将修行称为修道，将弘扬佛法称为弘道。道可能成为佛教的信仰主体的另一原因是早期印度佛教教理崇尚空论，缺乏信仰主体，因而难以被大众接受。印度宗教很好地处理了这一矛盾，将梵作为包括佛教在内的各种宗教信仰的至上主体，因而得

---

① 董仲舒：《春秋繁露》，中华书局，2011，《阴阳义》。

② 董仲舒：《春秋繁露》，中华书局，2011，《楚庄王》。

③ 董仲舒：《春秋繁露》，中华书局，2011，《四时之副》。

④ 朱熹：《朱子文集大全类编》影印本，卷五十八，齐鲁书社，1997，《答黄道夫书》。

⑤ 程颐、程颢：《二程集》卷一，中华书局，2004。

262   老子指真

以将佛教平顺地融入印度宗教，获得大众的普遍接受。受此影响，佛教在一定程度上也将梵作为其信仰主体。印度宗教对梵的认识与老子所论之道几乎完全一致，二者的差别仅在于对同一终极超越者的称呼不同而已。因此，将道作为至上信仰，不仅可能被佛教接受，而且有助于提升佛教的教义合理性和民众接受度。

由此可见，无须专门提倡整合，道已经是作为中华文化主体的儒道佛三教的至上信仰。诚如卓新平先生所指出："'道'在整合中国宗教价值、提供中华文化的宗教象征符号及精神标志上有着不可替代的作用。……在传统儒、佛、道三教中，对之'一以贯之'并加以整合的正是'道'。"①

中国的诸子百家也多以道作为其立论基础和最崇高的理念。"轴心突破后先秦新兴诸学派都各自创建了一套言之成理、持之有故的系统学说。而且他们所寻求的'道'虽各有特色，但在大方向和终极目标方面，却殊途而同归。"② 例如，法家的主要代表韩非子以老子学说及道作为其立论基础，著有《解老》、《喻老》二书。韩非子在其书中阐述道："道者，万物之所以然也，万理之所稽也。"③《管子》曰："道在天地之间，其大无外，其小无内"④，显然是将道作为宇宙的终极超越者。墨子倡导的所有主要理念，如尚同、兼爱、非攻、节用等，都以更高深的天道作为其永恒超越的支撑。兵家主要代表孙子将道作为军事胜败的五要素即"五事"之首，称："一曰道，二曰天，三曰地，四曰将，五曰法。"鬼谷子则称："道者，天地之始，一其纪也，物之所造，天之所生，包宏无形化气，先天地而成，莫见其形，莫知其名，谓之神灵。"⑤

---

① 卓新平：《学苑漫谈》，中国社会科学出版社，2010，第255页。

② 余英时：《论天人之际》，中华书局，2004，第50页。

③ 韩非：《韩非子》，中华书局，2010，《解老篇》。

④ 《管子》，华夏出版社，2010，《心术上》。

⑤ 岳阳、晓春注译评《鬼谷子》，中州古籍出版社，2004，《本经阴符·盛神》，第145页。

老子之后，中国历史上大多数学派和行业都明确将道作为至上精神理念，道在中国人心目中早已成为信仰崇奉的至上主体。

中国的所谓民间宗教或民间信仰其实并非一种独立的宗教，而是儒道佛教等本土宗教在民间的信仰实践领域，只不过因为没有西方式的建制性结构，并且相互之间没有清晰界限，被运用西方宗教观判断本土宗教的近代学者判定为独立于儒道佛之外的另一种宗教。如果恢复其本来面貌，则可看清作为儒道佛至上信仰的道同样是这一领域的至上信仰。道有高居于众神之上的地位，而尊道、贵道、悟道、为道、明道、求道、学道、修道、体道、得道、有道、合道、弘道、行道是传统中国社会、宗教和人生追求的最高精神目标。道统是传统中华文化数千年来内在一贯的根基，而所谓道统就是以道为至上信仰的文化传统。中国宗教学泰斗卓新平先生指出："从宗教意义上，'道'乃是中国宗教最经典、最本真的精神表述。中国的宗教精神离不开'道'之底蕴，'道'作为中国本土宗教最恰当的象征符号和灵性标志反映出中国宗教'观天之道，执天之行'这种'替天行道'，'修道'为'教'的根柢和精髓。"①

道不仅是中国本土宗教的至上信仰，也是主要外来宗教如基督教、天主教和伊斯兰教等崇奉的至上理念。在西方精神文化中，与道大体同义的概念是逻各斯。逻各斯源自古希腊文化，是古希腊各学派普遍接受的代表宇宙灵魂、宇宙理性、世界规律、普遍神性的至上理念，后来被用作基督宗教和伊斯兰教的神学构建基础，被认定为与上帝、天主、安拉同义的信仰对象。法国哲学家德里达指出："整个西方思想与民族精神，都以逻各斯为中心概念。逻各斯是西方民族精神的最高概念，道是中华民族精神的最高概念，二者惊人的相似，可以说是'逻各斯与道同在'。"② 鉴于逻各斯被普遍认为等同于道，可见道也等同于上帝、天主

---

① 卓新平：《中国宗教与文化战略》，社会科学文献出版社，2013，第129页。
② 转引自葛荣晋《21世纪是〈道德经〉回归的伟大时代——外国人眼中的〈道德经〉》，载《老子与华夏文明传承创新——2012中国鹿邑国际老子文化论坛文集》（上），社会科学文献出版社，2013。

等。基督教《圣经·新约》中《约翰福音》以这样的语句开篇奠基："太初有道，道与上帝同在，道就是上帝"，①并且将上帝耶稣的来历确定为"道成肉身"。《古兰经》中则把信仰伊斯兰教称为"信道"，足见道在伊斯兰教中的至上崇高地位。由此可见，无须特别努力，道已经是能够被中国现在五大宗教共同接受的至上信仰。

鉴于道也与印度宗教的梵意义等同，如果将已经能接受道为至上信仰的人，包括道教、儒教、天主教、基督教、东正教、伊斯兰教、印度宗教、佛教等世界主要宗教的信仰者加在一起，数量可能超过世界人口的80%。由此可以得出结论，如果将道作为至上信仰，不仅可能被中华民族全民接受，而且可能被全人类普遍接受。事实上，2006年在日本京都举行的世界宗教与和平促进会第八届大会主席台正中央的背景就是一个数十平方米见方，赫然醒目的中文大字"道"。该会议有来自100多个国家的2000多位世界各宗教领袖出席，可见道已经被世界几乎所有宗教接受认同为至上信仰。如果将道作为中华民族精神共同体的至上信仰，则不仅能凝聚整个中华民族，而且能奠定普世精神信仰的基础，掌握整合主导人类精神信仰的先机。

将道作为至上信仰，不仅能够得到宗教信仰者的普遍认同，而且可能得到非宗教人士，包括无神论者的接受。由于道无形无状、无质无声、超越人格与非人格、不可全识也不可尽说，所以对各种不同的理解和认识开放，而不必拘泥于某种特定的认识和解释。各种宗教信仰者可以按各自的认识对其做出不同的有神论解释，非宗教人士和无神论者也可以对其做出自然主义、唯物主义或人文主义的解释。宗教信仰者可以将其认识为名号不同的神，非宗教人士和无神论者可以将其认识为宇宙力量、宇宙奥秘、大自然、自然规律、价值之道、伦理之道、人文之道，等等。如果愿意，共产主义也可以被理解为一种道的理想或实现途径。只要能够对道普遍抱有敬畏和尊崇，由此建立共同接受的精神信仰

---

① 《圣经》，中国基督教两会，1998，《新约》，《约翰福音》，第161页。

体系和价值伦理秩序，对道不同的各种认识理解应该而且可以被中国社会本着多元包容的传统态度予以开明接受，从而达到玄同境界。让道成为民族精神信仰的核心，发挥其巨大的凝聚力量，这既符合中华文化优秀的多元包容传统，也符合中华民族的根本利益，从而具有现实的可行性。

二　天作为中华民族至上信仰的可能

能够与道并列作为中华民族至上信仰备选的是天。天在中国古代社会的不同称呼是上天、昊天、帝、天帝、上帝、天道、天命等，从有传说和文字记载以来就始终是中华民族的至上信仰主体，凌驾于众神之上。只不过因为皇权对祭拜上天权的垄断，中国社会不得不退而求其次将皇权主导下人为创造分封的众偶像神作为信仰崇拜的主要对象，天作为至上信仰主体反而在一定程度上有所淡化。辛亥革命以后，阻碍人们直接将天作为信仰崇拜对象的皇权已被永久性推翻，天因此可以名正言顺地成为中华民族全民直接信仰的至上主体。

天作为中华民族公认的至上信仰有极大的合理性和可行性。其一，尽管因皇权垄断等原因天在一定程度上离开了民众直接崇拜的视线，但天作为终极神圣的理念却深深刻入中华民族的意识理念和文化基因。因此，将天作为至上信仰，非常自然，而无须经过人为创造或设立的非自然过程。其二，受数千年传统中华文化的熏陶，天的至上权威、天命观等理念仍旧留存在绝大多数现代国人心中，使得现代国人接受天为至上信仰相对容易。其三，宗教学研究表明，天是人类各民族普遍认识接受的终极超越者，人类各民族宗教信仰的主神大多都是从天或天神的概念演变而来的。因此将天作为至上信仰具有普世性，能够赢得全人类的共鸣。其四，天被人类各民族不约而同地普遍认定为至上超越者，绝非偶然，有其自然原因与合理性。人类各民族传统的智者大师几乎都认为天是真实存在的宇宙主宰，对其展示出崇敬之情。现代人应当虚心认识领会，而不应简单加以否定。其五，将天作为至上信仰不会造成与现代科学的冲突，反而能消除宗教信仰与现代科学的矛盾，促使宗教信仰平稳实现现代化转型。天代表高深莫测的宇宙奥秘，是科学力求探索、不能穷尽而必须敬畏的超越者，不具有人造偶像神和拜物教等的迷信色彩和可证伪性，也不必然被任何宗教的教条所禁锢，因而可能与现代科学平稳接轨，相辅相成。其六，与道相似，天作为至上信仰不仅能够得到宗教信仰者的普遍认同，而且可能得到唯物主义者和无神论者的接受，由此被中国现代社会普遍接受为至上信仰。上节中讲过的这方面关于道的话，同样适合于天。

与道略有不同的是，天是中国社会数千年来明确的至上神，而不仅仅是至上概念，传统中华文化对天的理解和阐释更加丰富多彩。有学者指出，中国人对天的概念分层始于西周，"在西周的天命神学中，天有三重含义，一为主宰之天，二为自然之天，三为义理之天。这三重含义混合在一起，而以主宰之天为核心，组成为天命神学的一个总体性范畴。"① 有近代学者根据西方观念更将天的含义细分为五重甚至六重，其实已是画蛇添足。天虽然是儒教和中国古代传统历来认定的至上神，但其至上信仰地位也被道教、佛教和其他所有外来宗教普遍承认。天人合一则不仅是中国传统社会和各宗教共同追求的信仰修行目标，而且成为现代主流意识倾慕的理念。

如果天是中华民族至上信仰的优秀选项，是否与先前推荐的道构成竞争或矛盾？答案是全然的否定。天与道虽然名称不同，其指称的对象却完全一致。无论天还是道，都是对同一超越者的不同称呼，其区别仅在于对终极超越者的不同认识或名称。具有绝顶智慧的老子就将道称为"天道"或"天之道"，而不是像一些近代主流学者那样将天与道截然对立起来，可见在圣人眼中天与道是一致的。其实，老子之道与天的差

---

① 余敦康、吕大吉、牟钟鉴、张鉴合著《中国宗教与中国文化》（第二卷），中国社会科学出版社，2005，第 80 页。

别只在于，较之老子之前人们对天的感性模糊认识，老子对道的认识是对终极超越者的更理性、更深刻的洞见。因此，在确定中华民族至上信仰时，天、道或者天道都是可能的优秀选项，彼此并无任何矛盾，甚至可以混合并用。值得注意的差别是，道在儒教等传统中侧重于形而下的维度，指向可能与老子之道不尽相同。但唯其如此，也许正可以用来打通宗教信仰与世俗认识及现代主流意识形态的隔阂与障碍。由于天始终具有较重的宗教意涵，而道多被近现代主流学者作唯物主义解释，使之在认识感知上更接近主流意识形态，所以道更可能被执政者接受作为中华民族精神共同体的至上信仰。

三　其他信仰对象作为中华民族至上信仰的可能

除道与天之外，中华文化传统和世界文化传统中还有其他信仰对象可能作为中华民族的至上信仰吗？在中华文化传统中，除天与道之外，还有数量众多的偶像神。但这些偶像神都有明显的人为创造分封痕迹，可能被现代科学和理性证伪，故而不可能入选。更重要的是，所有众神在传统中华文化体系中都被明确界定为处于天与道之下的非终极神，从定义上否定了其被选作至上信仰主体的可能。在本土化的佛教中，佛在大众信仰层面被模糊当作"佛法无边"的至上神来崇拜，但其至上神角色却完全违背佛在佛教基本教义中的定位。根据佛教创始人释迦牟尼佛的教诲，佛只是觉悟者，而不是神；只能教人开悟解脱，而不能为人消灾免祸、实现各种世俗愿望，更不是终极超越者。因此，佛不是也不能作为信仰的至上主体。同理，佛教中果位更低的菩萨等事实上的神祇和其他选项也都不可能作为至上信仰主体。

那么，世界其他各主要宗教的信仰主体能否作为中华民族的至上信仰？首先，天主教的天主、基督新教的上帝、犹太教的雅赫维、伊斯兰教的真主安拉所指相同，相互之间只有语言称呼的不同。以上各教都崇奉旧约《圣经》及其中的 God，上帝、天主、真主安拉、雅赫维只是对同一 God 的不同语言表达。其次，天主、上帝、安拉等与天、道所指对象相同，其差别也仅在于称呼和认识。被冠以上各种命名的信仰对象都源于天或天神，同指终极超越者。基督教的中文上帝本来就取自中国古代经典，连名称都一样。如前所述，印度人的梵与老子之道名异而实同，连对其的认识都很一致，其同一性显而易见。由此可见，天、道、梵、上帝、天主、真主、安拉等都是对同一终极超越者的不同称呼和认识。尽管如此，将天主、上帝、安拉、梵等直接用作中华民族至上信仰主体的名称却可能引起异议，其外国或外国化名称可能难于被民族情结较深的本国人群普遍接受。

还需要考察的是马克思主义主流意识形态是否可能提供至上信仰主体。众所周知，马克思主义是关于政治经济的现世理论，而非关于彼岸超越的宗教理论，因而没有超越的信仰对象，更不可能提供至上信仰主体。如果将马克思主义范畴内的任何人、事、物当作宗教性的信仰对象，则不仅违背马克思主义的基本思想理论，而且导致其自我否定。作为一种世俗理论，马克思主义不具有宗教的超越性、精神性和神圣性，也没有超越的信仰主体，在与中华文化共同构建民族精神共同体的过程中需要借助传统中华文化的精神信仰资源作为其互补。

四 道对于中华民族的独特意义

综合考量各种因素，道还是最易于被国人普遍接受的名称。道作为能被全民族自然接受的至上理念正好可以填补民族精神家园中至上信仰的空缺。由于可以同时被宗教信仰者、无归属信仰者和执政党接受的理念，道可谓中华民族精神共同体中信仰主体的最佳选择。此外，鉴于其独特的普世性和开放性，道作为至上信仰较之任何其他名称都更能获得国内和国际社会的普遍接受和认同。

道不仅可能被主流意识形态接受，而且改革开放以来已经在一定程度上被主流社会接受。原因是道不仅可以作自然主义、唯物主义和人文主义的解释，而且不具有迷信色彩，没有教条化的宗教与马克思主义之间那样巨大的反差和矛盾。道作为至上信仰还可能深化现代社会对自然宇宙奥秘的认识和敬畏，促进生态环保及人类与自然的和谐，起到提升主流意识形态水平的作用。著名马克思主义宗教学家牟钟鉴先生认为："道的学说兼具宗教、哲学和科学的三重优点，而又无三者的偏失，很可以成为现代社会人们树立信仰的最佳选择之一。"① 卓新平先生更指出："在传统儒、佛、道三教中，对之'一以贯之'并加以整合的正是'道'。"② 综合两位中国宗教学大师的看法，"道"不仅原本就是中国传统社会儒道佛精神信仰的至上理念，而且在科学和哲学占据重要地位的现代社会更有条件成为整合重建中华民族精神信仰的至上主体。

应当指出，将道作为中华民族精神共同体的至上信仰并不意味着排斥任何宗教的信仰主体，也不排斥人类的任何信仰对象，而是为中华民族精神共同体寻求一个能够被全民族普遍接受认同的至上信仰，借以作为多元社会向心力和凝聚力的核心。如前所论，人类各种精神信仰的至上主体名异实同，位居多神之上。因此将道作为至上信仰，既可让所有精神信仰达到玄同，又可借以整合杂乱无章的多神信仰和多种思想流派，为中华民族精神共同体提供坚实的建设基础。

在多种因素的推动下，民族复兴已经成为中国现时代的最强音。民族复兴之所以必要，是因为中华民族近代以来在西方列强的冲击和内部矛盾的夹击下全面衰落了。衰落的表面看来只是国势、经济、军事和国际话语权，但深层内在的却是民族精神文化。因此，没有中华民族精神文化的复兴，没有能为国民普遍接受的至上信仰作为中华民族精神文化的核心，中华民族的复兴就徒有其表，缺乏内涵。就此而言，没有中华文化的成功复兴，就没有中华民族的成功复兴，就如没有欧洲的文艺复兴，就没有欧洲的复兴一样。改革开放以来，伴随经济的腾飞，中国的

---

① 牟钟鉴：《老子新说》，金城出版社，2009，第300页。
② 卓新平：《学苑漫谈》，中国社会科学出版社，2010，第255页。

硬实力已经或即将达到实现民族复兴的要求，但精神文化的复兴却远远滞后，充其量只处于起步阶段。在此背景下，将道确立为中华民族的至上信仰，将继承发展中华文化延续数千年的道统作为基础，全力启动民族精神文化的复兴，对于实现中华民族复兴具有举足轻重的意义。

鉴于传统中华文化就是以儒道佛为主体的多元包容文化，复兴中华文化就意味着复兴以儒道佛教为主体的文化，也就意味着复兴以道为至上信仰的文化。这是中华民族复兴不可避免的归宿。卓新平先生认为："儒、佛、道本身就可在'道'中'三教合一'，故而可以形成一种广义上的'大道教'观念。"①这种广义上的"大道教"其实完全可以与中华民族精神文化共同体重合，经过国人的精心重建和发展，包容融合人类所有的精神信仰财富，成为中华民族复兴的精神文化底蕴和内在支撑。而道作为整合三教九流、诸子百家和现代多元文化的至上信仰、凝聚中华民族精神共同体的核心，对中华民族的复兴将能发挥难以比拟的巨大作用。

---

① 卓新平：《学苑漫谈》，中国社会科学出版社，2010，第255页。

主要参考文献

古代著作文献

（汉）班固：《汉书》，中华书局，1999。

北京图书馆金石组：《北京图书馆藏中国历代石刻拓本汇编》，中州古籍出版社，1989。

（清）毕沅：《老子道德经考异》，中华书局，1985。

（宋）陈景元：《道德真经藏室纂微篇》，上海古籍出版社，1996。

（唐）成玄英疏《道德真经》，上海古籍出版社，1993。

（宋）程颢、（宋）程颐：《二程集》，中华书局，2004。

（汉）戴圣：《礼记》，哈尔滨出版社，2008。

《道藏》，北京文物出版社、上海书店和天津古籍出版社联合出版，1988。

（汉）董仲舒：《春秋繁露》，中华书局，2011。

（元）杜道坚：《道德玄经原旨》，载于《道藏》洞神部玉诀类，北京文物出版社、上海书店和天津古籍出版社联合出版，1988。

（唐）杜光庭：《道德真经广圣义》，上海古籍出版社，1996。

（宋）范应元：《老子道德经古本集注》，读秀网：古籍，子部，道家类。

（唐）傅奕：《老子古本篇》，台湾文艺印书馆，1965。

（南朝）顾欢：《道德真经注疏》，载于《道藏》第十三册，北京文物出版社、上海书店和天津古籍出版社联合出版，1988。

（清）郭庆藩：《庄子集释》，中华书局，2004。

（战国）韩非：《韩非子》，中华书局，2010。

（汉）河上公章句《老子》，上海古籍出版社，2002。

（晋）皇甫谧：《高士传》，辽宁教育出版社，2000。

（唐）慧能：《坛经校释》，郭朋校释，中华书局，1986。

（明）焦竑：《老子翼》，线装书局，2006。

（唐）孔颖达：《周易正义》，中国致公出版社，2009。

（唐）孔颖达：《十三经注疏》，中华书局影印本。

《孔子家语》：载于《百子全书》，岳麓书社，1994。

（元）李道纯：《道德会元》，载于《道藏》洞神部玉诀类，北京文物出版社、上海书店和天津古籍出版社联合出版，1988。

（宋）李嘉谋：《道德真经义解》，台湾文艺印书馆，1965。

（唐）李荣：《老子注》，载于严灵峰《无求备斋老子集成》，台北艺文印书馆，1965。

（唐）李约：《道德真经新注》，读秀网：古籍，子部，道家类。

（明）李贽：《老子解》，载于张建业主编《李贽文集》，第7卷，社会科学文献出版社，2000。

（宋）林希逸：《老子鬳斋口义》，华东师范大学出版社，2010。

（汉）刘安：《淮南子》，中州古籍出版社，2010。

（汉）刘向：《列仙传》，载于《丛书集成初编》第3347册，中华书局，1985。

（唐）陆德明：《老子音义》，载于《经典释文》，上海书店出版社，1989。

（宋）吕惠卿：《道德真经传》，读秀网：古籍，子部，道家类。

马王堆帛书整理组：《马王堆汉墓帛书老子》，文物出版社，1976。

（明）明太祖：《大明太祖高皇帝御注道德真经二卷》，读秀网：古籍，子部，道家类。

《墨子》，李小龙译注，中华书局，2007。

（宋）彭耜：《道德真经集注》，商务印书馆，1923。

（明）释德清：《老子道德经解》，南京金陵刻经处，2001。

（宋）司马光：《道德真经论》，商务印书馆，1923。

（汉）司马迁：《史记》，中华书局，1999。

《四书五经》，华文出版社，2009。

（宋）宋徽宗：《宋徽宗御解道德真经四卷》，读秀网：古籍，子部，道家类。

（宋）苏辙：《道德真经注》，华东师范大学出版社，2010。

（春秋）孙武：《孙子兵法》，海潮出版社，2007。

（清）孙诒让：《老子札记》，载于《孙诒让遗书》卷四，雪克，陈野校点，齐鲁书社，1989。

唐玄宗御制《道德真经疏》，读秀网：古籍，子部，道家类。

唐玄宗御注《道德真经》，读秀网：古籍，子部，道家类。

（宋）王安石：《老子注》，载于严灵峰《无求备斋老子集成》，台北艺文印书馆，1965。

（魏晋）王弼：《道德真经注》，中华书局，1985。

（东汉）王充：《论衡》，中华书局，1985。

（清）王夫之：《老子衍 庄子通 庄子解》，中华书局，2009。

（清）王念孙：《老子杂志》，载于《读书杂志》，凤凰出版社，2000。

（清）王聘珍：《大戴礼记解诂》，中华书局，1983。

（清）汪中：《老子考异》，载于《述学》，戴庆钰、涂小马校点，辽宁教育出版社，2000。

（清）魏源：《老子本义》，商务印书馆，1986

（元）吴澄：《道德真经注》，华东师范大学出版社，2010。

无名氏：《道德真经次解》，台湾文艺印书馆，1965。

（春秋）辛研：《文子》，上海古籍出版社，1989

（汉）许慎：《说文解字》，中华书局，1963。

（明）薛蕙：《老子集解附考异》，中华书局，1985。

　　　　　　　　　　　　　　　　　老子指真

（汉）严遵：《老子指归》，中华书局，2009。

（清）姚鼐：《老子章义》，台湾广文书局，1975。

（清）永瑢、（清）纪昀主编《四库全书》，上海古籍出版社，2003。

（清）俞樾：《老子平议》，载于《诸子平议》，上海书店出版社，1988。

（元）赵孟頫：《老子道德经》，吉林文史出版社，2006。

（宋）朱熹：《朱子文集大全类编》影印本，齐鲁书社，1997。

近现代著作文献

安伦：《理性信仰之道》，学林出版社，2009。

《百子全书》，岳麓书社，1994。

包刚升：《民主崩溃的政治学》，商务印书馆，2014。

卞敏、周群：《魏晋玄学》，南京大学出版社，2007。

陈鼓应：《老子注译及评介》，中华书局，2009。

陈鼓应：《庄子今注今译》（三册），中华书局，2007。

陈来：《古代宗教与伦理：儒家思想的根源》，三联书店，1996。

陈柱：《老子集训》，上海书店出版社，1996。

程世平：《文明之源：论广泛意义上的宗教》，四川人民出版社，1994。

丁四新：《郭店楚墓竹简思想研究》，东方出版社，2000。

丁原植：《郭店竹简老子释析与研究》，万卷楼图书股份有限公司，1999。

杜而未：《中国古代宗教研究》，台湾学生书局，1983。

冯友兰：《中国哲学史新编》，人民出版社，1998。

傅佩荣：《儒教天论发微》，台湾学生书局，1985。

高亨：《老子正诂》，清华大学出版社，2011。

高明：《帛书老子校注》，中华书局，2008。

官哲兵：《唯道论：质疑中国哲学史"唯物""唯心"体系》，中山大学出版社，2012。

《古兰经》，马坚译，中国社会出版社，1996。

何光沪：《百川归海》，中国社会科学出版社，2008。

胡适：《中国哲学史大纲》，东方出版社，2003。

黄克剑：《由"命"而"道"——先秦诸子十讲》，线装书局，2006。

蒋锡昌：《老子校诂》，上海书店出版社，1988。

荆门市博物馆：《郭店楚墓竹简》，文物出版社，1998。

梁启超：《老子哲学》，大法轮书局，1949。

梁漱溟：《东西文化及其哲学》，商务印书馆，2009。

老子：《老子》，李存山注释，中州古籍出版社，2004。

李林：《信仰的内在超越与多元统一：史密斯宗教学思想研究》，社会科学文献出版社，2011。

李零：《郭店楚简校读记》，北京大学出版社，2002。

李泽厚：《中国古代思想史论》，安徽文艺出版社，1999。

刘刚：《"道"观念的发生：基于宗教、知识的视角》，光明日报出版社，2009。

刘笑敢：《老子古今》，中国社会科学出版社，2006。

楼宇烈：《王弼集校释》，中华书局，1980。

卢国龙：《道教哲学》，华夏出版社，2007。

罗根泽主编《古史辨》第四册，上海古籍出版社，1982。

罗根泽主编《古史辨》第六册，上海古籍出版社，1982。

吕大吉：《宗教学通论新编》，中国社会科学出版社，1998。

马叙伦：《老子校诂》，中华书局，1974。

牟钟鉴：《老子新说》，金城出版社，2009。

钱穆：《老子辨》，大华书局，1935。

邱永辉：《印度宗教多元文化》，社会科学文献出版社，2009。

饶宗颐：《老子想尔注校证》，上海古籍出版社，1991。

任法融：《道德经释义》，三秦出版社，1993。

任继愈：《老子新译》，中国书籍出版社，1987。

任继愈：《中国哲学发展史》（先秦），人民出版社，1983。

中国基督教两会：《圣经》简化字和合本，1998。

孙晶：《印度吠檀多不二论哲学》，东方出版社，2002。

孙希旦：《礼记集解》，中华书局，1989。

童书业：《春秋史》，上海古籍出版社，2003。

王德有：《老子指归译注》，商务印书馆，2004。

王三峡：《文子探索》，湖北人民出版社，2003。

王志成、安伦：《全球化时代宗教的发展与未来》，学林出版社，2011。

奚侗：《老子集解》，上海古籍出版社，2007。

向世陵、冯禹：《儒家的天论》，齐鲁书社，1991。

熊铁基、马良怀、刘韶军：《中国老学史》，福建人民出版社，2005。

许抗生：《帛书老子注释与研究》，浙江人民出版社，1985。

严灵峰：《老子章句新编》，中华文化出版事业委员会，1965。

严灵峰：《老子研读须知》，正中书局，1992。

严灵峰：《无求备斋老子集成》，台北艺文印书馆，1965。

杨伯峻：《列子集释》，中华书局，1979。

杨义：《老子还原》，中华书局，2011。

易顺鼎：《读老札记》，台湾艺文印书馆，1970。

尹振环：《楚简老子辨析：楚简与帛书〈老子〉的比较研究》，中华书局，2001。

余敦康、吕大吉、牟钟鉴、张践合著《中国宗教与中国文化》（三卷），中国社会科学出版社，2005。

于省吾：《老子新证》，载于《双剑誃诸子新证》，中华书局，1962。

张葆全、郭玉贤：《老子今读》，广西师范大学出版社，2012。

张岱年：《中国哲学大纲》，中国社会科学出版社，1982。

张践：《中国古代政教关系史》（上下卷），中国社会科学出版社，2012。

张松辉：《老子研究》，人民出版社，2006。

张松如:《老子校读》,吉林人民出版社,1981。

张祥龙:《海德格尔思想与中国天道》,三联书店,1996。

张志刚:《宗教哲学研究》,中国人民大学出版社,2009。

张扬明:《老子考证》,黎明文化事业公司,1985。

张元济主编《四部丛刊》,上海商务印书馆,1927。

赵广明:《康德的信仰》,江苏人民出版社,2008。

中国基督教两会:《圣经》简化字新标点和合本,2002。

朱大星:《敦煌本〈老子〉研究》,中华书局,2007。

朱谦之:《老子校释》,中华书局,2011。

《诸子集成》丛书,上海书店,1996。

卓新平:《"全球化"的宗教与当代中国》,社会科学文献出版社,2008。

卓新平:《中国宗教与文化战略》,社会科学文献出版社,2013。

外国著作文献

托马斯·阿奎那:《神学大全》,香港基督教辅仁出版社,1965。

〔印〕室利·阿罗频多:《神圣人生论》(上下册),徐梵澄译,商务印书馆,1996。

〔印〕室利·阿罗频多:《瑜伽论》,徐梵澄译,华东师范大学出版社,2005。

〔美〕阿尔伯特·爱因斯坦:《爱因斯坦文集》,许良英等编译,商务印书馆,1979。

〔古罗马〕奥古斯丁:《上帝之城》,吴非译,上海三联书店,2008。

〔古罗马〕马可·奥勒留:《沉思录》,何怀宏译,中央编译出版社,2008。

〔德〕鲁道夫·奥托:《论神圣》,成穷等译,四川人民出版社,1995。

〔美〕安乐哲、郝大维:《道不远人:比较哲学视域中的〈老子〉》,学苑出版社,2004。

〔美〕麦克·彼德森、威廉·哈斯克等:《理性与宗教信念》,孙毅、游斌译,中国人民大学出版社,2005。

〔古希腊〕柏拉图:《理想国》,张竹明译,译林出版社,2009。

〔日〕池田大作:《我的佛教观》,卞立强译,四川人民出版社,1998。

〔伊朗〕贾利尔·杜斯特哈赫选编《阿维斯塔——琐罗亚斯德教圣书》,元文琪译,商务印书馆,2005。

Frederick, James. 1999. Faith among Faiths: Christian Theology and Non – Christian Religions, New York: Paulist Press.

〔日〕福永光司:《老子》,朝日新闻社,1997。

〔美〕顾立雅:《孔子与中国之道:国际汉学研究书系》,高专诚译,大象出版社,2000。

〔英〕葛瑞汉:《论道者:中国古代哲学论辩〈导言〉》,张海晏译,中国社会科学出版社,2003。

〔英〕韩德:《瑜伽之路》,王志成等译,浙江大学出版社,2006。

〔德〕黑格尔:《宗教哲学》,魏庆征译,中国社会出版社,1999。

James, William. 2002. The Varieties of Religious Experience: A Study of Human Nature, Routledge, Taylor & Francis Group.

〔德〕伊曼努尔·康德:《单纯理性限度内的宗教》,李秋零译,中国人民大学出版社,2003。

〔美〕亚伯拉罕·科恩:《大众塔木德》,盖逊译,山东大学出版社,1998。

〔美〕弗朗西斯·克卢尼:《印度智慧》,叶济源译,浙江大学出版社,2008。

〔德〕孔汉思·库舍尔编《全球伦理》,何光沪译,四川人民出版社,1997。

〔英〕李约瑟:《中国古代科学思想史》,江西人民出版社,1990。

〔日、美〕铃木大拙、弗洛姆:《禅与心理分析》,孟祥森译,中国民间文艺出版社,1986。

〔西〕迈蒙尼德:《迷途指津》,傅有德等译,山东大学出版社,1998。

〔英〕麦克斯·缪勒:《宗教的起源和发展》,金泽译,上海人民出版社,1989。

〔英〕麦克斯·缪勒:《宗教学导论》,陈观胜、李培茉译,上海人民出版社,2010。

〔印〕帕拉瓦南达,斯瓦米等:《现在开始讲解瑜伽——〈瑜伽经〉权威阐释》,王志成等译,四川人民出版社,2010。

〔美〕威廉·佩顿:《阐释神圣》,许泽民译,贵州人民出版社,2006。

〔古罗马〕普洛克罗:《柏拉图的神学》,石敏敏译,中国社会科学出版社,2007。

〔印〕乔荼波陀:《圣教论》巫百慧译释,商务印书馆,1999。

〔加、瑞〕秦家懿、孔汉思:《中国宗教与基督教》,吴华译,三联书店,1990。

〔印〕商羯罗:《智慧瑜伽:商羯罗的〈自我知识〉》,王志成译,四川人民出版社,2010。

〔荷〕斯宾诺莎:《神学政治论》,温锡增译,商务印书馆,2009。

〔荷〕斯宾诺莎:《简论上帝、人及其心灵健康》,顾寿观译,商务印书馆,2012。

〔德〕施莱尔马赫:《论宗教》,邓安庆译,人民出版社,2011。

〔美〕威尔弗雷德·史密斯:《宗教的意义与终结》,董江阳译,中国人民大学出版社,2005。

Smith, Wilfred C. 1982. Toward a World Theology, London: Macmillan.

Swidler, Leonard. 1987. Toward a Universal Theology of Religions, Maryknoll：Orbis Books.

Tillich, Paul. 1967. Systematic Theology, Chicago：University of Chicago Press.

〔德〕马克斯·韦伯：《儒教与道教》，王容芬译，商务印书馆，1995。

〔日〕武内义雄：《老子原始》，载于江侠庵编译《先秦经籍考》，商务印书馆，1929。

《五十奥义书》，黄宝生译，商务印书馆，2010。

〔英〕约翰·希克：《多名的上帝》，王志成译，中国人民大学出版社，2004。

〔英〕约翰·希克：《理性与信仰》，陈志平、王志成译，四川人民出版社，2003。

〔英〕约翰·希克：《宗教之解释：人类对超越者的回应》，王志成译，四川人民出版社，1998。

〔阿拉伯〕伊本·西那：《论灵魂》，王太庆译，商务印书馆，1997。

〔古罗马〕西塞罗：《论神性》，上海三联书店，2007。

〔古希腊〕亚里士多德：《亚里士多德选集》（一至三卷），苗力田等译，中国人民大学出版社，2000。

〔德〕卡尔·雅斯贝斯：《历史的起源与目标》，魏楚雄、俞新天译，华夏出版社，1989。

〔美〕杨庆堃：《中国社会中的宗教》，范丽珠译，上海人民出版社，2006。

〔美〕米尔恰·伊利亚德：《神圣的存在》，晏可佳、姚蓓琴译，广西师范大学出版社，2008。

图书在版编目（CIP）数据

老子指真／安伦著. --北京：社会科学文献出版
社，2016.12（2025.8 重印）
（全球化文明丛书）
ISBN 978 - 7 - 5097 - 9989 - 5

Ⅰ.①老…　Ⅱ.①安…　Ⅲ.①道家 ②《道德经》–研
究　Ⅳ.①B223.15

中国版本图书馆 CIP 数据核字（2016）第 272336 号

·全球化文明丛书·

老子指真

著　　者／安　伦

出 版 人／冀祥德
项目统筹／宋月华　杨春花
责任编辑／周志宽　李秀军
责任印制／岳　阳

出　　版／社会科学文献出版社·人文分社（010）59367215
　　　　　地址：北京市北三环中路甲 29 号院华龙大厦　邮编：100029
　　　　　网址：www. ssap. com. cn
发　　行／社会科学文献出版社（010）59367028
印　　装／三河市东方印刷有限公司

规　　格／开 本：787mm × 1092mm　1/16
　　　　　印 张：19　字 数：269 千字
版　　次／2016 年 12 月第 1 版　2025 年 8 月第 4 次印刷
书　　号／ISBN 978 - 7 - 5097 - 9989 - 5
定　　价／68.00 元

读者服务电话：4008918866